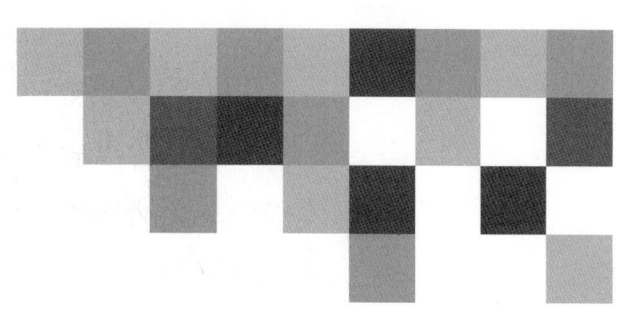

현장 중심의
한국어 교수법

우형식 · 문명신 · 양윤정 · 송정화 공저

한글파크

최근 들어 외국어로서의 한국어 교육에는 교재를 비롯하여 많은 학습서와 함께 교사를 위한 지침서들이 속속 간행되고 있다. 이러한 결과물에는 한국어 교육의 각 영역에서 다루는 내용과 함께 그것을 현장에서 어떻게 교수해야 하는지의 문제가 포함되어 있는데, 이것은 한국어 교육이 양적으로뿐만 아니라 질적인 측면에서도 이제는 성숙한 단계에 들어섰음을 반영하는 것이기도 하다.

한국어 교육에서 일반적인 제2언어 또는 외국어 교수법에 바탕을 둔 한국어 교수법의 연구나 자료도 상당수 나왔다. 그런데 이들은 대개 일반 언어 교수 이론을 한국어 교육에 적용하는 관점을 취하고 있어서 실제 현장에서 적용하기에는 한계가 있는 것이 사실이다. 왜냐하면 한국어 교육에 입문하려는 교사들이 이론적인 영역을 현장에 직접 적용하기에는 무리가 따르기 때문이다. 현장의 교사는 교수법의 이론을 이해해야 함은 물론이지만, 여기에 더하여 그때그때 적용할 수 있는 구체적인 교수 기법에 대한 지식과 활용 능력을 갖추어야 할 필요가 있다.

이러한 점을 고려하여 필자들은 한국어 교육의 현장에서 활용될 수 있는 다양한 기법들을 한 데 정리해 보기로 하였다. 여기서는 가급적 이론적 관점을 지양하고 교실에서 적용될 수 있는 구체적인 방법을 기술하고 그에 따르는 예를 제시하여 실제성을 높여 보려는 생각을 하게 되었다. 이러한 과정에서 필자들은 영어 교육의 예를 접하게 되었는데, 특히 Doff, A.의 *Teach English - A Training Course for Teachers -* (Cambridge University Press, 1988)와 Baker, J. & Westrup, H.의 *The English Language Teacher's Handbook* (VSO Continuum, 2000)은 이 책의 얼개를 짜는 데 바탕이 되었다.

이 책에서는 한국어 교육을 몇 가지 영역으로 구분하여 구체적인 교수 기법을 제시하려고 노력하였다. 이를 위해 영어를 비롯한 외국어 교육에서 활용되는 것을 참고하고,

한국어 교육 관련 자료의 여기저기에 산재되어 있는 것을 쉽게 풀어 묶어 보기로 하였다. 그런데 한국어 교육의 각 영역에서의 실제적인 교수 방법이나 기법을 모두 망라하여 하나하나 제시하는 것은 그 필요성에도 의문이 있거니와 필자들의 능력을 벗어나는 일이기도 하다. 그리하여 현장성을 강조하여 기술 대상을 선정하였는데, 따라서 이 책에서 제시하고 있는 다양한 기법들 중 많은 부분은 이미 한국어 교육 현장에서 적용되고 있는 것이라 할 수 있다.

이 책은 크게 4개 부분으로 구성되어 있다.

제 I 부는 언어 교육에서 교사가 하는 역할과 함께 그것을 감당하기 위해 요구되는 자질 또는 능력에 대해 기술하였다. 그리고 이 책에서 언급되는 한국어 교육 현장의 문제를 다루기 위해 기본적인 수업의 조직에 대해 기술하였다.

제 II 부는 한국어의 내용 영역을 어휘와 문법, 발음으로 구분하고, 각 영역에서 새로운 언어 항목을 다룰 때 활용할 수 있는 기법들을 예와 함께 제시하였다. 특히 내용 영역은 외국어 교육에서 많이 논의 되었던 P-P-P(제시-연습-생산) 수업 모형에 바탕을 두었는데, 그것은 이 모형이 한국어 교육에서 익숙하기도 하거니와 얼마간의 변형을 통해 다양한 기법들을 활용할 수 있는 특징이 있기 때문이다.

제III부는 한국어 사용 기능 영역을 듣기와 말하기, 읽기, 쓰기로 구분하고, 각 영역에서 활용할 수 있는 기법들을 예와 함께 제시하였다. 이 영역은 전-중-후(Before-During-After) 수업 모형에 바탕을 두고, 각 과정에서 활용할 수 있는 다양한 활동에 초점을 두었다.

제IV부는 한국어 수업을 계획하고 실제로 운영할 때 필요로 하는 실제적인 기법들을 다루었다. 여기에는 한국어 수업의 계획에서부터 교실 운영과 활동 수업 매체들에 관련된 구체적인 문제들을 기술하였으며, 학습자들의 오류 수정과 학습 결과의 평가도 함께 다루었다.

이 책이 부족하지만 그나마 이렇게 모습을 드러내는 데에는 상당한 시간이 소요되고 품이 많이 들었다. 기본 얼개를 짜고 내용을 구상하고 분담하여 집필한 뒤에도 수없이 만나 상호평가하고 조율하는 과정을 거쳤다. 그러나 여럿이서 함께 하다 보니 접근하는 생각이나 표현 방법이 다른 점은 역시 문제가 되었다. 이를 위해 여러 차례 수정하고 보완하는 절차가 있었으나 아직도 어색한 부분이 적지 않을 것으로 보인다. 또한 필자들이 한국어 교육의 실제적인 교수 방법이나 기법들을 모두 섭렵할 수 없는 일이어서 중요한데도 불구하고 이 책에서 언급되지 못한 것들이 있으리라 생각된다. 그런 점에서 이 책은 상당한 부분에서 비판을 받거나 수정될 필요가 있을 것이다. 필자들은 그러한 생각을 겸허히 받아들일 것이며, 이를 바탕으로 앞으로 좀 더 나은 한국어 교사를 위한 교수 지침서를 만들어 가도록 노력할 것이다.

끝으로 여러모로 부족한 필자들이 이러한 책을 내게 되어 기쁘기도 하지만, 한편으로는 두려운 마음도 있어 이것을 계기로 더 큰 도약이 있기를 스스로 다짐해 본다. 아울러 난삽한 원고를 이렇게 깔끔하게 한 권의 책으로 엮어 주신 Language Plus 〈한글파크〉 편집진께도 감사의 인사를 전하고 싶다.

우 형 식 씀

목 차

I. 언어 교사와 수업

제1장 언어 교육과 교사

① 언어관과 언어 교육

언어 교육에서 우선적으로 제기되는 문제는 언어란 무엇이고 인간은 그것을 어떻게 습득하여 사용하는가 하는 것이다. 이 문제는 오랜 세월 동안 주요한 관심사 중의 하나였으며, 따라서 여러 관점에서 논의되어 왔다. 그리고 이러한 다양한 논의는 교실 안에서 사용하는 언어 교수 방법과 교수 자료에 영향을 끼쳤다.

언어 연구에서 언어에 대한 정의는 매우 다양하게 나타났다. 특히 언어가 일상생활과 밀접한 관련을 맺는다는 점에서 그에 대한 해석도 복잡하게 제시되었다. 언어 교육에서 유용할 수 있는 몇 가지 언어에 대한 해석을 제시하면 다음과 같다.

- 언어는 문화 전수의 수단이다.
- 언어는 일상생활에서 필요한 것을 표현하기 위한 것이다.

- 언어는 인간의 상호작용 수단이다.

- 언어는 의미와 메시지를 전달하는 수단이다.

- 언어는 다른 것을 배울 수 있게 하는 매개물이다.

- 언어는 음성 기호와 문장 형식의 집합이다.

- 언어는 규칙의 집합이다.

언어를 어떻게 정의하느냐에 따라 언어 교수의 내용과 방법도 달라지기 마련이다. 언어관은 언어 교수의 내용과 방법에 영향을 주게 된다. 언어를 문화 전수의 수단이라고 정의한다면, 전통적인 문법번역식 교수법에서처럼 문학 작품이나 시가, 역사 텍스트를 읽고 번역하며, 이를 위해 텍스트를 구성하는 어휘와 문법 구조에 집중하게 된다. 또한 언어가 일상생활의 필요를 표현하기 위한 것으로 정의한다면, 친구 소개하기나 쇼핑하기와 같은 발화 상황에 따르는 대화의 연습에 초점을 두게 될 것이다.

구조적 관점과 기능적 관점

실제로 언어 교육과 관련하여 언어란 무엇인가에 대한 다양한 관점 중에서 가장 두드러지는 것은 구조적 관점과 기능적 관점이라 할 수 있다. 구조적인 관점은 언어의 어떤 형태들이 어떤 방식으로 특정한 구조를 형성하는지에 주목하는 것이고 기능적인 관점은 언어를 사용해 수행하게 되는 의사소통 기능에 주목하는 것이다.

구조적 관점은 언어가 단어(어휘)와 문법의 규칙으로 이루어진다는 점에 바탕을 둔다. 단어는 어떤 규칙에 따라 형태가 변화하고, 문법은 단어들을 특정한 규칙에 따라 올바르게 배열하여 문장을 구성하게 한다.

학습자가 단어를 알고 문법 규칙을 이해하게 되면, 표현된 언어의 의미를 이해하게 된다. 그리하여 학습자는 단어와 문법의 규칙을 통해 끊임없이 다양한 문장을 이해할 수 있으며, 한 언어로부터 다른 언어로 번역이 가능하게 된다. 그런데 이런 관점의 언어 교육에서는 문법 규칙이 연역적으로 제시되기 때문에, 학습자가 문법을 학습하기 위해 단어나 문법 형태의 다양한 부류를 기술하는 명칭(품사)과 문장 안에서 차지하는 지위(구조적 기능)를 알아야 한다는 부담이 있다. 언어 기술에 있어서의 구조적 관점과 문법번역식 교수법은 밀접하게 관련된다. 이러한 교수법을 사용하는 교사는 어휘에 대한 광범위한 지식뿐만 아니라, 문장 구조와 텍스트 구성의 방식 등에 대한 정확한 지식을 지닐 필요가 있다.

한편, 기능적 관점은 인간이 언어를 어떻게 사용하는가에 초점을 둔다. 기능적 관점은 언어 형식이 특정한 맥락 안에서 어떤 특정 목적을 위해 사용되는 의사소통 체계임을 바탕으로 하는 것이다. 언어를 사용해 이루려는 어떤 특정 목적이 바로 기능 또는 의사소통 기능으로, 이런 기능적 관점에서는 인사하기, 제안하기, 사과하기 등과 같은 언어 기능에 따라 문법 항목을 분류하고 대응시켜 교수 내용을 조직하게 된다.

기능적 관점에서 언어 교육의 내용 요소는 인간의 언어 사용 목적에 따르는 의사소통의 맥락을 기반으로 범주화된다. 그리하여 의사소통의 맥락에서 나타나는 인사하기나 소개하기, 동의하기, 초대하기, 제안하기, 충고하기, 사과하기, 설명하기 등과 같은 기능적 유형이 언어 교육의 주요한 내용이 된다. 구절이나 대화를 암기하는 것을 강조하는 직접 교수법과 의사소통을 강조하는 의사소통 교수법이 이러한 언어관과 관련이 있다.

언어관과 교수법의 적용

대부분의 언어 교육은 특정한 언어관을 염두에 두고 구성되며, 또한 언어관은 교실에서 적용되는 교수법에 영향을 준다. 실제 언어 교육의 현장에서 대부분의 교사들은 여러 교수법을 조합하여 사용한다. 예를 들어, 실제 언어 교육에서는 일련의 문법 형태나 구조를 중심으로 구성된 문법적 교수요목도 활용되며, 기능 중심의 활동이 강하게 드러나는 교재들도 이용한다. 이러한 예들은 역시 어떤 특정한 언어관을 염두에 두고 구성된 것이라 할 수 있다.

기능 중심의 언어관과 관련되는 교재는 문법 지식이나 번역 능력을 평가하는 시험을 준비하는 학습자에게는 적절하지 않다. 이런 교재를 사용하면 학습자들이 상황에 따라 적절하게 대화하는 방법을 연습할 수 있겠지만, 품사나 문법적 기능을 구별하기는 어려울 것이기 때문이다. 이와 반대로, 학습자들은 일상생활에서의 의사소통을 위해 목표 언어를 학습하고자 하는데, 교재가 문법만을 다루는 것일 수도 있다. 그렇게 되면, 학습자들은 어려운 텍스트를 읽고 이해할 수는 있겠지만, 버스 정류장에 가는 방법을 묻는 의사소통 기능을 수행하는 데는 어려움을 느끼게 될 수 있다.

언어에 대한 다양한 관점에 대해 알고 있는 교사는 학습자들의 요구에 맞는 교재와 교수법을 활용할 수 있다. 그런데 교사는 교재의 구성과 학습자의 요구 사이에서 나타날 수 있는 불일치에 유의해야 한다. 이를 위해 교사는 각 교재가 어떤 언어관을 반영하고 있는지를 잘 살펴 학습자의 요구에 부합하는 교재를 선택할 수 있어야 한다. 특히 언어관은 교실 활동에도 반영되는데, 교실 수업에서 특정한 활동을 하게 될 때, 이들 사이에 서로 관련되는 언어관과 교수법을 찾아내는 것도 중요하다.

교재가 다양한 교수법을 포함하고 있지 않다면, 교사가 다양성을 추구하는 계획을 마련할 필요가 있다. 만약 독해력이나 문법을 평가하는 시험을 준비하고 있는 학습자를 위해 긴 텍스트와 많은 양의 반복적인 문법 연습을 포함한 교재를 선택하였다면, 이러한 교재는 학습자들의 시험 준비에 유용할 것이다. 그러나 교재 구성에만 맞춰 수업이 항상 똑같은 틀로 진행된다면 수업은 지루해질 것이고, 수업에 대한 학습자들의 흥미와 관심을 유지하기가 어려워질 수도 있다. 교재에 의사소통 기능을 연습하는 측면이 부족하다면, 교사가 이런 측면의 연습과 활동을 준비하여 수업 중에 적용하는 것이 필요하다. 교재의 부족한 점을 보완하여 수업에 활용하는 것 역시 교사의 역할이며, 이런 역할을 잘 했을 때 똑같은 교재를 가지고도 보다 흥미롭고 다채로운 언어 수업을 이끌어 갈 수 있다.

② 언어 교사

교사는 누구나 좋은 교사, 잘 가르치는 교사를 꿈꾼다. 좋은 교사의 자질을 타고난 이들도 있을 수 있지만, 대부분의 교사들은 어떻게 해야 잘 가르치는지, 어떻게 해야 좋은 교사가 되는지를 배우고 노력해야만 한다. 개개의 교사들은 한 개인으로서의 성격도 다르고 교육에 대한 각기 다른 관점과 방법을 지니고 있지만, 언어 교사로서 요구되는 공통된 능력과 자질을 갖출 필요가 있다.

교육의 질은 교사의 질을 능가하지 못한다고 하듯이, 교사의 능력과 자질은 교육의 성패를 가늠하는 중요한 요인이 된다. 언어 교사는 학습자의 동기를 유발하고 학습자의 문제점을 찾아 해결해 줄 수도 있어야 한다. 또한 교사는 교육목표를 달성하기 위해 교재를 적절히 활용하는 것과 같은 언어 교육을 담당하는 데 필요한 지식과 경험을 지니고 있어야 한다.

좋은 교사를 말할 때 떠올리게 되는 특성들은 여러 가지가 있겠지만, 좋은 교사가 꼭 갖춰야 할 자질을 크게 나누면 다음과 같다.

- 무엇을 가르쳐야 할지에 대해 잘 알고 있다.

– 다양하고 효과적인 교수 방법을 알고 수업에 적용한다.

– 학습자들의 강점과 약점을 잘 알고 있으며 학습자들이 항상 발전할 수 있도록 옆에서 돕는다.

– 철저한 계획과 준비, 반성과 보완을 통해 끊임없이 수업을 발전시켜 나간다.

언어 교사의 역할

언어 교육에서 교사는 수업 운영의 통제자이며 학습의 촉진자가 된다. 교사는 학습자들의 주의를 집중시키고, 수업의 운영에 필요한 여러 가지 지시를 하면서 수업을 통제하는 역할을 한다. 다양한 성향과 요구를 가진 여러 학습자를 하나의 수업에서 같은 목표를 달성하도록 이끌기 위해서는 교사가 수업을 적절히 통제하고 학습자를 집중시킬 수 있어야 한다.

또한, 교사는 학습자들을 칭찬하고 격려하여 학습을 촉진시키는 역할을 해야 한다. 교사는 학습자들이 자발적 활동을 통해 언어에 대한 지식이나 새로운 정보를 습득하고 발전할 수 있도록 지속적으로 학습 동기를 부여하고 흥미를 유지시켜야 한다. 그러기 위하여 교사는 학습자를 항상 관찰하여 필요한 것이 무엇인지 어떤 도움이 필요한지 파악해야 하며, 때로는 상담자가 되어 학습자의 어려움을 들어주고 해결 방법을 찾아 주기도 해야 한다. 수업을 즐겁게 이끌기 위한 노력도 중요하다. 누구든 즐겁게 배울 때 학습이 더 촉진된다. 교사는 수업을 즐겁게 유지하기 위한 다양한 방법을 항상 고민해야 하며 무엇보다 교사 스스로가 가르치는 것을 즐길 때 더 잘 가르칠 수 있다는 것을 잊지 말아야 한다. 교사가 가르치는 것을 즐기면 수업을 받는 학습자들도 즐겁게 수업에 임하게 되고, 학습 효과도 더 높아질 것이다.

또한, 언어 수업의 교사는 양질의 풍부한 언어 입력을 제공하는 역할을 해야 한다. 학습자들이 언어를 학습하여 자신의 의사를 올바르게 표현하기 위해서는 많은 언어 입력이 선행되어야 한다. 교사의 언어는 그 무엇보다도 직접적이고 중요한 언어 입력이 되며 학습자들에게 언어 사용의 모범이 된다. 따라서 교사는 수업 중 정확하고 유창한 언어 사용을 통해 학습자들에게 모범이 되는 좋은 언어 입력을 제공해야 한다.

학습자의 수준에 따라 교사가 제공하는 언어의 수준이나 속도를 조절해야 하지만, 학습자의 수준에 맞춘다고 지나치게 작위적이고 어색한 언어를 사용해서는 안 된다. 특히, 초급 교실에서 학습자가 이해 가능한 언어를 사용한다고 교사의 언어가 이상해지는 경우가 많은데, 이는 조심해야 한다. 초급 학습자라고 쉬운 어휘와 문법만을 사용하여 지나치게 짧거나 어색한 문장을 제공하고 지나치게 느린 속도로 말을 하면, 학습자는 더 나은 수준의 언어 입력을 제공받을 기회를 잃게 된다. 더불어 학습자들이 교사의 언어를 모범으로 삼아 연습하면 학습자의 언어도 짧고 유치한 언어에 머무르게 될 수도 있다. 학습자의 언어 수준을 넘어서는 언어 입력을 제공 받아야 학습자의 언어도 다음 단계로 발전할 수 있다. 따라서 교사는 항상 정확하고 유창한 언어 입력을 제공할 수 있도록 신경을 써야 하는 것이다.

언어 교사에게 기대되는 능력

좋은 교사는 수업에서 가르쳐야 할 주제와 내용에 대해 전문적인 지식을 갖추어야 하며, 수업 내용을 효과적으로 전달할 수 있는 교수 방법에 대해 잘 알고 적용할 수 있어야 한다.

언어 교사는 우선, 언어가 어떻게 작동되는지에 대해 잘 이해하고 있어야 한다. 이것은 문법과 어휘의 체계에 대한 충분한 지식을 갖추고 있으며, 목표 언어의 정확한 발음을 이해하고 능숙하게 구사할 수 있음을 의미한다. 특히 학습자들은 교사가 목표 언어의 문법과 어휘, 그리고 발음에 대해 정확하고 간결하게 설명해 줄 것을 기대한다. 여기에는 문법이나 어휘의 체계적 특징뿐만 아니라 특정 언어 항목의 실제적인 사용 방법이 포함되는데, 이것은 교사에게 주어지는 주요한 지식적 과제라 할 수 있다. 이 과제에는 언어학에 대한 지식과 목표 언어에 대한 지식뿐만 아니라, 언어 사회와 문화에 대한 지식도 포함된다.

또한 좋은 교사는 이런 지식을 학습자에게 효과적으로 교수하는 방법에 대해 알고, 실제로 수행할 수 있어야 한다. 수업에서 다루고자 하는 언어 항목이나 자료에 따라 달리 적용될 수 있는 다양한 교수법에 대해 이론적으로 알고, 그것을 실제로 적용할 수 있는 능력이 요구되는 것이다. 이런 능력을 하루아침에 갖출 수는 없다. 따라서 교사는 항상 공부하고 연구하는 자세를 잃지 않아야 하며, 수시로 다른 교사들과 수업에 대해 의논하고 토론하며 더 좋은 방법을 찾아 적용하려는 시도를 해야 한다.

좋은 수업을 위하여 교사는 학습자의 수준과 요구에 맞는 적절한 교재를 선정할 수 있는 안목을 갖추어야 한다. 그러나 어떤 교재도 모든 교사와 학습자를 만족시키지는 못하므로, 학습자의 상황이나 교실 여건에 맞도록 교재를 재구성하고, 교재 외에 수업에 필요한 자료를 개발하여 활용할 수 있는 능력 또한 갖추어야 한다. 수업에 필요한 모든 자료를 개인적으로 개발하는 것은 쉬운 일이 아니므로, 동료 교사들과 함께 좋은 자료를 개발하고 공유하는 것이 좋다.

Tip

수업의 내용에 대해 아무리 열심히 준비를 하였다고 해도 수업 중 학습자의 질문에 대답을 하지 못하는 일이 생길 수 있다. 어떤 교사도 모든 것에 대해 완벽하게 알 수는 없는 것이다. 수업 중 학습자의 질문에 어떻게 답해야 할지 모를 때 교사는 당황하게 된다. 이럴 때 학습자의 신뢰를 잃지 않기 위해서 다음의 사항들을 유의할 필요가 있다.

• **절대로 틀린 대답은 하지 않는다.**
틀린 대답을 하는 순간, 교사에 대한 신뢰와 존경은 사라지게 된다. 잘 모르는 내용에 대해 정확하지 않은 대답을 하여서는 안 된다. 학습자가 나중에 교사의 대답이 틀렸다는 것을 알게 되면, 그때부터 교사에 대한 신뢰와 존경은 사라지고 수업 내용에 대해 모든 것을 의심하게 될 것이다. 한번 무너진 신뢰를 다시 회복하기란 여간 어려운 일이 아니다.

- **질문을 무시하거나 침묵하지 않는다.**
  질문에 대한 답을 모르겠다고 질문을 못 들은 척 무시하거나 침묵해서는 안 된다. 학습자들은 바보가 아니다. 아무 대답을 안 하면, 교사가 답을 모르지만 그것을 인정하지 않으려 한다는 것을 학습자들도 안다. 침묵할 것이 아니라 모른다는 것을 인정하는 것이 올바른 행동이다.

- **솔직하게 말한다.**
  교사가 신이 아니라는 것을 학습자들도 안다. 모르는 질문에 대해서는 솔직하게 대답하는 것이 가장 좋은 방법이다. '그 답은 저도 정확히 모르겠군요. 답을 확인해서 다음 시간에 가르쳐 줄게요.' 라고 말하면, 학습자들도 이해하고 기다려 줄 것이다.

학습자에 대한 이해

교사는 자신이 가르치는 학습자에 대해 잘 알아야 한다. 학습자가 이미 알고 있는 것은 무엇이고 앞으로 배워야 할 것이 무엇인지 정확히 알아야 한다. 또한, 학습자 개개인의 학습 성향이나 학습 전략에 대해 이해하고 있으면 수업 방법을 선택하고 수업 중 발생하는 상황에 적절히 대응하고 융통성 있게 적응할 수 있다.

학습자에게 무엇을 가르칠지 올바르게 결정하기 위해서 학기 초에 교사는 학습자의 언어 능력을 잘 파악해야 한다. 이를 위해, 이전에 학습자를 가르쳤던 교사와 이야기를 하거나 학습 기록을 살펴볼 수 있다. 또한 학습자와 인터뷰를 하거나 간단한 진단 평가를 실시해서 학습자의 언어 능력을 정확히 파악한다. 이렇게 학습자에 대해 파악하려는 시도는 학기 초에 일회성으로 그쳐서는 안 된다. 학기 중 지속적으로 학습자를 관찰하여 어떤 부분에 어려움을 느끼는지 어떤 부분에서 강점을 보이는지를 파악하고, 학습자 개개인의 학습 성향과 학습 전략에 대해서도 이해를 높여야 한다.

또한, 학습에 영향을 미치는 학습자의 여러 요인에 대해 알고 있는 것은 수업을 이끌어가고 수업 중 발생하는 여러 상황에 적절하게 대처하는 데 도움이 된다. 학습자의 요인 중 몇 가지를 살펴보면 다음과 같다.

먼저, 학습 동기는 학습자가 외국어를 학습하는 데 들이는 노력의 정도에 영향을 미치는 태도와 관련이 있다. 동기의 요인은 학습자의 개인적인 욕구에 따르는 내적인 것과 사회적 여건에 좌우되는 외적인 것으로 구분되는데, 일반적으로 내적 동기와 외적 동기가 함께 작용하게 되면 학습 효과는 높아지지만, 어느 한 쪽이 부정적이게 되면 그 효과는 오히려 감소되는 것으로 나타난다.

학습자의 모국어가 무엇인가 하는 점은 언어 학습자에게 있어서 중요한 요인이 될 수 있다. 그것은 목표 언어와 유사한 언어를 모국어로 하는 학습자가 이질적인 언어를 모국어로 하는 학습자보다 목표 언어에 쉽게 접근할 수 있기 때문이다. 또한 교사가 학습자의 모국어에 대한 기본 지식을 갖고 있으면 학습자가 일으키는 여러 오류의 원인에 대해 이해를 높일 수 있다.

학습자의 학습 성향은 학습자가 주변에 대해 어떠한 성향을 지니고 있는가와 관련되는 것이다. 이것은 의존적 성향과 독립적 성향이나 유창성 지향형과 정확성 지향형처럼 대립적 관계로 파악되며, 각각의 성향에 따라 학습 과정이나 결과가 달라질 수 있다. 학습자의 인지 양식으로는 장-독립성과 장-의존성이 있다. 장-독립성의 학습자는 교사의 상세한 지도보다는 자기 주도적인 학습이 더 효과적인 데 비해서, 장-의존성의 학습자는 교사의 상세한 지도와 조직화된 자료를 제시해 주는 방법이 효과적이라 할 수 있다.

그 밖에 학습자의 자신감도 한 요인으로 작용하는데, 보통 자신감이 크면 클수록 학습 효과도 높아진다. 또한 불안과 위험에 대한 수용 정도도 학습 요인이 되어, 불안의 정도가 낮거나 위험에 대한 수용 정도가 높으면 학습에 긍정적인 효과로 작용한다. 그러나 이들은 정도의 문제이기 때문에 지나치게 크거나 높으면 오히려 부정적으로 작용할 수도 있다.

아울러 학습자가 목표 언어권의 사회와 문화에 대해 어떤 태도를 갖고 있는지도 한 요인이 될 수 있는데, 그 태도가 긍정적일수록 학습 효과도 긍정적인 것으로 나타난다. 따라서 언어 교사는 목표 언어권의 대표라는 생각을 가지고 학습자들이 목표 언어권의 문화와 사회에 대해 긍정적인 인식을 가질 수 있도록 이끌고 노력해야 한다.

수업 계획과 실천

교사의 전문성은 수업을 계획하고 실천하는 데 있다. 교사는 주어진 교육과정에 따라 실제 수업 활동을 시행하는 교육의 실천가이다. 교사는 교육의 목표를 실현하기 위해 내용을 조직하고 학습자에게 가장 적절한 교수 방법을 찾아 수업을 시행한다.

수업은 매우 치밀하게 계획되고 수행되어야 한다. 수업은 교사와 학습자의 상호 작용으로 진행되는데, 그 성과는 교사의 수업에 대한 이해와 정교한 계획에 달려 있다. 교사는 교재의 내용을 검토하고 필요한 경우 적절히 재구성하여 구체적인 수업 계획을 수립한다. 그리고 수업 계획을 바탕으로, 실제로 무엇을, 어떻게 가르칠 것인가를 구체화하고 절차에 따라 수업을 조직한다. 수업에 들어가기 전 세밀한 계획을 세우고 수업에 필요한 자료와 갑자기 생길지도 모를 돌발 상황에 대해 미리 예측하고 준비하는 것은 좋은 수업을 위해 교사로서 항상 염두에 두고 준비해야 할 사항들이다.

교사는 항상 더 좋은 수업을 위하여 동료 교사들과 의논하고 토론하여야 하며, 수업에 효과적인 다양한 수업 자료를 찾아 적용하는 노력을 해야 한다. 수업에 적용할 여러 수업 자료는 미리 세밀하게 준비를 해 놓아야 하며, 수업에서 적용하기 전 학습자들에게 자료의 이용 방법과 의의 등에 대해 잘 설명하여 이해를 높여야 한다.

수업의 계획과 준비에 못지않게 중요한 또 한 가지는 이미 진행된 수업에 대한 반성과 기록이다. 오늘의 수업은 끝났지만 이 수업이 마지막은 아니다. 또 다른 언어 수업이 지속적으로 이어질 것이므로, 오늘의 수업을 반성하고 보완할 점을 기록하는 것은 다음 수업을 더 잘하고 교사의 자질을 발전시키는 데 매우 중요하다. 수업의 내용과 진행, 수업 중 발생한 문제와 학습자들의 질문·반응 등을 지속적으로 기록하고 이를 바탕으로 수업을 보완해 간다면, 매 수업이 조금씩 더 발전할 수 있을 것이다. 수업에 대한 내용뿐만 아니라 학습자들의 발달 사항도 지속적으로 관찰하여 기록해 두면, 학습자에 대한 이해를 더 높여 학습자에게 가장 적합한 수업 방법과 내용을 찾는 데 큰 도움이 될 것이다.

제2장 수업의 조직과 운영

수업은 학습자가 학습 목표에 도달할 수 있도록 학습자의 내외적인 환경을 통제하는 과정이다. 수업에 작용하는 내적 환경에는 학습자의 일반적인 능력이나 학습 성향과 동기 등이 주요 요소가 되며, 외적 환경에는 학습 내용과 전달 매체, 학습 시간 등이 주요한 요소가 된다. 수업은 이러한 요소들로 형성된 학습자의 환경을 분석하여 이들이 유기적으로 상호 작용할 수 있도록 조정하는 활동이다.

수업은 상황에 따라 다를 수 있으나, 그 과정을 일정한 모형으로 구분하여 이해할 수 있다. 수업 모형은 수업 목표를 성취하기 위한 일련의 전략이며, 이것은 수업 과정을 구성하는 요소들을 조직화한 것이다. 따라서 수업 모형을 어떻게 설정하는가에 따라 수업 과정에서 적용되는 교수 방법과 자료가 달라질 수 있다. 이런 이유에서 어휘나 문법 형태와 같은 언어 항목에 초점을 두는 수업과 듣기나 읽기, 말하기, 쓰기 등의 언어 사용 기술을 향상시키기 위한 수업은 접근 방식이 다르다고 할 수 있다.

① 새로운 언어 항목을 위한 수업

새로운 언어 항목(language item)을 가르치기 위한 수업의 틀로 논의되는 대표적인 것이 P-P-P 수업 모형이다. 이것은 전통적인 교수·학습의 절차로, 언어 학습을 일종의 습관 형성의 과정이라고 보고, 교사가 학습 목표가 되는 언어 항목을 제시하면 학습자들은 반복적인 연습을 통해 최종적으로 생산할 수 있는 능력을 기르게 된다고 해석한다.

P-P-P 수업 모형은 제시(presentation)-연습(practice)-생산(production)의 3단계로 이루어진다. 학습자들이 수업 목표에 도달하도록 도와주는 방법 중 가장 적절한 것은 수업의 첫 단계에서 새로운 언어 항목을 잘 도입하는 것이다. 이것이 제시 단계이다. 제시 단계에서 교사는 새로운 언어 항목을 인지하고 그것을 어떻게 사용하는지 이해하는 것이 필요하며, 이를 바탕으로 해당 언어 항목의 형태와 의미를 제시하고 그것이 쓰이는 예를 보여 주면서 설명한다. 그리고 연습 단계에서는 학습자들이 새로운 언어를 연습하도록 도와주는 다양한 연습 활동을 하게 된다. 생산 단계에서는 학습한 새로운 언어를 사용하여 서로 의사소통할 수 있는 활동을 한다. 이를 통해 새로운 언어 항목은 학습자 자신의 언어 지식의 한 부분이 되고, 학습자들은 그들이 이미 학습한 다른 언어 항목들과 함께 그것을 쉽게 사용할 수 있게 된다.

P-P-P 수업 모형은 다음과 같은 점에서 매우 유용하다.

- 효율적인 학습 훈련에 바탕을 둔다.
- 단일 수업 또는 연속 수업을 계획하는 데 쉽게 사용될 수 있다.
- 언어의 실제적 사용을 학습하는 데 유용하다.
- 교사의 말과 학습자의 활동 사이에 좋은 균형을 이룬다.

- 여러 교수법을 두루 섭렵할 수 있다.

- 학습 단계나 맥락이 다른 경우에도 사용될 수 있다.

- 학습자들이 좀더 정확한 언어 표현을 할 수 있는 기회를 부여한다.

다음에서는 P-P-P 수업 모형을 좀 더 자세히 살피기로 한다. 그리고 3장(어휘)과 4장(문법), 5장(발음)에서는 이 수업 모형에 따라 교육 방법을 기술하게 될 것이다.

제시 단계

제시 단계는 학습자들에게서 배우고 싶은 동기를 이끌어내고 수업의 목표가 되는 새로운 내용을 소개하는 과정으로 이루어진다. 수업에서 목표로 하는 언어 항목의 형태를 정확히 제시하고, 그 의미를 효과적으로 파악할 수 있도록 그것이 사용되는 전형적인 상황에서 언어 내용을 소개한다. 특히 학습자들이 상황과 맥락 속에서 새로운 언어 항목의 의미와 사용법을 유추하여 이해할 수 있도록 상황을 흥미 있고 이해하기 쉽게 구성하여 제시할 필요가 있다.

제시 단계의 앞부분에서는 학습자들이 수업의 목표가 되는 언어 항목에 흥미와 관심을 가지고 주의를 집중할 수 있도록 이끈다. 학습자의 흥미를 끌 수 있는 몇 가지 질문이나 그림 자료 등을 이용하여 학습자들로 하여금 학습 내용을 예측하게 하거나 기대감을 갖게 해 줄 수 있다.

학습자의 주의를 집중시킨 후 본격적으로 수업의 목표가 되는 언어 항목을 제시하고 설명한다. 이 새로운 언어 항목은 어휘일 수도 있고 문법 형태일 수도 있다. 제시 단계에서 교사는 다음 세 가지 사항을 분명하게 해야 한다.

- 형식(발음, 철자)은 어떠한가?

- 의미가 무엇인가?

- 언제 그리고 어떻게 사용되는가?

    학습자들에게 어휘나 문법 형태가 어떻게 형성되는지, 그리고 새로운 발음과 철자는 어떠한지를 보여 준다. 학습자들이 새로운 언어 항목의 의미를 이해하도록 하기 위해 상황을 설정하고 분명한 맥락에서 새로운 언어 항목을 제시한다. 만약 새로운 문법을 도입한다면, 문법이 제시되는 장면이나 상황은 학습자들이 이미 알고 있는 어휘를 통해 이해할 수 있어야 한다. 그리하여 문법을 제시하기 전에 학습자들이 관련되는 어휘를 이미 알고 있는지 확인해 보는 것이 좋다. 마찬가지로, 어휘를 제시한다면 학습자들이 이미 알고 있는 문법 구조 안에서 새로운 어휘나 단어를 제시해야 한다. 새로운 문법과 어휘를 동시에 도입해서는 안 된다. 왜냐하면, 이렇게 되면 학습자들이 혼동하기 때문이다.

    새로운 언어 항목의 형태를 정확히 전달하고 학습자가 기억하도록 하기 위해 다음의 방법을 활용할 수 있다.

- 새로운 언어 항목을 두세 번 말을 해 준다.
- 학습자들에게 새로운 언어 항목을 큰 소리로 반복하도록 한다.(처음에는 학급 전체, 다음에는 그룹, 그리고 짝의 순으로)
- 새로운 언어 항목을 칠판에 쓰고 학습자들과 함께 철자를 확인한다.
- 학습자들에게 칠판에 쓰여 있는 정보를 노트에 옮겨 적도록 한다.

    언어 항목의 의미와 사용법에 대해서는 언어 항목의 성격에 따라 다양한 방법을 사용하게 된다. 그 구체적인 방법은 3장, 4장, 5장에서 살펴볼 것이다.

의미와 사용법에 대한 제시가 이루어지고 나면 교사는 학습자들이 제대로 이해했는지 알아보기 위해 확인 질문을 해야 한다. 확인 질문은 해당 언어 항목의 사용법을 보여 주는 또 하나의 예가 되면서, 학습자들에게 새롭게 배운 언어 항목을 간단히 사용해 볼 기회를 제공한다. 또한 학습자들의 이해도를 확인하여 연습 단계로 넘어갈 것인지, 이해가 부족한 부분에 대해 다시 한 번 설명을 할 것인지를 결정할 수 있게 해 준다.

연습 단계

연습 단계에서는 제시된 언어 항목을 실제로 사용하여 연습하는 기회를 갖는다. 언어 수업에서는 학습자들이 배운 내용을 체득하여 일상생활에서 실제로 활용할 수 있도록 직접 사용해 보는 연습 기회를 다양하게 제공하는 것이 중요하다. 연습 활동을 거치면서 제시 단계에서 단기 기억 저장소에 저장된 새로운 언어 항목이 장기 기억 저장소로 옮겨 가게 된다. 이런 의미에서 학습자들에게 새로운 언어 항목에 대한 다양하고 충분한 연습 활동을 제공하는 것이 필요하다.

학습자들이 제시 단계를 통해 새로운 언어 항목의 의미와 사용법을 충분히 이해한 후에 연습 단계에 들어간다. 이 단계에서 학습자들은 새로운 언어 항목을 듣고 말하고 읽고 쓰게 되며, 이러한 다양한 연습을 수행하면서 해당 언어 항목을 올바르게 사용할 수 있게 된다. 연습 활동은 개인 활동, 짝 활동, 소집단 활동, 학급 전체 활동 등으로 다양하게 구성하여 변화를 준다.

연습은 교사의 통제 아래 제시된 것을 단순히 따라하는 반복 연습부터 시작하여 점차 덜 통제된 연습을 거쳐 유도된 연습으로 나아가게 된다. 통제된 연습은 학습자들이 스스로 생각할 기회가 적으며 해당 언어 항목에 익숙해지기 위한 기계적 연습이 대부분이다. 가장 흔히 사용하는 통제된 연습은 반복 연습(drilling)이다. 반복 연습은 가장 단순하고 매우 통제된 연습 방법으로 학습자들에게 생각할 기회를 거의 주지 않는다. 이 방법은 학습자들로 하여금 새로운 언어 항목을 올바로 발음하고 음성과 어조를 습득하며, 어휘와 문법 형태를 눈과 입에 익숙해지게 하는 데 도움을 준다. 통제된 연습을 한 후에는 학습자 스스로 생각하고 판단한 여지가 있는 덜 통제된 연습을 거쳐 교사의 유도에 따라 보다 자유롭게 자신의 생각을 표현할 수 있는 유도된 연습 단계로 넘어간다. 이런 순차적 연습 단계를 거쳐 학습자들은 자유롭게 의사소통할 수 있는 생산 단계로 나아가게 된다.

연습의 단계를 거치면서 교사가 반드시 염두에 두어야 할 것은 통제된 연습이든 유도된 연습이든 간에 마지막에는 학습자 자신의 상황을 이용하여 유의미한 연습을 할 수 있는 연습 활동을 꼭 넣어야 한다는 것이다. 학습한 언어 항목이 진정한 자신의 것이 되기 위해서는 제시된 연습 활동을 무의미하게 수행하는 것보다 자신의 상황에 비추어 사용을 해 보는 유의미한 활동이 가장 효과적이기 때문이다.

생산 단계

생산 단계는 연습한 내용을 학습자가 실제로 사용해 보는 데 목적이 있다. 이 단계에서 학습자가 발화하는 상황은 그 발화가 있을 법한 실제적인 상황이어야 하며, 그 상황 속에서 학습자가 직접적으로 의사소통을 하는 과정이 포함되도록 구성된다.

생산 단계에서 학습자들은 교실 밖에서 부딪히게 되는 다양한 활동들, 예를 들면 편지나 일기 쓰기와 같은 자유 작문, 신문 기사를 읽고 이야기하기나 인터뷰에 참여하기 등과 같은 이야기를 구성하는 활동을 한다. 이러한 활동을 통해 새롭게 습득한 언어 항목으로 자신의 생각이나 느낌을 창의적으로 표현할 기회를 가지게 된다. 따라서 생산 단계는 새롭게 습득한 언어 항목을 실제 세계에서 사용하기 위한 마지막 리허설이라 할 수 있다.

생산 단계에서는 학습자들이 이미 알고 있거나 이전 수업에서 학습한 다른 언어 항목을 사용하도록 권장된다. 그리고 교사는 학습자의 활동 중에는 문제를 발견하더라도 활동을 중단시키거나 도움을 주지 않으며, 발견되는 오류를 수정해 주지도 않는다. 어떤 방해도 받지 않고 학습자들이 개인적으로 또는 학습자 상호 간의 활동을 통해 의사소통을 최종적으로 완성하는 연습을 하는 것이다. 물론 모든 생산 활동이 성공적으로 끝난 이후에는 교사의 피드백과 오류 수정이 이루어져야 한다.

P-P-P 수업 모형 확장하기

P-P-P 수업 모형은 매우 유동적이어서 수업을 계획하는 데 다양하게 확장하여 활용할 수 있다. 하나의 단위 수업에서 제시와 연습, 생산의 각 단계를 구분할 수도 있고, 전체 수업에서 하나의 단계만을 활용할 수도 있다. 예를 들어, 어떤 한 수업에서는 새로운 어휘 항목을 제시하는 데 집중하고, 다른 수업에서 여러 종류의 연습 활동을 할 수도 있고, 하나 또는 여러 수업을 연습 활동으로만 할애할 수도 있다.

확장된 P-P-P 수업 모형은 어떤 이유로 수업 시간이 줄어든다든지 하는 경우에 특정 단계만 집중하여 활용할 수도 있다. 예를 들어, 이미 목표 언어에 대해 많은 것을 알고 있어서 유창성을 향상시키기 위한 활동이 필요한 학습자들에게는 생산 단계에 집중하여 수업을 구성할 수 있는 것이다.

P-P-P 수업 모형은 새로운 어휘나 문법 형태를 도입하기 위한 수업을 계획하는 데 유용한 것이기도 하지만, 다른 측면에서 보면 수업의 과정에서 듣기와 말하기, 읽기, 쓰기 등의 언어 기술을 사용한다는 특징도 있다. 그리하여 P-P-P 수업 모형에서는 새로운 언어 항목뿐만 아니라 언어 기술도 포함하게 되는 것이다. 이처럼 수업에서 언어 기술을 접목시키는 방법은 하나의 수업에 다양한 활동을 제공해 주며, 언어 항목과 언어 기술을 서로 강화하는 상승 작용을 하게 된다.

② 언어 기술 향상을 위한 수업

언어 기술의 특징

언어 학습에서는 언어 기술(language skill)을 듣기와 말하기, 읽기, 쓰기의 네 가지 영역으로 구분한다. 이들은 다시 활용되는 언어의 형식에 따라 음성언어(듣기, 말하기)와 문자언어(읽기, 쓰기)로 구분되고, 언어 활동에 따라 이해(듣기, 읽기)와 표현(말하기, 쓰기)으로 구분된다.

언어 기술 향상을 위한 수업을 조직하기 위해서는 우선 듣기와 말하기, 읽기, 쓰기의 네 가지 언어 기술이 지니고 있는 특징을 이해할 필요가 있다. 듣기와 읽기는 수용적 기술이라는 점에서 유사한 특징을 지닌다. 학습자들이 목표 언어를 듣거나 읽을 때에는 대상이 되는 언어를 인식하고 이해할 필요가 있다. 이에 비해서 말하기와 쓰기는 생산적 기술이라는 점에서 유사한 특징을 지니고 있다. 학습자들이 말하거나 쓸 때에는 언어를 직접 생산해 낼 필요가 있는 것이다.

한편, 읽기는 문자언어를 대상으로 한다는 점에서 쓰기와 유사한 특징이 있다. 학습자들은 읽거나 쓸 때 언어의 의미에 대해 생각하는 시간을 갖는다. 그리하여 텍스트를 다시 읽거나 쓸 기회가 있으며, 이전에 잘못된 것을 수정할 수도 있다. 그런데 음성언어를 대상으로 하는 듣기와 말하기에서는 그러한 시간이 충분치 않아서 빨리 반응해야 한다. 따라서 어떤 질문을 받으면 아주 짧은 시간에 질문의 내용을 이해하고 그에 대한 대답을 생각해야 하는 것이다.

하나의 단위 수업에서는 수업의 전체 또는 일부분을 이러한 언어 기술을 연습하는 데 활용할 수 있다. 이러한 기술을 연습하는 수업에서는 보통 새로운 언어 항목을 배우지 않고 이미 알고 있는 언어 항목을 사용하게 된다. 따라서 언어 기술의 향상을 목표로 하는 수업에서는 새로운 언어 항목을 도입할 필요가 없는데, 그리하여 이러한 수업은 P-P-P 수업 모형과는 다른 방식으로 조직된다.

듣기와 말하기, 읽기, 쓰기의 언어 기술 향상을 위한 수업은 전(Before)-중(During)-후(After)의 단계로 구성된다. 전 단계에서는 학습자가 지니고 있는 배경 지식을 활성화하여 이해하거나 표현하기 위한 준비를 한다. 그리고 중 단계에서는 효과적인 언어 사용 능력을 향상하기 위해 각각의 언어 기술에 따르는 다양한 활동을 하고, 후 단계에서는 중 단계에서 연습한 활동을 정착시키고 피드백을 통해 심화, 발전시키며 다른 언어 기술로 확장하는 과정을 거친다.

다음에서 전-중-후 모형을 좀 더 자세히 살피기로 한다. 그리고 이 모형에 따르는 수업은 다음의 6장(듣기)과 7장(말하기), 8장(읽기), 9장(쓰기)에서 구체적으로 기술될 것이다.

듣기와 읽기 기술을 위한 수업

듣기와 읽기는 수용적 기술이라는 점에서 공통성이 있다. 일상생활의 듣기와 읽기를 생각해 보면, 청자와 독자는 자신이 듣거나 읽을 텍스트에 대해 어떤 내용이 나오고 어떤 언어 항목이 사용될지 미리 예상하고 있는 게 일반적이다. 따라서 듣기와 읽기 수업에서는 학습자들이 듣거나 읽을 텍스트에 대해 미리 예측하는 활동이 매우 중요하다. 텍스트의 주제와 관련해 알고 있는 배경 지식을 활성화하고 어떤 정보가 제시될 것인지 미리 예측해 보며, 어떤 종류의 언어 항목이 사용될 것인지도 미리 예측해 본다. 이러한 예측하기 기술은 듣기와 읽기에서 가장 기본적인 바탕을 이룬다.

듣기 또는 읽기 수업의 전-중-후 단계에서 주로 이루어지는 활동은 다음과 같이 정리할 수 있다.

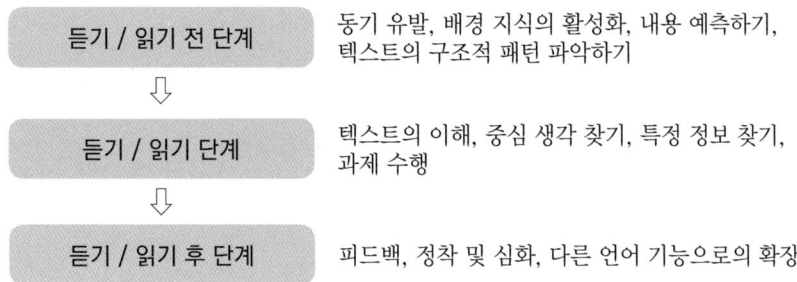

| 듣기 / 읽기 전 단계 | 동기 유발, 배경 지식의 활성화, 내용 예측하기, 텍스트의 구조적 패턴 파악하기 |

| 듣기 / 읽기 단계 | 텍스트의 이해, 중심 생각 찾기, 특정 정보 찾기, 과제 수행 |

| 듣기 / 읽기 후 단계 | 피드백, 정착 및 심화, 다른 언어 기능으로의 확장 |

듣기 또는 읽기 전 단계에서 학습자들은 듣기 또는 읽기를 위한 준비를 한다. 듣기 또는 읽기 전 단계의 주요 목표는 듣거나 읽고 싶은 마음이 들도록 동기와 흥미를 유발하고 배경 지식을 활성화하는 것이다.

듣기 또는 읽기 중 단계에서는 듣거나 읽는 내용을 정확히 이해하기 위한 활동에 집중된다. 텍스트의 종류와 듣기 또는 읽기의 목적에 따라 일반적인 생각이나 주제 찾기, 특정 정보 찾기 등의 활동을 하게 된다. 일반적인 생각을 찾기 위해서는 처음부터 끝까지 모두를 듣거나 읽고 중심 생각을 추출해 내는데, 이것을 중심 생각을 찾기 위한 듣기 또는 읽기라 한다. 이에 비해 아주 특별한 정보를 구하려고 한다면, 텍스트에서 부분적인 정보를 선별하고 필요로 하지 않는 다른 정보나 생각에 대해서는 관심을 두지 않을 것인데, 이것을 특정 정보를 찾기 위한 듣기 또는 읽기라 한다.

듣기 또는 읽기 중 단계에서는 학습자들에게 듣거나 읽는 중에 수행할 과제가 부여된다. 과제의 목적은 학습자들이 듣거나 읽는 실제적인 이유를 알게 하는 데 있는데, 일반적인 생각을 찾는 것인지 특정한 정보를 찾기 위한 것인지에 따라 다른 과제가 부여될 수 있다.

듣기 또는 읽기 후 단계에서 학습자들은 발견한 정보를 활용하여 듣거나 읽은 것에 반응하는 활동을 한다. 이해한 내용을 다시 상기시켜 재생하거나, 자신의 경험과 연결시키기, 다른 언어 기능과 연계하기 등의 활동을 통하여 학습자들이 듣거나 읽은 것을 이해하고 있는지, 그리고 실생활의 상황에서 듣거나 읽는 것을 실행할 수 있는지를 확인할 수 있게 된다.

전-중-후의 과정으로 진행되는 듣기 또는 읽기 수업은 P-P-P 수업 모형의 수업을 포함할 수도 있다. 예를 들어, 듣기 또는 읽기 중 활동에서 P-P-P 수업 모형을 적용하여 텍스트에 나타나는 어휘를 제시하고 의미를 이해하도록 한다든지, 텍스트의 정보를 활용하여 특정한 문법 항목의 연습을 한다든지, 또는 새로운 언어 항목의 발음을 교정해 줄 수 있는 것이다.

말하기와 쓰기 기술을 위한 수업

말하기와 쓰기는 언어를 생산하는 활동이다. 학습자들은 자신의 생각을 말과 글로 표현하기 위해 언어를 생산하게 되는데, 이때 그들은 이미 알고 있는 언어를 사용하여 대화를 구성하거나 텍스트를 작성한다.

말하기와 쓰기는 문법, 어휘, 발음이나 철자, 사고의 논리적인 배열 등과 같은 언어의 모든 양상을 포함한다. 학습자들은 문장으로 표현할 때 오류를 범하기도 하는데, 모든 오류에 대해 수정해 주는 것은 학습자들을 도와 주는 것이 아니라 오히려 동기를 약화시키는 부작용을 초래하기도 한다. 그렇기 때문에 말하기 또는 쓰기 수업을 단계적인 방법으로 조직할 필요가 있다.

말하기와 쓰기 수업은 듣기와 읽기처럼 전-중-후의 단계로 구성할 수 있다.

말하기 / 쓰기 전 단계	동기 유발, 주제 제시, 배경 지식의 활성화, 관련 어휘와 문법 상기
⇩	
말하기 / 쓰기 단계	다양한 유형의 활동을 통한 표현 연습, 과제 수행
⇩	
말하기 / 쓰기 후 단계	피드백과 오류 수정, 다른 언어 기능으로의 확장

말하기 또는 쓰기 전 단계에서는 수업의 주제를 제시하고 이와 관련된 배경 지식을 활성화하여 말하거나 쓸 내용을 풍부히 만든다. 또한 말하거나 쓰는 데 사용될 관련 어휘와 문법을 상기시키고 간단히 정리하여 사용할 준비를 시킨다.

말하기 또는 쓰기 중 단계에서는 다양한 말하기, 쓰기 활동을 통하여 말하고 쓰는 연습을 수행한다. 이 단계에서는 통제된 활동으로부터 시작하여 점차 덜 통제된 활동을 거쳐 유도되고 좀 더 학습자 중심적이며 창조적인 활동으로 이동한다. 제시된 지시 사항을 따라 쉽고 짧게 표현하는 통제된 활동은 모든 학습자들을 통제된 상황 안에서 말하고 쓰게 하여 오류를 최소화해 주는 효과가 있다. 이를 통해 학습자들은 자신감과 관심을 높이게 되고, 다음에 이어지는 덜 통제된 활동에서 좀 더 자신 있게 말하고 쓰게 되는 것이다. 그런 후 학습자들이 짝이나 소집단 활동을 통해 좀 더 자유롭게 연습하도록 하여 유창하게 언어를 사용하도록 이끈다.

말하기 또는 쓰기 수업은 문장의 표면적인 정확성보다는 유창성에 초점을 두며, 표면 구조보다는 전체적인 구성에 주목할 필요가 있다. 통제된 활동에서는 정확성에 초점을 두지만, 점차 이어지는 덜 통제된 활동과 유도된 활동을 통해서는 학습자들이 유창하게 말하고 쓰는 데 집중하도록 이끌고, 교사도 이런 부분에 더 신경을 써야 한다.

후 단계에서는 학습자들이 말이나 글로 생산한 것에 대한 피드백과 오류 수정이 이루어진다. 형태적 측면에서의 정확성에 대한 지적도 필요하지만, 유창성에 초점을 두는 말하기, 쓰기 수업의 특성에 비추어 학습자가 생산한 언어의 전체적 구성, 전달하고자 하는 내용의 적합성과 설득력에 유의하여 피드백을 해 줄 수 있도록 유의한다. 또한 이 단계에서는 다른 언어 기능으로의 확장도 이루어지는데, 수업의 주제와 관련한 읽기, 듣기 자료를 이용한다든지, 말한 내용을 글로 표현하거나 글로 쓴 내용을 말로 다시 표현하는 등의 활동을 할 수 있다.

Ⅱ. 언어 항목 수업의 조직

제3장 어휘

언어를 이해하고 사용하는 데에는 어휘가 출발점이 된다. 어휘 하나만으로도 최소한의 의미는 전달할 수 있기 때문이다. 또한 어휘는 그 양이 방대하기 때문에 언어를 학습해 가는 데에 가장 큰 걸림돌이 되기도 한다. 언어능력이 아무리 높아져도 새로운 어휘는 끊임없이 등장하기 때문이다. 이 장에서는 이렇게 의사소통에 필수적이고 그 양이 방대한 어휘를 수업 현장에서 어떻게 다루어야 하는지 P-P-P 수업 모형 안에서 살펴보도록 한다.

수업에서 어휘를 제시하고 연습하고 학습자들이 새로 배운 어휘를 기억하도록 돕기 위해 교사들은 다음과 같은 사항을 염두에 두어야 한다.

- 새로운 어휘는 의미와 발음을 분명하게 제시한다.

- 문맥 속에서의 정확한 의미를 제시하는 것이 중요하다.

- 새로운 어휘의 의미는 그림, 동작, 실물, 맥락 등을 통해 제시한다.

- 학습자가 어휘의 의미를 이해했는지를 확인하는 질문이 필요하다.

- 새로운 어휘를 사용하는 다양한 연습을 한다.

- 새로 익힌 어휘를 주기적으로 복습한다.

- 학습자가 새로운 어휘를 효과적으로 암기하고 사용할 수 있는 유용한 전략과 방법들을 제공한다.

① 제시 (Presentation)

제시 단계에서는 새로운 어휘의 형태와 의미를 정확하게 제시한다. 다시 말해, 학습자에게 그 어휘의 의미가 무엇인지, 어떻게 발음하는지, 철자가 어떻게 되는지를 정확하게 제시한다. 새로운 어휘를 제시할 때는 우선 어휘를 칠판에 쓰고 교사가 정확한 발음으로 어휘를 읽고 학습자들이 반복해서 따라하도록 하여 새 어휘를 학습자의 시각적, 청각적 기억에 자리잡도록 한다. 또한 어휘의 의미를 명확하게 전달해야 하는데, 의미 제시는 어휘의 특성에 따라 다양한 방법을 사용할 수 있다.

어휘의 형태와 의미를 전달한 후에는 학습자들이 그 의미를 정확하게 이해했는지 확인하는 간단한 질문을 한다. 이때의 질문은 제시 단계에서 학습자들이 의미를 바르게 이해했는지 확인하고, 의미 이해가 부족한 부분을 보충하여 설명하는 데 중점을 둔다. 따라서 학습자가 짧고 간단하게 대답할 수 있는 질문으로 구성한다.

어휘 제시에 들어가기에 앞서 교사가 미리 정해 두어야 할 문제가 두 가지 있는데, 그것은 제시할 어휘와 확장할 어휘이다.

매 수업마다 새롭게 등장하는 어휘들을 모두 똑같은 비중으로 제시하고 연습할 수는 없기 때문에 교사는 미리 수업에서 중요하게 다루어 제시할 어휘를 정해 둘 필요가 있다. 학습자들이 그 의미와 용법을 정확하게 인지하여 실제로 사용할 수 있게 되는 **표현 어휘 (active vocabulary)**는 시간을 할애해 제시하고 연습을 하는 반면, 의미는 이해하고 아직 사용할 단계에는 이르지 못한 **이해 어휘 (passive vocabulary)**는 시간 단축을 위해 의미만 간단히 제시하거나 때로는 문맥 속에서 학습자들이 스스로 의미를 추측하도록 남겨둘 필요도 있다.

다음에 제시된 읽기 텍스트에서 표현 어휘와 이해 어휘를 나누어 볼 수 있다. 물론 이것은 하나의 예일 뿐이며, 실제로 교사와 학습자의 필요에 따라 표현 어휘와 이해 어휘의 목록에는 약간씩의 차이가 있을 수 있다.

> 어제 오후에 갑자기 **비가 쏟아졌다**. 우산이 없어서 **비를 맞았다**. 집에 와서 옷을 갈아입고 쉬었지만 **열이 나기** 시작했다. 오늘 아침에는 **기침과 콧물**도 나고 머리가 아팠다. 몸도 여기저기 아프고 **입맛도 없었다**. 내가 아침을 못 먹어서 어머니께서 **걱정을 하셨다**. 학교를 하루 쉬고 병원에 갔다. 의사 선생님은 **감기에 걸렸다**고 하셨다. 며칠 약을 먹고 쉬어야 한다. **주사를 맞고** 나서 의사 선생님께서 **주의할** 점을 몇 가지 적어 주셨다. 의사 선생님이 적어 주신 대로 조심하고 며칠 **푹** 쉬어야겠다.

[표현 어휘] 비를 맞다 열이 나다 기침 콧물 ……
[이해 어휘] 비가 쏟아지다 입맛이 없다 푹 ……

또 하나는 제시된 어휘와 관련해 확장할 어휘를 정하는 것이다. 학습자들은 새로운 어휘를 만나면 그 어휘와 관련된 다른 어휘들에 대해 궁금해 하는데, 제시 단계에서 제시한 어휘와 관련된 어휘를 몇 가지 더 알려주어 어휘 확장을 시도할 수 있다. 어휘 확장은 제시된 어휘의 의미와 담화 영역에 관련 있는 새로운 어휘들을 중심으로 하며 지나치게 넓은 영역으로 확장되지 않도록 한다. 교사는 수업 시작 전에 수업의 목적과 수준, 시간 등 여러 상황을 고려하여 확장할 어휘의 수와 의미 영역을 적절하게 조절해 준비한다.

예를 들어, '택시'라는 어휘를 제시하면서 어휘 확장을 시도한다면, 다음과 같은 관련 어휘 중에서 적절한 어휘를 선택해 제시할 수 있다.

택시	버스 자동차 지하철 기차 비행기 배 ……
	타다 내리다 갈아타다 잡다 세우다 ……
	택시 기사 택시비 빈 택시 ……

다음에서 제시되는 방법들은 어휘의 특성에 맞게 의미를 설명하는 데 다양하게 사용될 수 있는 것들이다. 보통 한 시간의 어휘 수업에서 가르치게 되는 목표 어휘는 하나가 아니라 관련된 여러 개의 어휘가 되는데, 각 어휘의 특성에 따라 아래의 여러 방법을 적절히 혼용할 수 있다. 하나의 어휘를 제시할 때도 하나의 방법만 고집할 필요는 없으며 두세 개의 제시 방법을 같이 적용하여 학습자의 이해를 도울 수 있다.

학습자 모국어로 번역하기

학습자의 모국어로 어휘를 번역하는 방법은 단일 언어권 교실에서 많이 사용된다. 이 방법은 시간적으로 매우 경제적이지만 언어 간에 의미 영역과 용법이 정확하게 일대 일로 대응을 이루는 어휘가 별로 없다는 점에서 주의를 기울일 필요가 있다. 학습자가 외국어 어휘를 자신의 모국어와 일 대 일로 대응하여 학습한 경우는 그 의미와 용법을 제대로 이해하지 못해서 실제 의사소통 상황에 사용하지 못하는 경우가 많다. 일부 어휘를 제외하고는 언어들 간에 완벽하게 의미 영역이 일치하는 경우는 없으며, 그 용법도 언어마다 다르기 때문이다. 따라서 이 방법은 다음과 같이 제한된 경우에 효과적으로 사용할 수 있을 것이다.

- 단일 언어권 학습자들로만 이루어져 학습자의 모국어로 설명이 가능할 때
- 읽기에서 그다지 중요하지 않은 어휘의 의미만 빨리 확인하고 지나갈 때
- 구체적인 사물 어휘 등 모국어와 목표어 사이에 의미 영역이 일치하는 어휘를 설명할 때

그림, 실물, 동작 이용하기

구체적인 사물을 나타내는 어휘들은 실물이나 그림, 사진, 모형 등을 통해 효율적으로 그 의미를 전달할 수 있다. 예를 들어, '창문, 책상' 같은 교실 안 사물이나 '공책,

연필' 같은 학습자의 소지품을 뜻하는 어휘, '손, 발, 눈' 같은 신체 명칭의 어휘, '바지, 모자, 신발' 같이 의복을 나타내는 어휘, '컵, 사과' 같이 실물을 준비하기 쉬운 어휘 등의 제시에 유용하게 사용될 수 있는 방법이다. 그리고 '산, 버스' 같이 실물을 준비하기가 어려운 어휘들은 그림이나 사진으로 대신할 수 있다.

예시

① 교사가 칠판에 다음 단어를 쓴다.

창문

② 실제 창문을 가리키며 소리 내어 말하고 학습자에게 따라하게 한다.

교사   (교실의 창문을 손가락으로 가리킨다.) "이것은 **창문**입니다. 따라하세요. **창문**."

학습자 **"창문**

교사   (창문을 가리키면서) "이것은 무엇입니까?"

학습자 **"창문**

동작 동사의 경우는 교사가 직접 동작을 해 보이는 것이 효과적이며 감정을 나타내는 어휘는 교사의 얼굴 표정이나 몸짓을 통해 제시할 수 있다. '앉다, 뛰다, 울다' 같은 동작을 나타내는 어휘, '기쁘다, 슬프다, 무섭다' 같은 감정을 나타내는 어휘 등에 사용할 수 있는 방법이다. 이때에는 교사의 표정과 동작이 조금은 과장되더라도 학습자들이 그 의미를 쉽고 정확하게 알 수 있도록, 표현을 정확히 하는 데 유의한다.

예시

① 교사가 칠판에 다음 단어를 쓴다.

읽어요 [읽다]

② 교사가 책을 읽는 동작을 하면서 반복해 어휘를 말하고 학습자가 따라 읽는다.

교사 (책을 들고) "이것은 책이에요."

   (책을 펴서 보면서) "선생님이 책을 **읽어요**."

   (책의 한 부분을 소리 내어 읽는다) "책을 **읽어요**. 따라하세요. 책을 **읽어요**."

학습자 "책을 **읽어요**."

교사 (책을 읽는 동작을 하면서) "선생님이 뭐해요?"

학습자 "책을 **읽어요**."

상황 이용하기

그림이나 실물을 사용할 수 없는 추상적인 어휘는 학습자들의 수준에 맞는 다른 쉬운 어휘를 이용해 풀어 설명하는 것이 효과적이다. 이 방법은 다소 시간은 걸리지만 학습자들에게는 듣기 기회가 늘어나며 어휘의 의미뿐만 아니라 문장 안에서의 용법을 함께 보여줄 수 있다는 장점이 있다. 이에는 상황이나 예문 제시하기, 쉬운 어휘로 뜻풀이하기 등의 방법이 있는데, 이때 교사의 제시가 지나치게 길어 장황해지지 않도록 조심해야 한다. 문장은 가능한 간결하고 쉬운 어휘를 사용하여 학습자가 이해하기 쉽도록 주의한다.

상황을 이용해 제시할 때는 문맥을 통해 제시하는 어휘의 의미가 명확하게 드러날 수 있도록 적절한 내용의 이야기를 미리 준비한다. 예를 들어, '지저분하다'의 경우는 아래와 같은 상황을 설정해 설명할 수 있다.

─ 예시 ├─

① **'지저분하다'**라는 의미를 다음과 같이 상황으로 설명한다.

교사 "선생님의 동생은 방 청소를 싫어해요. 한 달에 한 번 방 청소를 해요. 동생 방 책상 위에는 책, 공책, 볼펜, 종이가 아주 많아요. 필요한 책을 찾기가 힘들어요. 침대와 방바닥에는 옷, 가방, 과자봉지, 컵, 휴지가 놓여 있어요. 방 안에 앉을 곳이 없어요. 오늘 저는 드디어 동생에게 이렇게 말했어요. **'방이 너무 지저분해. 청소 좀 해!'** 자, 선생님 동생 방은 어때요?"

학습자 **"지저분해요."**

교사 "선생님 동생은 무엇을 해야 할까요?"

학습자 "청소해야 해요."

교사　"그럼, 우리 교실은 **지저분해요**, 아니에요? 여러분 방은 어때요?"

예문으로 제시하기

어휘의 의미를 예문을 통해 제시할 때는 그 어휘의 전형적인 사용 예를 보여줄 수 있는 문장을 여러 개 준비한다. 학습자 사전이나 말뭉치 자료 등을 참고하여 어휘의 의미가 분명하게 드러나는 전형적인 예문을 찾아 제시하는 것이 중요하다.

─ 예시 ─

① **'준비하다'**를 새로이 제시하는 경우 그 의미와 관련된 예문을 학습자에게 들려 주거나 또는 칠판에 쓴다.

> 어머니는 아침마다 가족을 위해 식사를 준비합니다.
> 오늘 오후부터 비가 오겠습니다. 우산을 준비하십시오.
> 다음 달에 있는 말하기 대회에 나가려고 요즘 준비하고 있습니다.
> 해외 여행을 가려면 여권, 여행비 등 준비할 것이 많습니다.
> 어제 아파서 발표를 준비하지 못했습니다. 그래서 오늘 발표를 못 했습니다.

교사　"선생님이 말하는(혹은 칠판에 쓴) 문장들을 잘 듣고(읽고) '준비하다'의 뜻이 무엇인지 생각해 보세요."

② 학습자가 예문의 뜻을 생각해 본 후 무슨 뜻인지 함께 이야기해 본다.
교사　"자, 방금 들은(읽은) 문장 속에서 '준비하다'가 무슨 뜻으로 쓰였는지 이야기해 보세요."
학습자 1　"미리 해요."
학습자 2　"미리 만들어요."
학습자 3　"나중에 필요해서 가지고 가요."
⋮

③ 교사가 '준비하다'의 의미에 대해 최종적으로 정리해 준다.
교사　"맞아요. '준비하다'는 앞으로 해야 하거나 필요한 것을 미리 하거나, 가지고 가거나, 만들어 놓는 거예요. 오후에 수영장에 갈 거면 미리 수영복을 **준비해야** 해요. 내일 시험이 있으면 오늘 시험을 **준비해야** 해요."

유의어, 반의어 등으로 제시하기

유의어, 반의어, 상·하위어 등을 이용하면 상황이나 예문을 통해 의미를 설명하는 것보다 시간을 단축할 수 있다. 이때 의미 설명을 위해 사용하는 유의어, 반의어, 상위어 등은 이미 학습자들이 알고 있는 어휘여야 한다. 읽기 수업 중에 텍스트에 나온 새로운 단어의 의미만 간단히 확인하고 지나가면 될 때는 학습자가 이미 익혀 알고 있는 유의어나 반의어, 상위어 등을 이용해 간단하게 의미만 제시하여 읽기 텍스트의 이해를 도울 수 있도록 한다. 어휘 설명에 좀 더 시간을 할애할 수 있다면 설명에 사용된 어휘들을 이용해 간단하게 예문을 들어줄 수도 있다.

예시

【반의어로 제시하는 경우】

① 학습자들이 이미 알고 있는 '같다'의 반의어로서 '다르다'를 설명한다.

교사　　"마이클과 다나카는 머리 색깔이 같아요?"

학습자들　"아니요, 같지 않아요."

교사　　"맞아요. 마이클과 다나카는 머리 색깔이 같지 않아요. 머리 색깔이 **달라요**. '**다르다**'는 '같다'의 반대말이에요."

【유의어로 제시하는 경우】

① 이미 학습한 '더럽다'의 유의어로 '지저분하다'를 제시한다.

교사　　"'**지저분하다**'는 '더럽다'와 비슷한 뜻이에요. 청소를 안 하면 방이 더러워요. 방이 **지저분해요**."

【하위어로 제시하는 경우】

① 학습자들이 이미 알고 있는 단어를 이용해 '음식'을 제시한다.

교사　　"점심 때, 뭐 먹었어요?"

학습자1　"빵요."

학습자2　"라면요."

학습자3　"된장찌개 먹었어요."

교사　　"점심 때 먹은 빵, 라면, 된장찌개는 모두 뭐라고 해요? 모두 '**음식**'이에요. 우리가 먹는 것은 모두 **음식**이라고 해요."

위와 같이 학습자들이 알고 있는 유의어, 반의어 등을 이용해 간단히 의미 제시만 하는 것은 새로운 어휘의 세밀한 의미나 용법 등을 자세히 알 필요 없이 의미만 이해하는 것으로 충분할 때 사용하는 방법이다. 어휘에 대한 더 자세한 의미 설명이 필요하다면 여기에 예문을 덧붙이거나 문맥을 이용하는 등 다른 제시 방법을 함께 사용할 수 있다.

수업의 진행 상 개별 어휘에 대한 자세한 설명을 하지 못하고 지나간 경우에는 다음에 시간을 따로 마련하여 의미를 자세히 설명해 줄 필요가 있다. 특히 유의어를 이용해 설명한 경우, 두 유의어가 의미는 비슷하지만 모든 문맥에서 똑같은 의미로 대체해 사용할 수 있는 것은 아니라는 것을 학습자에게 분명히 해 두어야 한다. 어떤 유의어도 어휘가 사용되는 문맥이나 어울려 쓰이는 어휘와의 관계 등에서 완벽하게 일치하는 동의어는 없다고 할 수 있다. 유의어 사이에는 기본적으로 비슷한 점이 많지만 그 차이 또한 분명하게 존재하는데, 이러한 세밀한 의미 차이를 명확히 구분하지 못하고 모든 상황에서 두 어휘가 동일하게 쓰인다고 오해하면, 어휘 사용에 있어 생각지 못한 엉뚱한 오류가 발생할 수 있다.

사전 정의 이용하기

사전을 이용하여 어휘의 뜻을 정의해 주는 것도 하나의 방법이다. 어휘의 정의는 사전을 보면 나와 있지만 사전의 정의가 학습자 수준에는 어려운 단어들을 포함하거나 의미가 모호한 경우가 많아 교사가 이를 바탕으로 쉬운 단어로 고쳐 학습자들에게 제시할 필요가 있다. 「외국인을 위한 한국어 학습사전」에는 보다 쉬운 어휘로 정의가 되어 있으므로 활용하기에 좋다.

① 수업 전에 미리 「표준국어대사전」에 나와 있는 '불평하다'의 의미를 확인해, 학습자들 수준에 맞게 다음과 같이 고쳐 놓는다.

【불평하다】 마음에 들지 아니하여 못마땅하게 여기다. 또는 못마땅한 것을 말이나 행동으로 드러내다.

→ **마음에 안 드는 것을 말이나 행동으로 나타내다.**

② '불평하다'의 의미를 학습자들이 알기 쉽도록 설명한다.

교사 "'불평하다'는 '마음에 안 드는 것을 말이나 행동으로 나타낸다'는 뜻이에요. 주말인데 숙제가 많아서 기분이 안 좋아요. 그러면 불평해요. '왜 이렇게 숙제가 많아? 우리 선생님은 숙제를 너무 많이 시키셔. 주말인데 놀지도 못하고 이게 뭐야?' 이렇게 말하면 불평하는 거예요."

어휘 분석해 설명하기

합성어나 파생어 등은 어휘를 분석하여 어근이나 접사의 의미를 이용하여 설명할 수 있다. 이때 이용하는 어근이나 접사는 학습자들이 이해할 수 있는 수준의 것이어야 하며, 관련된 합성어나 파생어를 함께 제시하여 이해를 도울 수 있다. 관련된 합성어나 파생어를 함께 제시할 때는 해당하는 모든 어휘를 제시해서는 안 되며, 학습자의 수준에 맞추어 어느 정도까지 제시할 것인지 미리 결정할 필요가 있다. 이 방법은 중급 이상의 수준에서 이용할 수 있다.

【'접두사 + 명사'인 경우】

① 명사 앞에 '늦'을 붙여 '늦은'의 뜻을 더하게 하는 명사들을 제시한다.

교사 "'늦잠'은 '늦(다)+잠'으로 이루어졌어요. 그래서 잠을 늦게까지 자는 것을 의미해요. '늦더위, 늦가을' 등의 어휘에서도 '늦'은 '늦다'는 뜻으로 사용되어 '늦게 찾아오는 더위', '늦은 가을'을 의미해요. 다음 어휘들의 의미가 무엇인지 이야기해 볼까요?"

> 늦 + □ : 늦겨울, 늦추위, 늦장마

※ '늦'으로 시작되는 어휘는 이 외에 '늦둥이, 늦깎이' 등도 있지만 이들 어휘는 그 의미를 추론하기가 어려우므로 학습자의 수준을 고려해 제시하지 않는 것이 더 나을 수 있다.

② 명사 앞에 접두사 '헛'을 붙여 '쓸데없는', '보람이 없는'의 의미를 더하게 되는 명사들을 제시한다.

　　교사　"'헛'은 '쓸데없는, 보람이 없는, 잘못된' 등의 뜻을 가지고 있어요. '헛소문'은 '헛+소문'으로 '잘못된 소문'이라는 뜻이 됩니다. '헛'이 붙은 어휘 중에서 '헛걸음'은 '보람 없이 갔다가 돌아온 걸음', '헛수고'는 '아무런 보람이 없이 한 수고'를 뜻하게 돼요. 그럼, '헛기침'은 무슨 뜻인지 이야기해 볼까요? 다음 어휘들의 의미도 한 번 생각해 보세요."

> 헛 + □ : 헛소리, 헛고생, 헛일, 헛손질

※ 역시 '헛다리, 헛치레, 헛물 ……' 등의 어휘는 학습자의 수준을 고려하여 제시 여부를 결정해야 한다. 관련된 모든 어휘를 제시하는 것이 학습자들에게 어려움을 배가 시킬 수도 있다

【'명사 + 접미사'인 경우】

① 명사 뒤에 '꾸러기'가 붙으면 '많이 가지고 있거나, 많이 하는 사람'이라는 의미가 됨을 설명한다.

　　교사　"'꾸러기'는 '많이 가지고 있거나 많이 하는 사람'이라는 뜻이 있어요. '잠꾸러기'는 '잠'에 '꾸러기'가 붙어서 '잠이 많은 사람, 잠을 많이 자는 사람'이라는 뜻을 만들어요. 우리 반에 잠꾸러기는 누가 있어요?"

　　학습자　"마이클이 잠꾸러기예요."

　　교사　"그럼, 우리 반에서 가장 장난을 많이 치는 사람은 누구예요?"

　　학습자　"다나카가 장난을 많이 쳐요."

　　교사　"장난을 많이 치는 다나카는 뭐라고 하면 될까요?"

　　학습자　"장난꾸러기?"

　　교사　"맞아요. 장난꾸러기라고 할 수 있어요".

② '명사 + 꾸러기'의 예를 칠판에 쓰고 그 의미를 알고 있는지 확인한다.

> □ + 꾸러기 : 욕심꾸러기, 말썽꾸러기, 심술꾸러기

※ '꾸러기' 같은 경우에는 학습자들이 지나치게 어휘를 확장하여 '사랑꾸러기, 거짓말꾸러기, 겁꾸러기' 같이 한국어에 없는 엉뚱한 어휘를 만들어 내는 경우가 있다. 그러므로 교사가 수업에서 제시한 어휘 외에 다른 단어를 만들어 쓰지 않도록 주의시킨다.

② 연습(Practice)

　어휘 학습에 있어서 연습은 중요한 역할을 한다. 제시 단계를 통해 학습자가 새롭게 알게 된 어휘들은 학습자의 머릿속에 기억되지만 이것은 단기 기억일 뿐이다. 연습은 이들 단기 기억 속에 자리 잡은 새 어휘들을 장기 기억으로 전환시키는 중요한 단계가 되는데 어휘의 형태, 의미, 기능 등을 내재화시키는 의미 있는 연습들이 이루어져야 한다.

어휘 고르기

　어휘 고르기는 학습자들에게 어휘 목록을 제시하고 그 중에서 지시에 맞는 어휘를 골라내도록 하는 연습이다. 이 연습은 학습자들이 제시된 목록 속의 각 어휘들의 의미를 파악하고 지시에 맞는지 판단하여 선별해 내는 인지 과정을 거친다. 이런 연습 중 한 방법은 아래와 같이 제시된 어휘들 중에서 어색한 것 하나를 골라내는 것이다.

─ 예시 ─

＊다음 중 관계가 먼 어휘 하나를 고르십시오.
　1. 바지　양말　티셔츠　외투
　2. 사과　포도　수박　양파

① 먼저 학습자들이 위에 제시된 문제의 답을 고른다.
② 학습자가 문제를 푼 후 답과 그 이유를 확인한다.
　교사　　"자, 1번의 답은 뭐예요?"
　학습자　"양말이에요."
　교사　　"왜 양말이 가장 관계가 멀어요?"
　학습자　"바지, 티셔츠, 외투는 입어요."
　교사　　"맞아요. 그럼 양말은요?"

학습자 "신어요."
교사 "맞아요. 양말은 신어요. 잘 했어요."

  좀 더 열린 목록을 제시하거나 학습자 자신과 관련시키는 연습도 할 수 있는데, 이 때는 고정된 정답이 있는 것이 아니라 학습자에 따라 다른 응답이 나와서 서로 비교해 볼 수 있다.

예시

  ＊ 제시된 어휘 목록에서 자기 자신을 설명할 수 있는 어휘를 다섯 개 고르십시오. 그리고 선택한 어휘를 사용하여 자신에 대해 설명해 보십시오.

똑똑하다	친절하다	게으르다	부지런하다	예의바르다	조용하다
재미있다	정직하다	활발하다	긍정적이다		

① 먼저 학습자들이 각자 제시된 문제를 해결한다.
② 학습자가 문제를 푼 후 교사가 몇몇 학습자를 지목해 답을 확인한다.
　　교사 "어휘를 골라서 어떻게 자신을 설명할지 생각해 봤어요? 그럼, 누가 한번 말해 볼까요? 네, 왕영 씨가 한번 말해 보세요."
③ 학습자 몇 명에게 발표를 시키면서 목록에 나오지 않은 다른 단어들도 떠오르는 게 있는지 물어보면서 단어 사용을 확장할 수 있다.
　　교사 (다른 학습자들을 보면서) "왕영 씨가 말한 다섯 개의 단어 외에 왕영 씨를 설명할 수 있는 다른 단어가 있을까요? 생각나는 게 있으면 말해 보세요."
　　학습자 1 "사교적이에요."
　　교사 "아, 왕영 씨는 사교적이에요? 어떤 것을 보면 사교적이에요?"
　　학습자 2 "왕영 씨는 사교적이어서 우리 반 친구 모두 다 친해요. 재미있는 이야기도 많이 해요."

연결하기

  연결하기는 먼저 제시된 어휘를 보고 그 의미를 인지한 후, 문항의 지시에 따라 관련된 그림이나 뜻풀이, 연어, 반의어, 유의어 등과 짝을 짓도록 하는 연습이다.

* 서로 반대되는 말끼리 연결하십시오.

넓다 •	• 크다
싸다 •	• 춥다
쉽다 •	• 좁다
작다 •	• 비싸다
덥다 •	• 어렵다

① 교사가 먼저 제시된 문제 중 하나를 이용해 학습자들에게 시범을 보인다.

교사 　"자, '넓다'의 반대말은 '좁다'예요. 우리 교실은 별로 넓지 않아요. 우리 교실은 어때요?"

학습자 "우리 교실은 좁아요."

교사 　"맞아요. 이렇게 서로 반대되는 말을 찾아서 연결해 보세요."

② 학습자가 문제를 푼 후 간단한 대화 상황을 이용해 답을 확인한다.

교사 　"'싸다'의 반대말은 뭐예요?"

학습자 "'비싸다'요."

교사 　"선생님이 이 볼펜을 5천원 주고 샀어요. 싸요?"

학습자 "아니요, 볼펜이 비싸요."

　제시된 두 목록을 일대일로 연결하는 것이 일반적이지만 한 단어가 여러 단어와 연결될 수 있는 목록을 제시할 수도 있다. 연어 목록 연결하기 같은 경우에는 한 단어에 연결될 수 있는 단어가 여러 개가 되는데 이런 목록은 일대일 연결보다는 난이도가 올라가게 된다.

* 다음 두 목록의 단어들을 〈보기〉와 같이 5분 안에 가능한 많이 연결하십시오.

〈보기〉 눈 + 뜨다 → 눈을 뜨다 　　　　　 눈 + 감다 → 눈을 감다 ……

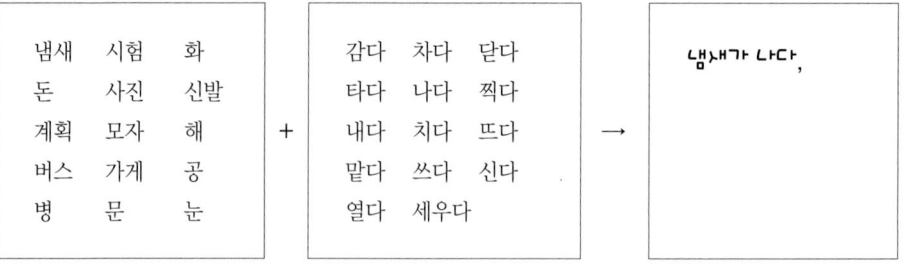

① 교사가 제시된 문제의 〈보기〉를 이용해 학습자들에게 시범을 보인다.

  교사　　 "'눈'은 '뜨다'와 연결해 '눈을 떠요'를 만들 수 있어요. 또 '눈'과 연결할 수 있는 말이 뭐가 있
  　　　　어요?"

  학습자　 "눈을 감아요."

  교사　　 "맞아요. 이렇게 서로 연결할 수 있는 말을 다 찾아 보세요."

② 학습자가 문제를 푼 후 답을 확인한다.

  교사　　 "자, 얼마나 단어를 많이 연결했는지 확인해 볼까요? 한 사람씩 순서대로 자기가 연결한 단
  　　　　어를 말해 보세요."

  학습자 1 "냄새가 나요."

  학습자 2 "냄새를 맡아요."

③ 교사는 학습자의 답이 틀린 경우 잘못되었음을 인지시킨다.

  학습자 3 "계획을 내요"

  교사　　 (학습자들을 둘러보며) "'계획을 내요' 맞아요?"

  학습자들 "아니요."

  교사　　 "그래요, '계획을 내다'라는 말은 없어요. 다음 사람?"

  학습자 4 "계획을 세워요"

④ 학습자들이 돌아가면서 답을 말하고 최종적으로 가장 많이 말한 학습자에게 적절한 보상을 한다.

분류하기

분류하기는 제시된 여러 어휘들을 각각의 의미 범주에 따라 분류해 넣는 연습 방
법이다. 의미 범주는 제시해 줄 수도 있고 학습자들이 스스로 생각해 보도록 할 수
도 있다.

＊ 다음 어휘들을 긍정적인 것과 부정적인 것으로 분류하십시오.

| 게으르다 | 낙천적이다 | 부지런하다 | 무례하다 | 냉정하다 | 예의바르다 |
| 활발하다 | 열정적이다 | 비관적이다 | 까다롭다 | 명랑하다 | 온화하다 |

〈긍정적〉	〈부정적〉
낙천적이다,	무례하다,

① 교사가 먼저 제시된 문제의 시범을 보인다.

② 학습자가 문제를 푼 후 답을 확인한다. 학습자 두 명을 지목해 각각 긍정적인 것과 부정적인 것을 칠판에 쓰게 한다.

③ 두 명의 학습자가 쓴 것이 맞는지, 틀린 것은 없는지 학습자들과 함께 이야기를 나누며 확인한다. 잘못 분류된 단어가 있으면 다른 학습자를 지목해 고쳐 쓰게 한다.

　　교사 "자, 칠판에 쓴 어휘 분류가 알맞은가요? 여러분이 쓴 것과 다른 것은 없나요? 어떤 단어가 잘못 분류되었어요?"

＊다음 어휘들을 네 개씩, 세 개의 목록으로 나누십시오. 그리고 각 목록에 알맞은 제목을 정하십시오.

| 양파　굴　포도　조개　배추　복숭아　고추　배　오이　수박　문어　오징어 |

〈과일〉		
포도,		

① 교사가 먼저 제시된 문제의 시범을 보인 후 학습자들이 제시된 문제를 푼다.

② 학습자가 문제를 푼 후 교사가 학습자를 한 명씩 지목해 칠판에 답을 쓰게 한다.

교사 　　"마이클 씨가 나와서 첫 번째 표에 단어를 써 보세요."

　　　　　(학습자가 칠판에 쓴 후)

교사 　　"마이클 씨가 쓴 게 같은 종류가 맞아요? 잘못 쓴 것은 없어요?"

　　　　　(잘못 쓴 게 있으면 다른 학습자가 고쳐 쓰게 한다.)

③ 같은 방식으로 두 번째, 세 번째 표도 학습자가 나와서 완성한 후, 각 표의 제목을 무엇으로 하면 좋을
　　지 학습자들에게 묻는다.

교사 　　"칠판에 써 놓은 각각의 표에 제목을 뭐라고 붙이면 좋을까요? 첫 번째 표에 있는 '포도, 복숭
　　　　　아, 배, 수박'은 모두 뭐예요?"

학습자 "모두 과일이에요."

교사 　　"맞아요. 모두 과일이에요. 그러면 첫 번째 표는 과일이라고 제목을 달면 되겠네요."

배열하기

이것은 제시된 어휘들을 일정한 기준에 따라 배열하는 연습 방법이다. 특히, 빈도
나 강약을 나타내는 어휘들을 구별하는 연습을 할 때 빈도나 강약의 정도에 따라 순
서를 정하게 하는 연습을 많이 활용한다.

─(예시 1)──────────────────────────────────

＊ 다음 어휘들을 순서대로 나열하십시오.

1. 　늘　가끔　때때로　자주

늘 - (　　　　) - (　　　　) - (　　　　)

2. 　　시원하다　쌀쌀하다　서늘하다　따뜻하다　춥다

덥다 - (　　) - (　　) - (　　) - (　　) - (　　)

① 학습자들이 각자 제시된 문제의 답을 쓴다.
② 학습자들이 두 명씩 짝을 지어 서로의 답이 일치하는지 확인한다. 서로 다르면 의견을 나누어 답을 하
　　나로 일치시킨다.
③ 학습자들의 답을 확인한 후 교사가 최종적 순서와 정도 차이를 정리해 준다.

시간의 흐름에 따른 순서가 정해지는 어휘들은 그 순서에 따라 배열하는 연습을 할 수 있다. 또한, 여러 어휘 목록을 제시하고 그 어휘들을 자신이 좋아하거나 싫어하는 순서로 배열하게 하는 등 다양하게 활용할 수 있다.

예시 2
---

* 여러분은 아침에 일어나면 제일 먼저 무엇을 합니까? 그리고 보통 학교에 가기 전까지 어떤 순서로 무슨 일을 합니까? 다음 어휘들 중에서 여러분이 보통 아침에 하는 일을 골라 순서대로 나열한 후 자신의 아침 일과를 이야기해 보세요.

> 세수하다   신문을/텔레비전을 보다   물을/커피를/우유를 마시다   밥을 먹다
> 이를 닦다   옷을 입다   머리를 빗다   머리를 감다   샤워하다   면도하다

① 학습자들이 각자 자신의 일과에 맞게 제시된 어휘들을 순서대로 배열한다.
② 교사는 학습자 몇 명을 지목하여 답을 확인한다.

교사   "여러분의 하루 일과를 순서에 따라 이야기해 보세요."
학습자 1   "저는 아침에 일어나서 세수를 합니다. 그리고 머리를 감고 머리를 빗어요. 옷을 입고 나서
           우유를 한 잔 마셔요. 밥은 안 먹어요. 그리고……"
교사   "네, 잘 했어요."
           (학습자 전체를 보며) "마이클 씨는 아침에 일어나서 제일 먼저 뭘 해요?"
학습자들   "세수를 해요."
교사   "맞아요. 그럼, 일어나서 세수 말고 다른 일을 하는 사람 있어요?"
학습자 2   "네, 저는 아침에 일어나서 제일 먼저 커피를 마셔요. 커피를 안 마시면 계속 잠이 와요. 그
           리고 신문을 읽어요. 그리고……."

문장이나 대화의 빈칸 채우기

이것은 문장이나 대화문을 제시하고 빈칸을 두어 문맥의 흐름에 알맞은 어휘를 생각해 보는 연습 방법이다. 이때 어휘는 〈보기〉로 제시할 수도 있고 〈보기〉 없이 학습자들이 스스로 알맞은 어휘를 생각해 보도록 할 수도 있다.

* 빈칸에 알맞은 단어를 〈보기〉에서 골라 쓰십시오

〈보기〉 물건 수첩 영수증 바꾸다 남기다 필요하다

1) 이 방 안의 (   )들을 모두 깨끗하게 정리하십시오.

2) 저는 아침마다 가지고 다니는 (   )에 오늘 할 일을 씁니다.

3) 어디서든지 돈을 낸 후에는 꼭 (   )을/를 받아 오십시오.

4) 가: 수미 씨, 제가 사준 바지는 잘 맞아요?

　　 나: 조금 커서 (   )아야/어야 할 것 같아요.

5) 가: 김민수 씨 계십니까?

　　 나: 잠시 나가셨는데요.

　　 가: 그럼, 이소라가 전화했다고 메모 좀 (   )아/어 주시겠어요?

① 학습자들이 각자 제시된 문제의 답을 쓴다.

② 학습자가 제대로 답을 썼는지 확인한다.

　　교사　　 "왕영 씨, 1번 문장에 답을 넣어서 읽어 보세요."

　　학습자 1 "이 방 안의 물건들을 모두 깨끗하게 정리하십시오."

　　교사　　 (다른 학습자들을 보며 답이 맞는지 확인한다.) "맞아요? 네, 잘 했어요. 다음은 마이클 씨

　　　　　　　2번 문장 읽어 보세요."

그림 이용하기

사물이나 구체적인 개념을 뜻하는 어휘는 그림을 통해 다양하게 연습할 수 있다. 이에는 제시된 그림 카드를 보고 해당 어휘를 말하거나 쓰기, 그림의 내용을 적절한 어휘를 이용해 묘사하기, 두 사람이 짝을 지어 각자 부분적으로 다른 그림을 가지고 서로 그림에 대해 설명을 하면서 다른 점 찾아내기 등 여러 가지 방법이 있다. 특히 그림을 이용한 연습은 초급에서 효과적이다.

＊ 다음 그림을 보고 문장을 완성하십시오.

1)

방이 _____ .   방이 _____ .

2)

 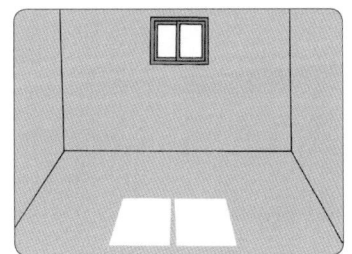

방이 _____ .   방이 _____ .

3)

방이 _____ .   방이 _____ .

① 교사가 1번 문제의 시범을 보이며 문제에 대해 설명한다.

　교사　　"자, 첫 번째 방은 어때요?"

　학습자들　"방이 깨끗해요."

　교사　　"맞아요. 방이 깨끗해요. 그런데 두 번째 방은 물건이 많아요. 쓰레기도 있어요. 방이 어때요?"

　학습자들　"방이 더러워요."

　교사　　"맞아요. 두 번째 방은 더러워요. 또 뭐라고 할 수 있어요?"

　학습자들　"지저분해요."

　교사　　"맞아요. 방이 더럽고 지저분해요. 첫 번째 방은 깨끗하지만 두 번째 방은 더러워요. 이렇게 두 개의 방의 상태를 반대말로 표현할 수 있어요. 2번과 3번 문제를 풀어 보세요."

② 학습자가 문제를 푼 후 교사는 학습자들의 답을 확인한다.

교사 　"왕영 씨, 2번 문제의 두 방은 어때요?"

그림을 이용한 연습은 짝 활동이나 소집단 활동에서도 다양하게 이용할 수 있다. 그림을 보면서 학습한 어휘를 떠올리고 표현하려고 노력하는 중에 활발한 의사소통 연습을 하게 된다.

─ 예시 ────────────────────────────────

* 짝을 지어 한 사람은 그림을 설명하고 한 사람은 설명을 잘 듣고 그림을 완성하십시오.

〈그림 1〉 　　　　　　　　　　　　　　　〈그림 2〉

 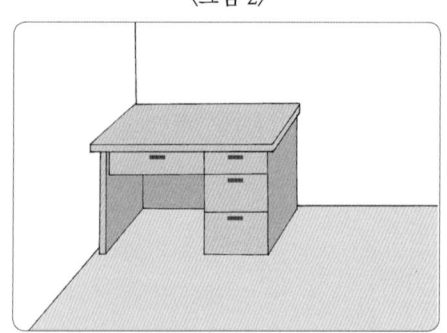

① 학습자 두 사람씩 짝을 짓고 한 명에게는 완성된 그림인 〈그림 1〉을, 한 명에게는 완성해야 하는 그림 인 〈그림 2〉를 준다.
② 〈그림 1〉을 가진 학습자는 그림에 무엇이 어디에 있는지 자신의 짝에게 설명한다.
③ 〈그림 2〉를 가진 학습자는 자신의 짝이 설명하는 것을 잘 듣고 바른 위치에 그림을 그려 넣는다.
④ 그림을 완성하고 나면 두 그림이 일치하는지 서로 비교해 보게 하고 교사도 어떤 부분을 잘못 그렸는 지 확인한다.
⑤ 먼저 완성한 팀에게는 적절히 보상을 한다.

다양한 어휘 게임

언어 수업에서는 어휘를 연습하는 방법으로 다양한 게임을 자주 사용한다. 게임은 학습자의 흥미를 유발하고 즐거운 수업 분위기를 조성하며 학습자의 자발적이고 적극적인 참여를 유도할 뿐 아니라 교사 중심의 수업을 학습자 중심으로 전환한다는 장점도 있다. 교사가 미리 작은 보상거리를 준비해 학습자들의 경쟁을 유도하면 집중도와 흥미를 더 높일 수 있다. 다만 게임을 할 때는 그저 놀고 있다는 생각이 들지 않도록 학습 목표를 분명히 하고, 학습자의 연령이나 성향을 고려해 게임이 학습자의 흥미를 끌고 있는지 확인해야 한다.

다음은 교실에서 많이 활용되는 몇 가지 어휘 게임의 예이다.

같은 소리로 시작하는(끝나는) 말 잇기

교사가 하나의 단어를 제시하면 그와 같은 음절로 시작하는 어휘를 말하거나 쓰는 게임이다. 혹은 같은 음절로 끝나는 말 잇기 게임도 가능하다. 초급 단계처럼 학습자들이 알고 있는 어휘의 수가 제한되어 있을 때는 같은 음절로 시작되거나 끝나는 어휘의 수도 제한되어 있어 게임이 제대로 진행되지 않을 수도 있다. 이럴 때는 같은 자음으로 시작하거나 끝나는 단어로 말 잇기 게임을 할 수도 있다.

─ 예시 ─────────────────────────────────

① 교사가 칠판에 다음 단어를 쓰거나 또는 소리 내어 읽어 준다.

> 사자

② 학습자들이 돌아가며 '사'로 시작하는 단어를 말한다.
    학습자 1 "사과"
    학습자 2 "사탕"
    학습자 3 "사랑하다"

③ '사'로 시작하는 단어를 말하지 못하거나 이미 나온 단어를 말하는 학습자는 미리 정해놓은 벌칙이나 벌점을 받고 다른 단어로 다시 게임을 시작한다.

모음 찾아 단어 만들기

어휘의 자음만을 제시하고 학습자들이 알맞은 모음을 찾는 게임이다. 어휘에서 모음을 빼고 자음만을 칠판에 써서 해당하는 어휘를 빨리 찾도록 한다. 단어 찾기가 어려울 때는 '날씨' 같이 어휘의 범주를 정해 주거나 '교재의 5과' 같이 어휘의 범위를 제한해 주면 쉬워질 수 있다. 이 게임은 발음 수업과 연계해서 할 수 있는데, 예를 들어 해당 어휘를 교사가 발음해 주면 그것을 듣고 모음을 찾는 것이다. 특히 특정 모음의 구별을 어려워하는 학습자들에게 이용하기에 좋다.

예시

① 교사가 칠판에 다음의 자음을 쓴다.

> ㄸ ㄸ ㄷ

② 학습자들은 자신이 생각하는 어휘의 해당 모음이 있는지 교사에게 묻고 교사는 학습자가 말한 모음이 들어가면 해당하는 자리에 써 준다.
  학습자 "'오' 있어요?"
  교사   "아니요, 없어요."
  학습자 "'아' 있어요?"
  교사   "네, 있어요." ('아'가 들어가는 위치에 'ㅏ'를 쓴다.)

> ㄸㅏ ㄸ ㅎㅏ ㄷㅏ

③ 칠판에 쓴 것을 보고 답을 알아낸 학습자가 먼저 손을 들고 답을 외친다.
  학습자 "저요, '따뜻하다'."
  교사   "'따뜻하다'. 맞았어요."

④ 이런 식으로 게임을 계속 진행해 가장 많이 맞힌 학습자에게 적절히 보상한다.

단어 설명해 맞추기

학습자들을 팀으로 나누고 각 팀별로 한 명씩 앞으로 나와 교사가 제시하는 단어를 팀원들에게 설명하여 제한된 시간 내에 가장 많이 맞히는 팀이 이기는 게임이다. 이 게임은 말하기와 듣기 활동이 함께 일어날 수 있는 어휘 게임이다.

예시

① 각 팀에서 문제를 설명할 대표가 한 명 나온다.

② 교사는 각 팀별로 맞춰야 하는 단어가 쓰인 단어 카드를 들고 대표자에게 한 장씩 보여 준다.

③ 단어 카드를 본 학습자가 자기 팀 앞에서 그 뜻을 설명한다.

학습자 "작고 귀여운 동물이에요. 귀가 길어요. 무슨 동물이에요?"

④ 각 팀에서 누구든 정답을 말하면 다음 문제로 넘어간다.

⑤ 이런 방법으로 정해진 시간 안에 맞춘 단어의 수가 많은 팀이 이긴다. 이긴 팀에게는 교사가 적절한 보상을 한다.

빙고(bingo)

수업 현장에서 자주 사용되는 어휘 게임으로 학습자 각자가 4×4, 5×5 등의 사각 칸 안에 어휘를 써 넣고 서로 돌아가며 자신이 써 놓은 어휘를 하나씩 부르며 어휘를 지워나간다. 가로나 세로, 대각선을 먼저 연결해 지우면 이기는 게임이다. 이때 어휘는 '의복, 동물' 등 범주를 정해서 학습자들이 자유롭게 사각 칸 안에 단어를 써 넣 도록 한다.

① 학습자들이 각자 4×4 표를 그리고 각 칸에 '동물' 이름을 생각나는 대로 쓴다.

호랑이	고양이	닭	개
하마	소	돼지	사자
뱀	양	원숭이	기린
쥐	토끼	악어	코끼리

② 학습자들이 한 명씩 돌아가며 자신이 써 놓은 단어를 읽는다. 읽은 단어 중 자신의 표에 있는 어휘는 지워 나간다.

학습자 1 "돼지."

학습자 2 "호랑이."

⋮

③ 가로나 세로, 대각선 줄을 연결해 지운 학습자가 '빙고'하고 외친다. 가장 먼저 '빙고'를 외친 학습자가 이긴다.

십자말풀이(crossword)

가로, 세로 열쇠의 설명을 보고 사각 모눈종이의 해당 칸에 단어를 써 나가는 게임이다. 어휘의 복습 방법으로 이용하기에 좋은 게임이다.

¹소	방	관		⁵
²	³		⁴	
		⁶		

⊙ 가로

1. 불이 났을 때 불을 끄고 사람을 구하는 일을 하는 사람입니다.

2. 여기에 앉아서 공부를 합니다. ○○과 의자.

4. 경기에 나가서 뛰는 사람. 축구 ○○.

6. 여름이 많이 날아다닙니다. 사람의 피를 빨아먹습니다. 물리면 가렵습니다.

⊙ 세로

1. 재미있는 이야기 책, 조금 긴 책입니다. 시는 아닙니다.

3. 물건을 담는 네모난 통.

4. 더울 때 이것을 틀면 시원이 바람이 나옵니다. 날개가 돌아가면서 바람이 나옵니다.

5. 목이 마를 때 마시는 것. ○○○ 한 잔 드실래요?

① 학습자들은 짝이나 소집단을 형성해 답이 무엇인지 서로 의논한다.
② 교사가 1번부터 차례대로 답이 무엇인지 물으면 먼저 대답하는 팀에게 점수를 준다.
③ 가장 잘 맞힌 팀에게는 적절한 보상을 한다.

모눈종이 속 어휘 찾기

사각 모눈종이 속에 어휘를 숨겨 놓고 설명이나 그림을 보고 해당 어휘를 찾아 표시하는 게임이다. '과일, 동물, 병원' 등과 같이 어휘의 범주를 정해 놓고 할 수도 있는데, 범주만 주고 설명이나 그림을 주지 않으면 난이도가 높아진다. 무의미한 음절들 속에서 유의미한 어휘를 찾아내는 게임이기 때문에 학습자의 흥미를 유발할 수 있다.

자	행	기	장	오	토	토	바
가	비	자	나	갈	요	비	신
택	지	다	동	기	랑	행	호
시	하	비	저	차	버	기	신
신	철	행	건	택	스	헬	널
호	역	널	군	역	를	리	목
등	목	기	갈	아	타	하	갈
자	오	공	항	하	다	철	아

① 교사가 어휘의 범주를 제시하고 시범을 보인다.

　교사 "이 모눈종이 속에는 교통과 관련된 단어들이 가로, 세로, 대각선으로 숨어 있어요. 여기에 '비행기'가 있네요. 찾은 단어는 이렇게 ◯ 표시를 하세요."

② 학습자들이 개별적으로 단어를 찾는다.

③ 소집단으로 모여 자신이 찾은 단어를 서로 비교하며 단어 목록을 정리한다.

④ 소집단별로 돌아가면서 찾은 단어를 외친다. 교사는 단어가 맞으면 모눈종이에 표시를 한다.

⑤ 가장 많은 단어를 찾은 팀이 이긴다.

어휘 암기 전략

　수업에서 학습하는 것 외에도 다양한 읽기, 듣기 입력을 통해 학습자들이 알게 되는 어휘의 수는 매우 많다. 이 어휘들을 완전히 자기 것으로 만들기 위해서는 논리적이고 효과적인 정리와 암기법이 필요하다. 따라서 교사는 학습자들이 어휘들을 체계적이고 효율적으로 암기할 수 있도록 돕는 전략을 알려 주고 적극적으로 활용하도록 이끌어 줄 필요가 있다. 다음은 어휘를 정리하고 암기하는 데 흔히 사용되는 두 가지 방법이다.

어휘 그물 만들기

　어휘를 고립시켜 개별적으로 암기하는 것보다는 다른 어휘와의 관계 속에서 정리하고 암기하는 것이 오래 기억하는 데 효과적이다. 다음과 같이 중심 어휘를 두고 그 어휘와 관련된 어휘들을 점차 확장해 나가며 어휘 그물을 형성할 수 있다.

예시

① 교사가 하나의 어휘를 제시하고 학습자들에게 그것과 관련된 어휘를 말하게 하고 교사는 아래와 같이 제시된 어휘를 중심으로 관련 어휘를 쓴다.

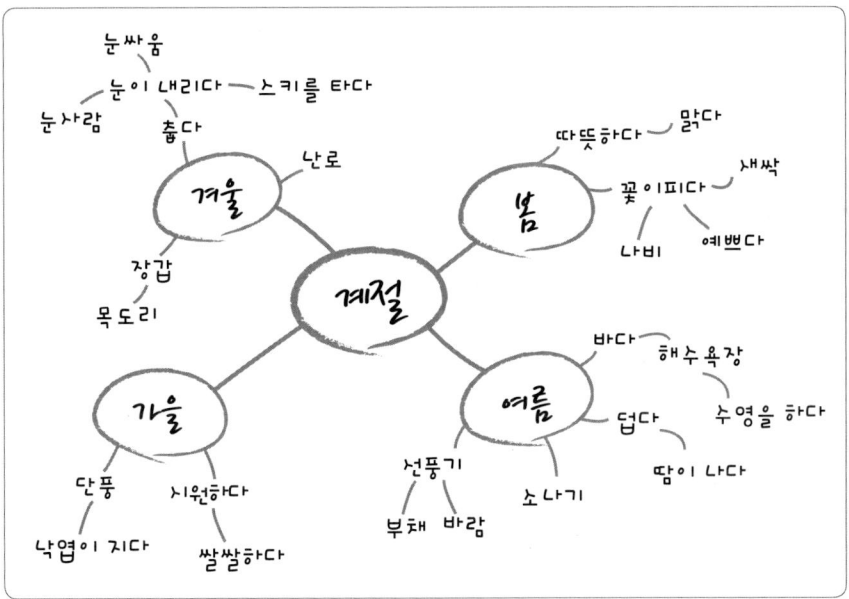

단어장, 단어 카드 만들기

어휘를 정리하고 암기하는 데 가장 흔하게 사용되는 방법이다. 보통 목표어의 어휘를 쓰고 학습자의 모국어 대응어를 써 놓는 식으로 많이 이용되는데, 다음과 같이 모국어 대응어뿐 아니라 간단한 뜻풀이, 예문, 반의어, 유의어, 상·하위어, 연어 등 그 어휘와 관련된 내용을 모두 써 놓는 것이 더 효과적이다. 이렇게 만든 단어장이나 단어 카드를 시간이 날 때마다 보면서 외우고, 머릿속에 암기된 것은 그 옆에 암기했다는 표시를 하는 등의 방법도 도움이 된다.

① 교사가 먼저 단어장을 만드는 방법을 시범 보인다.

다양하다	**be various** (뜻) 여러 가지로 많다 예 이 가게에서는 다양한 색깔과 모양의 가방을 판다. 유 다채롭다 반 단조롭다

② 같은 방법으로 학습자들이 각자 단어장을 만든다.

③ 생산(Production)

새로운 어휘를 익히고 연습한 뒤에는 의사소통 맥락 속에서 학습자가 스스로 어휘를 사용하여 생산해 낼 수 있는 활동을 하게 된다. 어휘 생산 활동은 자연스럽게 말하기나 쓰기 활동과 연계된다. 다음과 같이 말하기, 쓰기와 연계된 다양한 생산 활동을 할 수 있다.

새롭게 익힌 어휘		생산 활동
사람의 옷차림, 생김새에 관한 어휘	반바지, 와이셔츠, 조끼를 입다, 안경을 쓰다, 얼굴이 둥글다, 날씬하다, 키가 크다 ……	펜팔 친구에게 공항에서 자신을 찾을 수 있도록 외모를 설명하는 편지를 쓴다.
집에 관한 어휘	거실, 서재, 주방, 지붕, 마당, 넓다, 밝다, 환하다 ……	자신이 나중에 살고 싶은 집을 소개하는 글을 쓴다.
여행 관련 어휘	표를 예약하다, 숙소, -박-일, 관광지, 입장료, 출발하다, 도착하다, 여행경비 ……	친구들과 함께 토론하여 방학 중 여행 계획을 세운다.

【쓰기와 연계】

✳ 그동안 펜팔을 하던 친구가 이번 주말에 한국에 옵니다. 펜팔 친구가 공항에서 당신을 금방 알아볼 수 있도록 자신의 외모와 옷차림을 설명하는 편지를 쓰십시오.

```
_____에게


_____

_____

_____

_____

                              _____씀
```

① 학습자들에게 각자 자신의 외모와 옷차림을 설명하는 편지를 쓰게 한다.

② 모두 편지를 다 쓰고 나면 교사가 학습자들의 편지를 모은다. 모은 편지 중 하나를 무작위로 골라 글 쓴이의 이름은 숨긴 채 편지를 읽어 준다. 학습자들을 교사가 읽어 주는 편지의 주인공이 누구인지 맞힌다.

【말하기와 연계】

✳ 같은 조 친구들과 방학 중 여행 계획을 세워 봅시다. 며칠 일정으로 어디에 가서, 무엇을 하고, 무엇을 먹고, 어디에서 잘 것인지, 미리 준비할 것은 무엇인지 이야기를 나누고 다음 표에 메모한 후 발표를 하십시오.

여행지	
일정	
할 일	
숙소	
준비물	

① 네 명씩 소집단을 구성해 소집단별로 여행 계획에 대해 의논한다.

　　교사 : "친구들과 방학 때 같이 여행을 가기로 했어요. 어디에 가서 무엇을 할지, 필요한 것은 뭐가 있
　　　　고 누가 준비할지, 여행에 필요한 내용들에 대해 함께 의논해 보세요."

② 학습자들은 자신이 속한 소집단원들과 함께 여행지, 일정, 할 일 등 여행에 필요한 내용들을 의논해서
　 표에 정리해 쓴다.

③ 학습자들이 계획을 다 세우고 나면 한 팀씩 대표가 나와서 발표한다.

제4장 문법

언어를 통해 최소한의 의미를 전달하는 것은 어휘 하나만으로도 가능하다. 문법 없이 몇몇 어휘의 나열만으로도 의사소통을 시도할 수 있는 것이다. 그러나 인간의 복잡하고 미묘한 생각을 언어로 표현하기 위해서는 문법이라는 정교한 의미 전달의 도구가 필요하다. 한국어 학습자가 한국어 화자와 성공적인 의사소통을 하려면 정확한 의미 전달을 돕는 문법의 습득이 필수적인데, 이는 언어 교육에서 무엇을, 어떤 순서로 가르칠 것인가 하는 문제를 다룰 때 문법 구조나 항목이 교육 목표로 제시되는 이유이기도 하다.

의사소통 능력이라는 것은 상황에 맞는 문법을 적절하고 정확하게 구사하는 것을 포함한다. 그러므로 문법 교육에서는 문법의 구조뿐만 아니라 그것의 용법과 사용에 관심을 두어 의사소통 상황에 적절하게 언어를 사용할 수 있게 하는 데 목표를 둔다.

이 장에서는 구체적인 문법 항목을 어떻게 가르쳐야 하는지를 P-P-P 수업 모형 안에서 이루어지는 교수·학습 활동을 중심으로 살펴본다. 효과적인 문법 교육을 위하여 교사는 다음과 같은 사항을 염두에 둔다.

- 문법 항목의 특성에 따라 다양한 제시 방법을 사용한다.
- 그 의미는 적절한 문맥(context) 속에서 이해하도록 돕는다.
- 학습자들이 그 문법 항목을 언제 사용하는지를 알게 한다.
- 문법 항목의 의미와 용법을 제대로 이해했는지 질문을 통해 확인한다.
- 새로운 문법 항목에 익숙해지는 데에는 다양한 연습이 필요하다.
- 새로운 문법 항목을 이용해 언어의 유창성을 향상시키는 활동을 한다.

① 제시(Presentation)

문법을 안다는 것은 그 의미(언제 사용하는가)와 그 용법(어떤 환경에서 어떻게 사용하는가)을 안다는 것을 말한다. 제시 단계에서는 설명과 예시를 통해 문법이 언제, 어떻게 사용되는가를 보여 준다. 그리고 문법 항목이 실제 문장 속에서 어떤 구조나 형태로 사용되는지를 명확하게 제시해 주어서 학습자들이 스스로 정확한 문장을 만들어 쓸 수 있게 한다. 또한 문법 항목의 특성에 따라 중요한 문법적 제약이 있는 경우, 학습자들이 주의를 기울일 수 있도록 어떤 경우에 비문법적인 표현이 되는가를 간단히 설명하거나 오류문을 제시해 보여 준다. 예를 들어, '-아/어서'의 경우에 뒷절에 명령문이나 청유문과 함께 쓸 수 없다고 간단히 설명하거나, '배가 고파서 식당에 갑시다'와 같이 학습자들이 자주 범하는 오류문을 직접 판서해서 보여준다.

 교착어에 속하는 한국어의 특징상 문법 항목의 형태 결합 정보를 명확하게 보여주는 것이 중요하다. 한국어는 가장 기본적인 문장을 말하려고 해도 기본형인 '먹다'가 아니라 어간 '먹-'에 '-어요'를 붙여 '먹어요'로, '좋다'는 어간 '좋-'에 '-아요'를 붙여 말한다. 이런 경우 학습자들은 다음과 같은 기본적인 형태 결합의 정보를 알고 있어야 정확한 문장을 만들어 쓸 수 있다.

- 어간의 마지막 모음이 양성 모음(ㅏ,ㅗ)이면 어미의 첫 모음이 'ㅏ'
- 음성 모음(ㅓ,ㅜ)이나 중성 모음 (ㅣ)이면 어미의 첫 모음이 'ㅓ'

 그 때문에 어간과 어미의 결합 형태에 대한 학습은 한국어 학습 초기 단계부터 강조되는데, 이에 대한 인식과 연습은 빠뜨려서는 안 되는 중요한 교수 내용이다. 그러므로 문법 항목의 형태 결합 정보를 제시할 때 다음과 같은 점을 염두에 둔다.

 첫째, 형태 결합 정보는 각 문법 항목을 제시할 때 개별적으로 다루어 준다. 개별 문법 항목의 특성에 따라 형태 결합 정보는 달라지기 때문이다. 어떤 문법 항목은 어간이 동사인지 형용사인지에 따라 다른 형태를 사용한다. 또 어간이 모음으로 끝나는가 자음으로 끝나는가에 따라 다른 어미가 붙을 수 있다. 더구나 '있다, 없다' 같은 특수한 용언은 문법 항목에 따라 동사의 활용을 따를 때도 있고 형용사 활용을 따를 때도 있다.

 둘째, 새로운 문법 항목의 형태를 제시할 때는 결합 형태를 명시적으로 미리 제시하는 것이 도움이 된다. 이때 결합 형태가 달라지는 예문들을 유형별로 구별하여 보여 준다. 예를 들어, 현재 시제 관형사형 어미의 형태를 제시할 때는 동사와 형용사에 따라서 어미의 형태가 달라진다는 것을 인식시켜 준다. 동사 '가다' 뒤에서는 현재 시제 관형사형 어미 '-는'이 붙지만, 모음으로 끝나는 형용사 '예쁘다' 뒤에는 '-ㄴ'이, 자음으로 끝나는 형용사 '좋다' 뒤에는 '-은'이 붙는다. 다음과 같은 간단한 표를 칠판에 그려서 어미의 형태가 어떻게 변하는지를 한눈에 쉽게 알아보도록 제시한다.

동사	어간	'-는'	
가다	가	가는	매일 가는 식당
먹다	먹	먹는	매일 먹는 음식
*살다	살 ('ㄹ'탈락)	사는	아파트에 사는 사람

형용사	어간	'-ㄴ/-은'	
예쁘다	예쁘	예쁜	얼굴이 예쁜 아이
좋다	좋	좋은	눈이 좋은 사람
*춥다	춥 (ㅂ→우)	추운	추운 날씨
*맛있다	맛있	맛있는	맛있는 음식

직접 설명하기

이것은 교사가 메타 언어를 사용해 문법 항목의 구조와 의미를 직접 설명하는 방법이다. 예를 들어, '-아/어지다' 문법 항목은 '많다' 같은 형용사에 붙어 사용되는데, 그 의미는 '변화'라고 설명하는 것이다. 직접 설명하는 방법은 비교적 간단명료하게 문법 항목의 구조와 의미를 전달하고자 할 때 쓸 수 있는데, 그 의미와 구조가 명확하고 단순한 경우에 적절하다. 이때 말로만 설명하는 것에 그치지 않고 칠판에 간단한 표나 화살표 등을 이용해 설명을 정리해서 보여 주면, 학습자의 이해를 도우면서도 주목을 끌 수 있다.

문법 항목의 의미나 형태를 직접 설명할 때는 학습자들이 이해하기 쉬운 말로 가능한 명확하고 단순하게 설명하도록 한다. 때로는 학습자들이 교사의 설명이 문법 항목 그 자체보다 더 복잡하고 어렵다고 호소하기도 하기 때문이다.

예시

① 칠판에 '형용사 + -아/어지다'를 쓰고 그 구조와 의미를 설명한다.

  교사 "이전에는 이 도시에 사람이 별로 없었어요. 지금은 사람이 많아요. 달라졌어요. 이처럼 상태의 변화를 말할 때 형용사 '많-'에 '-아지다'를 붙여서 '많아지다'라고 하면 돼요. '많-'처럼 앞의 모음이 '아'나 '오'이면 '-아지다'를 붙이세요."

② 설명한 내용을 화살표 등을 이용해 다시 정리해서 보여준다. 이때 눈에 띄는 색깔이나 크기를 달리해서 그 결합 형태를 다음과 같이 표시해 준다.

③ 학습자들이 형태 결합이 어떻게 달라지는지를 더 잘 이해할 수 있도록 표를 그려 보여준다.

많다	많	아지다	많아지다
적다	적	어지다	적어지다
편하다	편하	여지다	편해지다
예쁘다	예쁘 ('으' 탈락)	어지다	예뻐지다
어렵다	어렵 ('ㅂ'⇒'우')	어지다	어려워지다

④ 칠판에 학습자들이 자주 범하는 오류문을 제시하여 학습자들이 주의하도록 돕는다.

    ※김치를 잘 먹어져요(×) ⇒ 김치를 잘 먹게 되었어요.

    교사 "'먹다'는 동사예요. 그래서 '-어지다'를 사용하면 안돼요. 동사는 '-게 되다'를 사용해서 '먹게
        되었어요'라고 말해요."

그림이나 실물 이용하기

의미를 제시하는 방법 중 가장 쉽고 확실한 방법이라고 할 수 있는데, 학습자들이 물건이나 그림을 직접 보고 이해하게 하는 것이다. 물건을 두고 직접 행동을 통해 보여주면 말로 설명하는 것보다 더 쉽고 분명하게 전달되는 경우가 있다. 문법 항목 '이 것이 무엇입니까?'를 설명할 때, 실제로 물건을 놓고 행동을 하면서 보여 주면 구태여 복잡한 설명을 거치지 않고도 그 의미를 전달할 수 있다.

또한 그림을 이용하면, 학습자들이 모르는 말을 쓰지 않고도 학습자들이 직접 그림을 통해 문법 항목의 의미를 스스로 충분히 인지하게 할 수 있다. 예를 들어, 금연 표지판 그림을 보여주고 그것의 의미가 '담배를 피우지 마세요'라는 것을 알려주는 것이다. 여러 금지 표지판을 이용해 문법 항목 '-지 마세요'를 반복해 노출하면 학습자들은 '-지 마세요'가 행동의 금지를 의미한다는 것을 쉽게 추측해 낸다. '금지'라는 어휘를 모르는 학습자에게라도 '-지 마세요'의 의미를 전달할 수 있다.

① 금연 표지판 그림을 보여주며 학습자들에게 그림의 의미를 묻는다.

교사   "이 그림을 어디에서 봤어요?"
학습자 "병원에서 봤어요."
교사   "이 그림은 무슨 뜻이에요?"
학습자 "담배 안 돼요."
교사   "맞아요. '여기서는 담배를 피우지 마세요'라는 뜻입니다."

② 여러 다른 금지 표지판 그림을 보여주며 '-지 마세요'를 이용해 말한다.
③ 칠판에 '동사+-지 마세요'를 쓰고 결합 형태를 간단히 정리해 준다.

두 문장을 비교해 보기

이것은 새로운 문법 항목의 의미를 설명하는 것이 아니라 학습자에게 비교 가능한
예시문을 보여주고 그 의미를 추론해 보게 하는 것이다. 문법 구조나 형태는 비슷하
지만 의미와 용법에서 차이를 보이는 두 문장을 제시해 비교해 보게 하는데, 이 비교
를 통해 목표 문법 항목의 의미를 더 명확하게 드러내 보인다. 보통 학습자들이 문법
구조나 형태가 비슷해서 그 의미와 용법을 혼동하거나 구별하기 어려워하는 문법 항
목들인 경우에 이용하면 도움이 된다. 학습자들이 직접 두 문장의 의미 차이를 비교
해 보는 과정에서 새 문법 항목의 의미를 더 명확하게 인지하게 된다.

① 칠판에 '-아/어서'와 '-고'가 들어간 두 문장을 쓴다.

> 오후에 친구를 만나서 영화를 봤습니다. 오후에 친구를 만나고 영화를 봤습니다.

② 짝 또는 소그룹 별로 두 문장의 형태, 의미 또는 용법의 차이에 대해 토론해 보게 한다.
③ 학습자들의 의견을 들어 본 후에 교사가 두 문장의 의미 차이를 설명해 준다.

④ 이때 화살표를 그려 다음의 〈1〉과 같이 도식으로 보여주거나 〈2〉와 같이 의미 차이가 드러나는 그림을
이용해 설명한다.

교사 "'친구를 만나서'라고 말하면 첫 번째 그림처럼 오후에 친구를 만났어요. 그 친구와 같이 영화를
본 거예요. 그렇지만 '친구를 만나고'는 두 번째 그림처럼 오후에 친구를 만났어요. 그리고 그
다음에 혼자서 영화를 본 거예요."

〈1〉 도식

• 오후에 친구를 만나서 영화를 봤습니다.

• 오후에 친구를 만나고 영화를 봤습니다.

〈2〉 그림

• 친구를 만나서 영화를 봤습니다.

• 친구를 만나고 영화를 봤습니다.

상황을 이용하기

간단한 일화나 이야기 또는 상황을 유추하게 하는 그림을 이용해서 문법 항목의 의
미와 쓰임을 제시하는 방법이다. 상황을 이용해 제시하는 방법의 큰 매력 중 하나는
새 문법 항목의 제시에 부담감을 가지는 학습자들에게 흥미를 끄는 이야기로 자연스
럽게 접근할 수 있다는 점이다. 게다가 이야기를 하는 가운데 문법 항목을 언제, 어떤
상황에서 사용하는가를 자연스럽게 노출시키는 것도 장점이다.

보통 문법 항목이 사용될 수 있는 교실 밖 상황을 이용하는데, 학습자들과 교사가
공유하고 있는 이야기라면 더욱 효과적이다. 이런 흥미로우면서도 자연스러운 상황

을 서너 가지 정도 준비해야 하는데, 학습자들이 한 가지 상황만으로 문법 항목의 의미를 정확하게 유추하기는 힘들기 때문이다. 그 의미와 용법을 충분히 이해할 수 있도록 몇 가지 다른 예를 들어 준다. 또한 예를 든 상황 속에서 '여러분은 어떻게 말할 수 있을까요?'라고 물어봄으로써 학습자들이 잘 이해하고 있는지를 꼭 확인한다.

예시

① '-ㄴ/은 적이 있다'의 의미를 제시하기 위해 찜질방에 관한 이야기로 시작한다.

교사   "이번 학기에 한국에 온 친구가 있어요. 이 친구는 이번 주말에 한국어 도우미랑 처음으로 찜질방에 가려고 해요. 한국에 와서 찜질방은 아직 한 번도 안 갔어요. 그래서 그 친구가 여러분에게 '찜질방에 가면 어때요?'하고 물어 봐요. 여러분은 뭐라고 대답해 줄 거예요?"

학습자   "많이 더워요. 그리고 재미있어요. 맛있는 것도 먹을 수 있지요."

교사   "어떻게 알지요?"

학습자   "한국어 도우미랑 두 번 갔어요."

교사   "그렇군요. 그럼 그 친구에게 이렇게 말할 수 있어요. 저도 한국어 도우미랑 찜질방에 가 본 적이 있는데, 재미있는 곳이었어요."

② 몇 가지 다른 상황의 예를 들어 보인 다음, 어떻게 말할지 학습자에게 질문해 이해 여부를 확인한다.

교사   "그럼, 이럴 때는 어떻게 말하면 좋을까요? 아는 사람에게서 한국어를 여러분 나라의 말로 번역하는 일을 부탁 받았어요. 그런데 번역일은 처음이에요. 이럴 때 여러분은 그 친구에게 뭐라고 말할 수 있을까요? 번역을……."(학습자의 대답을 기다린다)

문법 항목의 의미와 용법을 잘 전달하기 위해 억지스러운 상황을 만들어내면 역효과를 내고 흥미를 떨어뜨릴 수 있다. 이럴 때 상황을 유추해 낼 수 있는 그림을 이용하면 학습자의 상상력과 호기심을 불러일으키는 이야기를 얻을 수 있다.

① 그림을 같이 보면서 그림 속 상황에 대해 자연스럽게 이야기를 나눈다.

| 교사 | "여러분은 지금 빌딩 사무실 안에서 열심히 일하고 있어요. 커피를 마시려고 일어났다가 창문 밖을 봤어요. 이 사진이 여러분이 창문을 통해 본 거예요. 사람들이 무엇을 하고 있어요?" |

교사   "여러분은 지금 빌딩 사무실 안에서 열심히 일하고 있어요. 커피를 마시려고 일어났다가 창문 밖을 봤어요. 이 사진이 여러분이 창문을 통해 본 거예요. 사람들이 무엇을 하고 있어요?"

학습자   "뛰어가고 있는 것 같아요."

교사   "그래요. 사람들이 뛰어가고 있어요. 그런데 사람들이 머리에 들고 있는 것은 뭐예요?"

학습자   "신문지요."

교사   "맞아요. 신문지예요. 사람들이 왜 신문지를 머리에 쓰고 뛰어가고 있을까요?"

학습자 1   "우산이 없어요."

학습자 2   "갑자기 비가 오고 있는 것 같아요."

교사   "네, 사람들이 머리에 신문을 쓰고 뛰는 걸 보니까 지금 밖에 비가 오나 봐요. 사무실 안에 있어서 잘 모르겠지만 사람들의 행동을 보니까 비가 오고 있다고 생각할 수 있어요. 이럴 때 사무실의 다른 사람들에게 이렇게 말할 수 있어요. '지금 밖에 비가 오나 봐요.'"

② '-(으)나 봐요'의 형태와 용법을 칠판에 정리해 준다.

텍스트를 이용하기

학습자들이 텍스트를 읽으면서 텍스트 속에서 스스로 새로운 문법 항목의 형태와 의미를 찾아보게 하는 방법이다. 먼저 텍스트를 읽으면서 새로운 문법 항목의 형태에 밑줄을 긋거나 다시 써 보게 하는 방식으로, 형태에 주목하게 한 다음 그 의미를 추측해 찾아보게 하는 것이다.

이 방법은 담화 상황이 필요한 연결 표현이나 피동·사동문, 간접 인용문 등에 이용할 수 있는데, 어느 정도 긴 글을 읽어낼 수 있는 학습자라야 가능하다. 또한 문법에 대한 기초 지식이 없는 학습자나 스스로 발견하는 과정을 어려워하는 학습자들은 흥미를 잃고 포기하기도 한다. 텍스트를 이용한 제시 방법은 학습자의 학습 의욕과 적극적인 학습 태도에 성공 여부가 달려 있으므로 학습 성향과 목표를 잘 고려해 이용하는 것이 필요하다.

예시

* 다음 글을 읽고 이야기해 보세요.

> 여러분이 집에 도착했을 때, 집이 평소와 다르다는 느낌이 들었다. 문은 잠겨 있지 않았다. 손잡이를 돌리자 문이 저절로 열렸다. 조심스럽게 집안으로 들어갔다. 분명히 창문을 닫고 간 것 같은데, 창문은 열려 있다. 식탁 위에는 누가 마셨는지 커피 잔이 두 개 놓여 있다. 그런데 소파 위로 무엇이 보인다. 여러분이라면 이 상황에서 어떻게 할 것인가?

① 다음의 질문을 하고 학습자들이 텍스트의 내용을 파악할 수 있는 시간을 준다.

　　교사 "글을 읽고 여러분이라면 이 상황에서 어떻게 할 것인지 말해볼 거예요.
　　　　　어떤 상황인지 먼저 읽어 보세요."

② 텍스트의 내용을 이해하는지 확인하는 질문을 한다.

③ 텍스트에서 목표 문법 항목을 찾게 하고 소집단 또는 짝끼리 토론을 해서 그것의 형태와 의미를 추측해 보게 한다.

　　교사 "이번에 다시 글을 읽으면서 '잠그다' '열다' '놓다' '보다' 동사가 나타난 부분에 밑줄을 그어 보세요. 아마도 형태가 조금 다를 것입니다. 먼저, 아래의 표에 그 달라진 형태를 정리해 보세요. 그 다음 문장의 의미는 어떻게 다른지 짝과 함께 의논해 보세요."

잠그다	예) 문이 잠기다
열다	
놓다	
보다	

④ 학습자들이 추측한 내용을 들어 본 후, 교사는 의미와 용법을 정리해 준다.

② 연습(Practice)

문법의 의미와 용법을 이해했다고 해서 학습자들이 그 문법을 적절하게 사용할 수 있는 것은 아니다. 새로운 문법 항목을 익혀 자유롭게 사용할 수 있는 단계에 이르는 데까지는 적응 시간이 걸리는 법이며 연습 단계라는 필수 과정을 거친다. 이 연습 단계를 구성할 때 교사가 세밀한 준비를 할수록 학습자의 부담은 줄어들고 차근차근 단계를 밟으며 느끼는 성취감은 커진다.

보통 연습 단계는 통제적 연습에서 덜 통제된 연습으로, 마지막은 유도된 연습으로 구성해 진행한다. 먼저 교사의 말을 반복해서 따라하거나 고정된 문장에 몇몇 어휘를 바꾸어 연습하는 대체하기 등의 통제적 연습에서 출발한다. 이때 새로운 입력보다는 익숙한 어휘나 문장을 이용해 문법 형태에 익숙해지는 데 초점을 둔다. 그 다음 점차 유의미한 연습으로 확장시켜 나간다.

통제된 연습이 끝난 후 학습자들이 간단한 대화나 요청을 할 수 있을 정도가 되면 유도된 연습 단계로 넘어가면 된다. 반복 연습으로 학습자들이 문법적 구조에 익숙해진 후에, 유도된 연습을 통해 새로운 문법 항목을 사용할 수 있는 기회를 주는 것이다. 다음의 다양한 연습들은 이러한 단계별 확장을 고려한 활동들이다.

따라하기

따라하기는 학습자들이 처음 접한 새로운 문법 항목의 발음과 형태 및 구조에 익숙해지도록 돕는 가장 기본적인 연습이라고 할 수 있다. 교사가 새로운 문법 항목이 포함된 문장을 여러 번 정확하게 말하면, 학습자들이 그것을 정확하게 반복해서 따라한다. 이때 학습자들이 모두 다 같이, 보통의 속도로, 발음과 억양을 정확하게 따라하게 한다. 반 전체가 동시에 같이 따라 말하거나 소집단이나 짝 활동으로 나누어 할 수 있다. 이때 실물 자료나 단어 카드를 이용해 학습자들의 대답을 유도할 수도 있다.

┌─ **예시** ─┐

① 교사가 '쇼핑하는 그림'을 보여주면서 말하면 학습자들이 따라한다

    교사   "주말에 무엇을 하고 싶어요?"

    학습자 "주말에 무엇을 하고 싶어요?"

② 교사가 다른 사람인 것처럼 연기하면서 말하면 학습자들도 따라한다.

    교사   "저는 주말에 쇼핑을 하고 싶어요."

    학습자 "저는 주말에 쇼핑을 하고 싶어요."

따라하기는 새로운 문법 항목에 대한 학습자의 부담감을 줄여 주고 자신감을 키울 수 있다는 장점이 있다. 그러나 길어지면 지루해지고 효과가 줄어든다. 진행할 때 학습자들과 호흡을 맞춰 가며 짧고 리듬감 있게 한다.

대체하기

대체하기는 목표 문법 항목이 들어간 문장이나 대화의 내용을 일부 어휘나 표현만 바꾸어 가면서 반복해서 연습하는 것이다. 한 명씩 돌아가면서 말해보거나 짝이나 소집단을 구성해 학습자끼리 묻고 답하기로 할 수 있다. 대체하기 연습은 일부 어휘나 표현만 바꾸고 대부분의 내용을 통제하기 때문에 학습자들이 오류를 범하지 않는 범위에서 새 문법 항목에 익숙해지도록 연습량을 늘리는 효과가 있다. 이때 대체할 어휘나 표현은 학습자들이 자주 사용하는 익숙한 것들로 준비하는데, 판서로 제시할 수도 있고 소집단 활동을 위해 어휘 카드나 그림 카드를 이용할 수도 있다.

① 목표 문법 항목이 들어간 문장을 칠판에 쓴다.

> 가: 방학 때 무엇을 하고 싶어요?
> 나: _____고 싶어요.

② 준비한 그림 카드를 보여주고 교사가 한 학습자와 대화를 하면서 시범을 보인다.

③ 소집단별로 그림 카드를 이용해 대화의 내용을 바꾸어 연습을 한다.

학습자 1 "방학 때 무엇을 하고 싶어요?"

학습자 2 (그림을 골라 보여주며) "저는 여행을 가고 싶어요."

   (다른 학습자에게) "방학 때 무엇을 하고 싶어요?"

학습자 3 (기타를 치는 그림을 보여주며) "저는 기타를 배우고 싶어요."

   (다른 학습자에게) "방학 때 무엇을 하고 싶어요?"

또는 대체할 어휘나 표현을 다음과 같은 표를 만들어 제시할 수 있는데, 표로 제시하면 짝끼리도 좀 더 다양한 이름과 상황을 넣어서 대화나 문장을 바꾸어 가며 반복 연습할 수 있다. 표는 칠판에 쓰거나 미리 복사물을 준비해 나누어 줄 수 있다.

① 다음과 같은 표를 칠판에 그리거나 복사해서 나누어 준다.

이름	졸업 후
수잔	결혼하다
마이클	대학원에 가다
왕영	회사에 취직하다
민호	유학을 가다

② 교사가 한 학습자와 대화를 하면서 시범을 보인 다음 그 내용을 판서한다.

    교사   "수잔 씨는 졸업 후에 무엇을 하고 싶어해요?"

    학습자 "결혼을 하고 싶어해요."

③ 짝을 정해 주고 짝끼리 표를 보면서 대화를 연습한다.

    교사   "마이클, 왕영, 민호는 졸업 후에 무엇을 하고 싶어해요?"

            "먼저 왼쪽에 앉은 사람이 먼저 질문하면 오른쪽에 앉은 사람이 대답하세요.

             다음은 바꾸어서 해 보세요."

따라하기나 대체하기 등 대부분의 반복 연습은 주어진 문형을 이용하기 때문에 기계적인 연습에 그칠 수 있다. 학습자들이 어느 정도 다양한 표현들을 알고 있다면 자신의 의견을 담아서 좀 더 실제적이고 유의미한 연습이 이루어지게 한다. 예를 들어, 위의 예처럼 '방학 때 무엇을 하고 싶어요?'의 질문에 대한 반복 연습이 끝나면, 학습자의 실제 생활에서 자신이 하고 싶은 것을 표현할 기회를 준다. 학습자들은 자신의 이야기를 해야 할 때 더 흥미를 가지고 연습에 적극적으로 참여하려고 한다.

(**예시**)

교사   "이번 방학에 무엇을 하고 싶어요?"

학습자 1 "저는 여행을 하고 싶어요."

교사   "여행을 하고 싶어요? 어디로 가고 싶어요?"

학습자 1 "제주도에 가고 싶어요."

교사   "이번 방학에 무엇을 하고 싶어요?"

학습자 2 "아르바이트를 하고 싶어요."

교사   "왜 아르바이트를 하고 싶어요?"

학습자 2 "돈이 없어요."

교사   "아르바이트를 해서 돈을 벌고 싶어요?"

학습자 2 "예, 돈을 벌고 싶어요."

전환하기

주어진 문장이나 글을 새 문법 항목을 사용해 다른 형식이나 형태의 문장으로 바꾸는 연습이다. 예를 들어, 긍정문을 주고 부정문으로 전환하거나 직접 인용문을 모두 간접 인용문 형태로 바꾸는 것이다. 문법 항목이 문장의 형태나 형식과 관련한 경우라면, 주어진 조건에 따라 전환하는 연습이 문법 항목의 구조를 익히는 데 도움이 된다.

─ 예시 ─

① 교사는 긍정문을 부정문으로 바꾸는 것을 시범 보이면서 칠판에 쓴다.

> 나는 아침에 빵을 먹어요. → 나는 아침에 빵을 먹지 않아요.

② 교사가 긍정문으로 된 문장을 더 쓰면, 학습자들은 부정문으로 바꾸어 쓴다.

그런데 문장의 의미나 그 문장이 쓰이는 상황을 고려하지 않으면 자칫 문장 전환하기 연습은 기계적인 연습으로 흐르기 쉽다. 이것을 방지하려면 문장 단위의 연습보다 담화 상황이 있는 글이나 대화 내용을 이용하도록 한다.

─ 예시 ─

〈1〉

저는 여름을 좋아합니다. 여름에는 날씨가 덥습니다. 하지만 여름바다는 시원합니다. 그래서 바다에서 수영하는 것을 좋아합니다. 수영을 하고 나서 수박을 먹습니다. 그 수박은 정말 시원하고 맛있습니다. 기분도 정말 좋습니다.

⇒

〈2〉

제가 좋아하는 계절은 여름입니다. _____여름에 _____ 바다에서 수영하는 것을 좋아합니다. 수영을 하고 나서 시원하고 _____ 수박을 먹으면 기분이 정말 좋습니다.

① 먼저 학습자들이 글 〈1〉을 읽는다.
② 교사는 몇 가지 질문을 하면서 내용 이해를 확인한다.
③ 글 〈1〉을 글〈2〉로 어떻게 전환하는지 시범을 보인다.
　　교사 "'저는 여름을 좋아합니다.'는 이렇게 바꾸어 쓸 수 있지요. '제가 좋아하는 계절은 여름입니다.'

그러면 '여름에 날씨가 덥습니다'는 어떤 여름이라고 쓸 수 있을까요? 여러분이 글〈1〉을 읽고 글〈2〉의 빈칸을 채워 보세요."

연결하기

서로 관계있는 두 문장이나 어휘들을 골라 연결한 다음, 지시하는 문법 항목을 써서 한 문장으로 만드는 연습이다. 두 문장을 연결해 만드는 연습은 다양한 의미 관계로 이루어진 연결 표현들을 연습할 때 특히 유용하다. 학습자들이 두 문장을 연결하려면 두 문장 사이의 의미 관계를 계속 생각해 보게 되는데, 이런 과정이 문법 항목의 형태 연습뿐만 아니라 그 의미 관계를 보다 분명하게 이해하는 데 도움이 된다.

예시

＊ 다음과 같이 '이유'와 '할 수 없는 일'을 연결해서 한 문장으로 만들어 보세요.

이름	이유		할 수 없는 일
수잔	피곤하다		해외 여행을 가다
민호	돈이 없다		한국어 숙제를 하다
왕영	비가 오다		운동을 하다
마이클	바쁘다		친구를 만나다

• 수잔은 요즘 피곤해서 운동을 할 수 없습니다.
• 민호는 돈이 없어서 _____
• 왕영은 _____
• 마이클은 _____

① 사람 이름과 상황을 연결하면서 모르는 어휘가 있는지 질문으로 확인한다.
　　교사　"수잔은 지금 피곤해요. 민호는 어때요?"
　　학습자 "돈이 없어요."
　　교사　"오른쪽에는 할 수 없는 일들이 있어요. 어떤 일들이 있어요?"
　　학습자 "해외 여행을 갈 수 없어요. 운동을 할 수 없어요." (계속)
　　교사　"해외 여행이 뭐예요?"
　　　　　(학습자 중에 아는 사람이 설명하게 하거나 없으면 교사가 설명한다.)
② 어떻게 두 문장을 연결하는지 먼저 시범을 보인다.

교사　“수잔은 요즘 피곤해요. 그래서 무엇을 할 수 없어요? (대답을 듣고)

　　　　그래요, 운동을 할 수 없어요. 그러면 이렇게 연결해서 말할 수 있어요.

　　　　수잔은 피곤해서 운동을 할 수 없어요.”

③ 학습자들이 만든 문장을 들어 보고 오류가 있는지 확인한다.

문장 완성하기

목표 문법 항목을 써서 문장이나 대화를 완성하는 연습으로, 학습자가 문장이나 대화의 문맥에 맞는 적절한 어휘나 표현을 직접 골라 완성한다. 학습자들이 주어진 상황과 문맥에 맞는 표현을 스스로 찾아 쓰는 과정에서 문법 항목을 용법에 맞게 직접 사용해 보는 기회를 가지게 된다.

　예시

＊ 대화에 들어갈 말을 〈보기〉에서 골라 대화를 완성하세요.

〈보기〉 비가 안 오다 / 약속이 없다 / 숙제가 없다 / 바쁘다

1) 가: 내일 등산을 갈 수 있어요?

　나: 네, <u>비가 안 오면</u> 등산을 갈 수 있어요.

2) 가: 오늘 저녁에 같이 영화 보러 갈 수 있어요?

　나: 네, ＿＿＿＿＿＿＿＿＿＿보러 갈 수 있어요.

① 먼저 〈보기〉의 어휘를 읽으면서 모르는 어휘가 있는지 확인한다.

② 1)의 대화를 학습자와 같이 해 보면서 시범을 보인다.

③ 학습자들은 혼자서 문장을 완성한 뒤 짝과 함께 대화를 연습해 본다.

④ 교사가 질문하면 학습자가 대답하는 식으로 답을 확인한다.

　교사　“오늘 저녁에 같이 영화 보러 갈 수 있어요?”

　학습자 “네, 오늘 약속이 없으면 갈 수 있어요.”

다음과 같이 일부의 문장만 주고 문장을 완성하는 연습으로 확장할 수 있다. 이러한 연습 활동은 주어진 조건을 충족시키면서 학습자의 생각과 의견을 담을 수 있으므

로 좀 더 유의미한 연습이 된다.

＊ 자신의 생각대로 다음 문장을 완성하세요.

> · 비가 오면, 나는 _____
>
> · 나는 심심하면, _____
>
> · 돈을 많이 벌면, 나는 _____

① 교사는 몇몇 학습자에게 먼저 질문을 하면서 어떻게 하는지 시범을 보인다.

　　교사　"여러분은 비가 오면 보통 뭐해요?"

　　학습자 "비가 오면 저는 술을 마셔요."

　　교사　"왕영 씨는 비가 오면 술을 마셔요. 여러분은 어때요?"

② 교사가 먼저 한 학습자에게 질문해 대답을 들어 본다. 이때 그 이유를 간단히 묻는다.

　　학습자 "저는 돈을 많이 벌면 차를 사고 싶어요."

　　교사　"왜 차를 사고 싶어요?"

③ 대답을 한 학습자가 다른 학습자에게 질문하는 방식으로 돌아가면서 연습한다.

　　학습자 1 "마이클 씨는 비가 오면 보통 뭐해요?"

　　학습자 2 "비가 오면 저는 조금 슬픈 음악을 들어요."

　　학습자 1 "왜 슬픈 음악을 들어요?"

반응하기

상대의 말을 듣고 동의, 조언, 감탄 등 적절한 반응을 표현하는 연습이다. 보통 목표 문법 항목에 초점을 두고 교사가 질문하면 학습자는 목표 문법 항목을 써서 적절한 반응을 보이며 대답을 한다. 또는 그림을 주고 그림 속 상황에 어울리는 반응을 쓰게 할 수도 있다.

① '-(으)세요'의 문법 항목인 경우 다음의 고민을 말하면서 적절한 조언을 구한다.

    교사   "요즘 계속 살이 쪄요. 어떻게 하지요?"

② 학습자들이 생각해 볼 시간을 준 다음, 손을 들어 말하게 하거나 돌아가며 대답을 들어본다.

    학습자 "운동을 해 보세요. 운동이 제일 좋아요."

    교사   "어떤 운동이 좋을까요?"

    학습자 "요가요."

    교사   "정말 요가를 해야겠어요. 운동 말고 또 어떤 방법이 있을까요?"

③ 계속해서 다른 학습자의 의견을 들어 본다.

④ 학습자들 가운데 한 명이 교사와 같이 자신의 고민을 말한다.

⑤ 학습자들은 동료의 고민에 대해 '-(으)세요'를 사용해 조언을 계속한다.

정보차 활동

정보차(information gap) 활동을 이용하면 학습자들이 알고 있는 어휘가 부족해도 활발한 대화를 유도하는 데 도움이 된다. 교사가 두 학습자에게 서로 다른 정보가 담긴 정보지를 나누어 주는데, 정보지는 그림이나 표, 텍스트 등 다양하게 이용할 수 있다. 각자 다른 정보지를 받은 학습자들은 서로 질문과 대답을 하면서 서로에게서 부족한 정보를 알아내어 자신에게 주어진 과제를 완성한다.

상대방이 가진 정보를 알아내려고 학습자들은 스스로 질문하고 대답해 가야 하는데, 이 활발한 정보 교환의 과정이 유의미한 연습이 된다. 실제로 우리는 모르는 정보를 알아내기 위해 의사소통을 하므로 정보차 활동은 실제 의사소통 과정과 닮아 있다고 할 수 있다.

〈그림 A〉

〈영희〉   〈왕영〉   〈수잔〉

＊ 다음과 같이 질문을 하고 들은 대답을 쓰세요.

　가: 철수는 무엇을 하고 있습니까?

　나: 식사를 하고 있습니다.

　　철수는 _____

　　마이클은 _____

　　사라는 _____

〈그림 B〉

〈철수〉   〈마이클〉   〈사라〉

＊ 다음과 같이 질문을 하고 들은 대답을 쓰세요.

　나: 영희는 무엇을 하고 있습니까?

　가: 청소를 하고 있습니다.

　　영희는 _____

　　왕영은 _____

수잔은 _____

① 짝을 지은 후 서로 다른 정보지를 나누어 준다.

② 정보차 활동을 어떻게 하는지 주의 사항을 설명하고 시범을 보인다.

　　교사　"여러분은 짝과 다른 그림을 받았어요. 서로 그림을 보여 주면 안 돼요. 받은 그림만 보세요. 먼
　　　　　저 '그림 A'를 가진 사람이 질문하면 '그림 B'를 가진 사람이 대답해 주세요. 그 다음 '그림 B'를
　　　　　가진 사람이 질문하면 '그림 A'를 가진 사람이 대답해 주세요. 서로 돌아가면서 질문하고 들은
　　　　　답을 쓰세요."

③ 연습이 끝나면 서로 정보지를 보면서 답을 수정하거나 확인한다.

④ 학습자들의 개별적인 수정이 끝나면 교사와 함께 전체 내용을 확인한다.

반복 질문을 통한 인터뷰

　문법 항목을 사용해 여러 가지 질문이 담긴 질문지를 만들어서 짝 또는 소집단으로 서로 인터뷰를 한다. 학습자들끼리 서로를 직접 인터뷰하는 자연스러운 상황을 연출해서 목표 문법 항목을 사용해 볼 기회를 늘리는 것이다. 인터뷰을 통한 연습은 학습자 자신들의 의견이나 이야기를 직접 듣고 반응할 수 있는 데다가 활동 내용 자체에 대해 흥미를 가질 수도 있어서 학습자들의 자발적인 참여를 유도하는 데 효과적이다.

─ 예시 ─

① 다음과 같은 질문지를 복사해서 학습자들에게 한 장씩 나누어 준다.

질문	이름:	이름:
1. 제일 친한 친구?		
2. 좋아하는 색깔?		
3. 자주 가는 식당?		
4.		
5.		

② 먼저 교사가 한 학습자에게 인터뷰를 하면서 시범을 보인다.

　교사　"마이클 씨는 제일 친한 친구가 누구예요?"

　학습자"왕영 씨요."

　교사　"어떻게 만났어요?

　　　　　　　　⋮

③ 질문지에 비어 있는 4번과 5번 질문은 학습자 스스로 만들어 넣게 한다.

④ 교사는 학습자들이 질문을 만드는 동안 돌아다니면서 질문을 제대로 만들었는지 확인한다.

⑤ 질문지를 각자 들고 교실을 돌아다니면서 서로 질문을 하고 그 대답을 질문지에 쓴다.
　질문을 하면서 그 이유에 대해서도 간단하게 서로 이야기하도록 한다.

⑥ 인터뷰 활동을 끝내고 제자리에 앉으면 들은 대답 중 재미있었던 것에 대해 이야기해 본다.

문장이나 대화 만들기

구체적인 이야기가 있는 그림이나 구체적인 상황을 설명한 글을 주고 배운 문법 항목을 써서 그에 맞는 문장이나 대화를 스스로 만든다. 주어진 조건에 맞추어 문법 항목과 이미 알고 있는 어휘나 표현들을 가지고 적절한 대화나 이야기를 구성해야 하므로 학습자가 문법을 상황에 맞게 잘 활용할 수 있는가를 확인할 수 있는 활동이다.

　예시

＊ 다음 그림을 보고 '-아/어서'를 사용해 '오늘의 일과'를 쓰십시오.

① 그림을 보면서 학습자들과 그 내용에 대해 간단히 이야기한다. 모르는 어휘나 표현은 판서하거나 설명해 준다.

교사　　"첫 번째 그림을 보세요. 무슨 일이 있는 것 같아요?"

학습자　"늦게 일어났어요."

교사　　"시계를 보니까 벌써 8시 반이에요. 늦게 일어났어요."

　　　　　　　　　　　⋮

② 각 학습자들은 그림을 기초로 자신의 상상을 넣어서 글을 완성한다.

③ 창의적인 내용을 쓴 몇몇 학습자의 글을 발표시켜 들어본다.

③ 생산(Production)

제시 단계와 연습 단계에서는 문법 항목을 포함한 텍스트나 어느 정도 준비된 문장을 사용할 수밖에 없다. 그러나 생산 단계에서는 이런 고정된 텍스트나 문장에서 벗어나 학습자들의 생활에 바탕을 둔 활동으로 구성할 수 있다. 생산 활동이 학습자들의 일상생활과 밀접한 내용일수록 학습자들은 보다 적극적으로 자신의 생각과 의견을 자유롭게 표현하려고 한다.

생산 단계에서는 소집단별 토론이나 상담하기, 자유 작문하기 등 말하기·쓰기와 연계된 과제 활동을 할 수 있다. 학습자들이 과제를 수행하는 동안 교사는 실제적인 의사소통 과정이 될 수 있도록 그 진행 과정을 모니터하고 그 결과물에 대해 관심을 표현하거나 피드백을 해준다.

목표 문법 항목	기능	생산 활동
'-(으)ㄹ까요'	약속하기	친구들과 함께 의논하여 주말 저녁 약속을 정한다.
'-고 싶다'	계획 표현하기	'내가 하고 싶은 일'이라는 제목으로 대학 졸업 후의 계획에 대해 글을 쓴다.

＊ 짝과 함께 이번 주말 저녁 약속을 정해 봅시다. 먼저 언제, 어디서, 무엇을 할지 의논 하십시오. 그 다음 짝과 함께 대화한 내용을 써 보십시오.

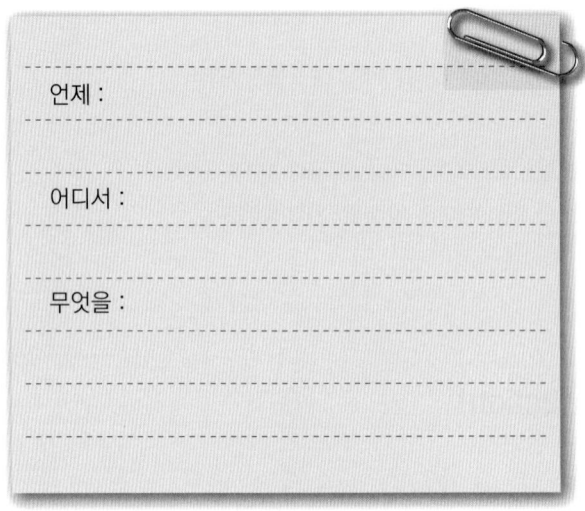

언제 :

어디서 :

무엇을 :

① 짝활동을 통해 주말 저녁에 언제, 어디서, 무엇을 할지 서로 이야기한다.

② 의논한 대화 내용을 대화문으로 써 본다. 이때 적절한 표현인지 짝과 함께 검토하며 쓴다.

③ 팀별로 대화 내용을 발표하면 다른 학습자들은 약속 내용을 메모하며 듣는다.

④ 교사는 발표를 듣는 학습자들이 발표 내용을 잘 듣고 이해했는지 메모 내용을 확인한다.

⑤ 발표 내용에 대해 궁금한 내용이 있는지 확인하고 학습자들끼리 자유롭게 질문하고 대답할 시간을 준다.

가 "오늘 저녁에 시간 있어요?"

나 "네, 시간 있어요."

가 "그럼 같이 저녁 먹을까요?"

나 "좋아요. 무엇을 먹으러 갈까요?"

가 "나는 불고기를 먹고 싶어요. 어때요?"

나 "좋아요. 나도 불고기를 먹고 싶어요."

가 "그럼, 몇 시에 만날까요?"

나 "저녁 6시에 만나는 게 어때요?"

가 "좋아요. 어디에서 만날까요?"

나 "학교 앞에서 만날까요?"

가 "좋아요. 학교 앞에서 만나요."

제5장 발음

발음은 언어 구사에 자신감을 갖게 하여 원활한 의사소통에 도움을 준다. 아무리 문법이나 어휘에 대한 지식이 많은 학습자라도 발음이 정확하지 않으면 학습자가 자신의 생각을 표현하는 것에 대한 자신감을 잃게 된다. 또한 발음은 학습자의 말하기 능력을 평가하는 데에도 커다란 영향을 주는데, 아무리 말하기 능력이 뛰어나도 발음이 나쁘면 언어 구사에 대한 첫인상과 평가가 낮아지기 때문이다.

이 장에서는 P-P-P 수업 모형을 중심으로 발음 교육이 어떻게 이루어지는지 알아보기로 한다. 올바른 발음 교육을 위해서 교사는 다음과 같은 사항을 염두에 두어야 한다.

- 한국어는 언제나 표기대로 발음되지 않음에 주의한다.
- 개별 음소나 음운 현상에 대해 정확히 인지한다.
- 개별 음운의 정확한 발음보다는 문맥을 통한 발음 연습이 되도록 한다.

– 모국어 화자들도 구별하여 발음하기 어려운 음소들('ㅔ'와 'ㅐ' 등)을 지나치게 강조하지 않는다.

– 표준 발음으로 연습하고 표준 발음으로 녹음된 자료들을 활용한다.

① 제시(Presentation)

제시 단계에서는 그 시간에 학습할 발음을 들려 주고, 발음하는 방법과 관련된 음운 현상들을 정확하게 제시한다. 새로이 배울 발음을 제시할 때는 어떻게 발음하는지 그 방법을 정확하게 설명하여 학습자들이 제시된 발음을 구별할 수 있게 한다. 이때 학습자들이 새로이 배운 발음을 더 잘 기억할 수 있도록 다양한 시청각 자료들을 활용할 수 있다. 시청각 자료들을 이용하여 발음을 제시하면 발음할 때의 입 모양이나 혀의 위치 등을 볼 수 있어 보다 생동감 있는 발음 수업이 될 수 있다.

발음 방법을 설명한 후에는 학습자들이 새로운 발음을 정확하게 발음할 수 있는지 확인하고 제대로 발음하지 못하는 학습자들에게는 반드시 피드백을 주어 정확한 발음을 할 수 있게 해야 한다. 여기에서는 제시 단계에서 활용할 수 있는 다양한 활동 방안들을 살펴보기로 한다.

> **Tip**
>
> 한국어의 발음 규칙들은 상당히 까다로운 편이다. 교사가 한국어 발음 규칙들을 정확히 알고 있지 못하면 학습자들에게 한국어의 발음 원리를 제대로 전달하기 어렵다. 다음에서는 한국어 발음 교육에서 유용하게 활용될 수 있는 몇 가지 발음 규칙들을 소개한다.

1. 받침 'ㅎ'의 소리

· 받침 'ㅎ' 뒤에 'ㄱ', 'ㄷ', 'ㅈ'이 결합되는 경우에 뒤 음절 첫소리와 합해져 [ㅋ], [ㅌ], [ㅊ]로 발음한다.

놓고[노코]　　　좋다[조타]　　　쌓지[싸치]

· 받침 'ㅎ'뒤에 'ㅅ'이 결합되는 경우에는 'ㅅ'를 [ㅆ]로 발음한다.

많습니다[만:씀니다]　　　싫습니다[실씀니다]

· 받침 'ㅎ'뒤에 'ㄴ'이 결합되는 경우에는 [ㄴ]으로 발음한다.

놓는[논는]　　　쌓는[싼는]

· 받침 'ㅎ'뒤에 모음으로 시작되는 어미나 접미사가 결합되는 경우에는 'ㅎ'을 발음하지 않는다.

놓아[노아]　　　낳은[나은]　　　많이[마니]

2. 겹받침의 소리

· 'ㄳ, ㄵ, ㄶ, ㄼ, ㄽ, ㄾ, ㅄ'의 받침은 어말 또는 자음 앞에서 앞자음 [ㄱ, ㄴ, ㄹ, ㅂ]로 발음한다.

값[갑]　　　앉(고)[안(꼬)]　　　않(다)[안(타)]

· 'ㄺ, ㄻ, ㄿ'은 어말 또는 자음 앞에서 뒷자음 [ㄱ, ㅁ, ㅂ]로 발음한다.

닭[닥]　　　맑다[막따]　　　젊다[점따]　　　읊다[읍따]

- 단, 용언의 어간 말음 'ㄺ'은 'ㄱ' 앞에서 [ㄹ]로 발음한다.

맑게[말께]　　　읽고[일꼬]

3. 비음화 현상

· 받침 'ㄱ'이 'ㅁ'을 만나면 [ㅇ]으로 소리난다.

국+물 → [궁물]　　　먹+물 → [멍물]

· 받침 'ㄷ'이 'ㅁ'을 만나면 [ㄴ]으로 소리난다.

맏+며느리 → [만며느리]

· 받침 'ㅂ', 'ㅍ'이 'ㅁ'을 만나면 [ㅁ]으로 소리난다.

밥+만 → [밤만]　　　앞+마당 → [암마당]

· 받침 'ㅅ', 'ㅎ', 'ㅌ'이 'ㄴ'을 만나면 [ㄴ]으로 소리난다.

놓+는다 → [논는다]　　　붙+는다 → [분는다]

듣고 따라하기

듣고 따라하기는 가장 손쉽게 새로운 발음을 제시하는 활동이다. 교사가 새로운 어휘나 문장을 정확하게 발음하면 학습자들은 그것을 듣고 따라한다. 때로는 CD-Rom이나 인터넷의 한국어 발음 교육 사이트를 활용하여 정확한 발음을 듣고 따라하게 할 수 있다. 듣고 따라하기는 모든 단계의 학습자들에게 모범적인 발음을 제시하는 데에 효과가 있다. 그러나 학습자들이 듣는 것만으로 발음 방법을 제대로 이해하기 어려운 경우가 있으며, 계속해서 듣고 따라하기만 반복하다 보면 수업에 대한 흥미를 잃을 수 있으므로 새로운 발음을 제시하는 첫 단계에서 활용하는 것이 좋다.

입 모양으로 제시하기

학습자들이 듣고 따라하기 방법만으로 정확하게 발음할 수 없는 경우에는 발음할 때의 입 모양을 통해서 발음 방법을 설명한다. 특히 한국어의 모음을 처음 배우는 학습자들에게는 입 모양을 이용하여 제시하는 것이 이해하는 데 도움이 된다. 한국어의 모음은 입의 모양이 중요하기 때문에 발음 방법을 제시할 때, 그림이나 시각적인 자료를 주로 활용한다. 그림 자료가 없는 경우에는 교사가 직접 시범을 보여 교사의 입 모양을 보고 정확한 발음을 따라할 수 있도록 한다. 학습자들이 직접 거울을 들고 자신의 입 모양을 보면서 발음 연습을 하는 것도 좋은 방법이다.

─(예시)─

【모음 발음 제시하기】

  ① 교사는 아래와 같은 입 모양 그림을 학습자들에게 보여주면서 [어]와 [오]의 발음을 시범 보인다. 이때 [어]와 [오]의 발음에서 입 모양을 정확히 한다.

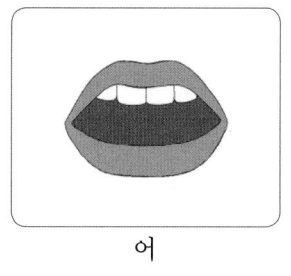

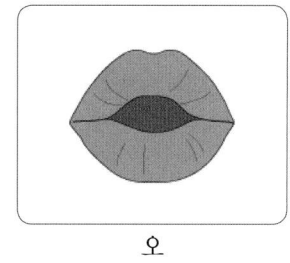

| 어 | 오 |

② 학습자들은 그림과 똑같이 입 모양을 하면서 [어]와 [오]를 발음한다.

③ 입을 제대로 벌리지 않고 발음하는 학습자들을 지적하여 입 모양을 정확히 하도록 한다.

④ 학습자들이 [어]와 [오]를 구별하여 발음할 수 있는지 개별적으로 확인한다.

위와 같은 방법으로 /으/와 /우/의 발음도 입 모양으로 구별하여 제시한다. /우/를 발음할 때는 입 모양을 앞으로 동그랗게 하고 앞으로 내밀면서 /우/라고 발음하여 /으/와 구별할 수 있도록 한다.

그림 이용하기

한국어의 모음은 입의 모양을 이용하여 제시하는 것이 유용한 반면에, 자음은 조음 기관의 그림을 이용하여 제시하는 것이 좋다. 한국어의 자음은 조음 위치에 따라 발음이 구별되므로 칠판에 조음 기관의 그림을 직접 그리거나 아래와 같이 그림 자료를 이용하여 자음이 발음되는 위치를 가리키면서 발음하는 방법을 제시한다. 학습자들이 자음의 발음을 쉽게 학습하고 기억하기 위해서는 소리나는 위치가 같은 음소들을 묶어서 제시하는 것도 유용하다.

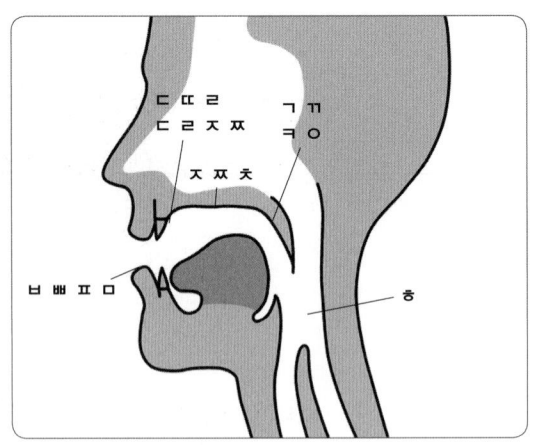

이때 양순음이나 치조음 등의 언어학적 용어는 사용할 필요가 없으며, 단지 그림을 보면서 어떤 위치에서 어떤 자음이 발음되는지를 설명한다.

예시

① 아래의 그림에서 혀의 위치를 가리키거나 그림이 없는 경우에는 직접 칠판에 조음 기관의 그림을 그려서 /ㄹ/가 발음되는 위치를 말한다.

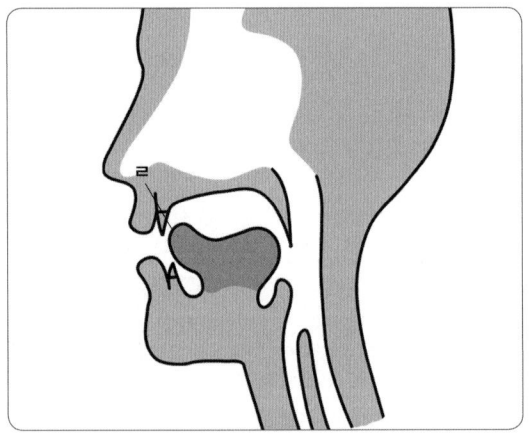

② 학습자들의 입 모양과 혀의 위치를 주의 깊게 살펴보면서 /ㄹ/의 발음을 제대로 하는지 확인한다. 이때, /ㄹ/의 발음을 할 때 영어의 /r/처럼 혀를 안쪽으로 구부려서 발음하지 않도록 주의시킨다.

③ /ㄹ/에 단모음을 붙여서 음절로 제시하고 발음한다.

<blockquote>라, 러, 로, 루, 르, 리</blockquote>

④ 학습자들의 입 모양과 혀의 위치를 주의 깊게 살펴보면서 제대로 발음하는지 확인한다.

도구 이용하기

자음을 발음할 때에 대다수의 학습자들이 평음, 경음, 격음의 소리를 구별하지 못하는 경우가 많다. 이런 경우에는 얇은 종이나 손바닥 등의 도구를 이용하여 제시하면 구별하기 쉽다. 평음, 경음, 격음은 조음 위치와 조음 방법은 같지만 공기를 내보내는 힘의 크기가 다르기 때문에 발음할 때 입에다 얇은 종이를 대고 발음하면 종이의 흔들림이 다르게 나타난다.

학습자들이 직접 종이를 가지고 평음, 경음, 격음을 발음하면서 종이의 흔들림을 확인하게 되면 보다 더 분명하게 이 세 자음의 발음을 구별할 수 있게 된다. 교사가 시범을 보일 경우에는 종이의 흔들림이 잘 보일 수 있도록 조금 과장하여 발음할 필요가 있다. 예를 들면 격음의 소리를 발음하는 경우에는 공기가 더 많이 나오는 것을 느낄 수 있도록 힘을 주어 크게 발음해 보인다.

┌─ 예시 ─

① 교사가 먼저 얇은 종이를 입 앞에 놓고 /ㅂ/, /ㅃ/, /ㅍ/를 발음하는 방법을 시범보인다.
② 어떤 발음을 할 때 종이가 가장 많이 흔들리는지 질문하고 그 답을 칠판에 쓴다.

  /ㅍ/ - 가장 많이 , /ㅂ/ - 조금 , /ㅃ/ - 흔들리지 않는다.

③ /ㅂ/, /ㅃ/, /ㅍ/에 단모음을 붙여 음절로 제시한 후 발음한다.
④ 학습자들이 정확하게 구별하여 발음하는지 개별적으로 지적하여 발음해 보도록 한다.

입에서 나오는 공기의 세기를 확인하는 방법으로 종이 대신 학습자들의 손바닥을 입 앞에 대고 발음하여 공기가 나오는 것을 직접 느껴보게 하는 방법도 있다.

또한 입 모양으로 구별하여 발음을 제시하는 경우에는 거울을 이용하여 학습자들이 각자 자신의 입 모양을 눈으로 확인해 보게 한다.

같은 소리로 모으기

받침이 들어간 음절을 제시할 경우, 한국어의 받침 표기에는 /ㄸ, ㅃ, ㅉ/를 제외하고 16개의 자음을 모두 사용하지만, 발음할 때는 7개의 자음 [ㄱ, ㄴ, ㄷ, ㄹ, ㅁ, ㅂ, ㅇ]으로만 발음된다는 점에 주의한다. 받침 소리는 먼저 홑받침의 소리부터 제시하는데, 다른 음가 앞에서도 소리의 변화가 없는 [ㄴ, ㅁ, ㅇ]의 발음을 먼저 제시한다.

나머지 받침 소리는 같은 발음으로 소리가 나는 것끼리 모아서 제시하는 것이 좋다. 받침 /ㄱ, ㄲ, ㅋ/는 [ㄱ]로 발음되고, 받침 /ㅂ, ㅍ/는 [ㅂ]로 발음되는 것을 설명한 후에 나머지 받침의 소리는 모두 [ㄷ]로 발음된다는 사실을 말한다. 이때 중요한 것은 [ㄱ, ㄷ, ㅂ]의 받침 소리를 발음할 때는 받침 소리가 파열되지 않도록 학습자들에게 주의를 준다.

— 예시 —

① 우선 '입'의 발음을 예를 들면서 /ㅂ, ㅍ/의 받침소리가 [ㅂ]로 발음된다는 것을 설명한다.

교사   "(입을 가리키면서) 이것이 뭐예요?"

학습자   "입이요."

교사   "네, 입이지요? 모두 [입]하고 발음해보세요."

         "[입]하고 발음하고 나면 입이 열려요 안 열려요?"

학습자   "안 열려요."

교사   "맞아요. [입]하고 발음할 때는 입이 이렇게 닫히지요?"

② [ㅂ]로 발음되는 다른 예들을 칠판에 쓰고 받침의 소리가 달라지는 것을 쉽게 구별할 수 있도록 받침은 각각 다른 색의 분필로 쓴다.

> ㅂ, ㅍ → ㅂ : 압[압], 앞[압]

③ 학습자들이 발음할 때 입이 열리지 않도록 강조하여 주의를 준다.

④ 다음의 단어들을 칠판에 쓰고 학습자들에게 발음해보도록 한다.

> 책[책]   밖[박]   부엌[부억]   옷[옫]   꽃[꼳]

⑤ 학습자들이 받침소리의 발음을 정확하게 하는지 개별적으로 확인하고 제대로 발음하지 못하는 학습자

들은 다시 발음해 보도록 한다.

⑥ [ㄱ]와 [ㄷ]로 발음되는 받침 소리들을 모아서 아래와 같이 칠판에 쓰고 받침이 발음되는 규칙을 정리한다.

> - /ㄱ , ㄲ , ㅋ/ → [ㄱ]
> - /ㄷ , ㅅ , ㅆ , ㅈ , ㅊ , ㅌ/ → [ㄷ]

규칙으로 제시하기

한국어의 발음 규칙을 음운론적으로 설명하면 학습자들이 이해하기 어려울 뿐만 아니라 사용되는 어휘가 어려워 설명하기도 힘들다. 따라서 음운 변동이 일어나는 예를 제시하여 발음한 다음에 언제 어디에서 그와 같은 발음 규칙이 일어나는지 설명하는 것이 학습자들이 이해하기 쉽다.

─ 예시 1 ─

【연음 현상】

① '연음 현상'을 설명하기 위하여 다음과 같은 그림을 준비한다.

아이가 옷을 입어요.
[아이가 오슬 이버요]

교사　"이 그림을 보세요. 아이가 무엇을 해요?"
학습자　"옷을 입어요."

② 그림 옆에 '옷을 입어요'라고 쓰고 어떻게 읽는지 시범을 보인다.

② 학습자들은 교사의 발음을 듣고 소리나는 대로 쓰고 한 학습자가 나와서 칠판에 발음을 적는다.

③ 교사는 정확한 발음을 썼는지 확인한 후, '옷을 입어요' 문장의 받침에 동그라미 표시를 하고 다음 음절의 초성을 향해 화살표로 표시한다.

> 옷을 입어 요 [오 슬 이 버 요]

④ 받침 소리 다음에 모음이 오면 받침소리를 뒤의 음절에 붙여 발음하는 규칙을 설명한다. 같은 방법으로 연음이 되는 여러 개의 문장을 제시하고 학습자가 제대로 읽는지 확인한다.

예시 2

【경음화 현상】

① 경음화 현상이 일어나는 단어들을 칠판에 쓰고 교사가 시범적으로 먼저 발음한다.

> 학교, 식당, 하숙집

② 학습자들은 교사의 발음을 듣고 소리나는 대로 쓰고 한 학습자가 나와서 칠판에 적는다.

> [학꾜], [식땅], [하숙찝]

③ 학습자가 정확한 발음을 썼는지 확인하고, 제시된 단어의 공통점이 무엇인지 질문한다.

교사　"'학교, 식당, 하숙집', 이 단어들의 공통점이 무엇이에요?"

학습자　"모두 받침이 /ㄱ/ 이에요."

④ 받침 /ㄱ/ 뒤에 나오는 자음의 소리가 경음으로 발음되는 것을 설명하고 같은 예를 더 제시한다.

> 직장[직짱], 숙제[숙쩨]

⑤ 문장을 통해 자연스럽게 이해할 수 있도록 칠판에 다음 문장들을 쓰고 읽는다.

> 아침에 밥을 먹고 학교에 갔어요.
>
> 앞집에 친구가 살고 있어요.
>
> 좋은 직장에 취직하고 싶어요.
>
> 한국의 여름 날씨는 너무 덥고 습기가 많아요.

⑥ 학습자들이 제대로 발음하는지 개별적으로 확인한다.

② 연습 (Practice)

이 단계에서는 제시 단계에서 학습한 내용을 완전히 익히고 적용할 수 있도록 제시된 발음을 반복하여 연습하며, 유창성보다는 정확성을 강조한다. 교사는 학습자들이 싫증을 내지 않고 학습한 내용을 정확하게 발음할 수 있도록 다양한 방법의 연습 활동을 준비한다. 연습 단계의 활동에서는 학습자들이 주로 오류를 범하는 발음을 중심으로 연습하여 정확한 발음이 고정될 수 있도록 한다. 학습자들이 발음을 할 때에는 입 모양을 정확하게 하고 크게 천천히 또박또박 발음하도록 지도한다. 여기에서는 연습 단계에서 사용할 수 있는 다양한 활동들을 살펴보기로 한다.

최소대립쌍으로 구별하기

최소대립쌍을 이용하는 발음 연습은 학습자들이 어려워하거나 다른 발음과 혼동하는 경우에 활용하면 유용하다. 예를 들면, 많은 학습자들이 /다/, /따/, /타/ 같은 평음, 경음, 격음이나 /ㅓ/와 /ㅗ/를 구별하여 발음하는 것을 힘들어하는데, 이 경우에 최소대립쌍을 사용하면 유용하다. 최소대립쌍으로 발음을 연습할 때는 무의미한 최소대립쌍을 기계적으로 반복하여 읽는 단순한 활동에서 점차 의미를 가진 단어를 이용하는 활동으로 옮겨가는 것이 효과적이다. 다음은 최소대립쌍을 이용하여 발음을 연습하는 방안을 순차적으로 제시한 것이다.

──　예시　──
　① 처음에는 최소대립쌍으로 된 음절을 제시하여 평음, 경음, 격음의 소리를 기계적으로 발음할 수 있도록 반복해서 들려주고 따라 읽게 한다.

<u>ㅈ쯔츠</u>, 주쭈추	거꺼커, 고꼬코
다따타, 바빠파	도또토, 두뚜투
사싸, 소쏘, 수쑤	감깜캄, 담땀탐, 잠짬참

※ 음절을 통한 기계적인 연습은 너무 오래하면 싫증을 낼 수 있으므로, 학습자들이 평음, 경음, 격음을
   구별하여 발음하는지 확인한 후, 바로 다음 활동으로 넘어가는 것이 좋다.

② 학습자가 혼동하기 쉬운 발음이 들어간 그림을 준비하고, 그림을 보고 발음해 보도록 한다.

[달]   [탈]   [딸]

③ 그림의 발음을 한 후에, 몇몇의 학습자는 칠판에 그 발음을 적는다.

④ 교사가 정확한 발음을 적었는지 확인하고 학습자들이 다같이 소리내어 발음한다.

⑤ 혼동되는 발음 소리를 구분할 수 있는 문제들을 준비하여 발음을 들려주고 해당하는 발음을 찾는 연습
   을 한다.

> · (팔, 발)이 너무 아파요.
> · 시장에는 과일이 (사요, 싸요).
> · 산에서 (도끼/ 토끼)를 보았습니다.

⑥ 학습자들이 정확하게 답했는지 확인하고 개별적으로 읽어 보게 한다.

그림이나 단어 카드 이용하기

학습자들이 제시 단계에서 배운 발음들을 제대로 발음하는지 확인하거나 기계적
으로 발음 연습을 할 때, 그림이나 단어 카드를 사용할 수 있다. 교사가 말을 하는 대
신에 그림이나 단어 카드를 제시하여 발음 연습을 하게 되면 짧은 시간에 많은 양의
발음을 연습할 수 있다.

① 교사는 단어 카드를 하나씩 들고 단어카드에 쓰인 글자를 학습자들에게 보여준다.

② 학습자들은 단어 카드에 쓰인 글자를 읽는다.

③ 정확하게 발음했는지 확인한 후에 다시 한 번 정확한 발음을 하고 따라하도록 한다.

④ 이번에는 그림만 보여주고 학습자들에게 그림에 해당하는 단어를 말해보도록 한다.

⑤ 제대로 말했는지 확인하는 질문을 한다.

⑥ 단어 카드의 단순한 읽기를 한 후에, 학습자들을 소집단으로 나누어 교사가 발음하는 단어 카드를 찾아오게 한다. 빨리, 더 많이 찾아온 소집단에게 적절한 보상을 한다.

이 밖에도 그림 자료를 이용하여 그림에 나와 있는 단어를 맞추거나 그림의 내용을 상상해서 이야기하는 방식으로 발음 연습을 확장할 수 있다.

① 교사는 경음화 현상을 연습하기 위해 식당에서 밥을 먹고 있는 그림을 준비한다.

교사　　(그림을 보여주면서) "이 사람은 어디에 있어요?"

학습자　"[식땅에 이써요.]"

교사　　"이 사람은 지금 무엇을 하고 있어요?"

학습자　"[식땅에서 바블 먹꼬 이써요.]"

② 학습자들이 정확하게 발음하는지 확인한다.

③ 아래에 있는 그림과 같이 경음화 현상이 포함되는 단어들이 있는 그림을 준비하여 팀별로 나누어주고 위의 대화처럼 발음해 보도록 한다.

[학꾜에 가고 이써요] [직짱에서 일하고 이써요] [책쌍에 안자서 채글 일꼬 이써요]

④ 교사는 교실을 돌아다니면서 정확하게 발음하고 있는지 확인한다.

⑤ 몇 팀은 앞으로 나와서 발음하게 하고 앉아 있는 다른 학습자들에게 정확하게 발음했는지 질문한다.

⑥ 가장 정확하고 자연스럽게 발음한 팀에게는 적절한 보상을 하여 학습자들의 흥미를 유발한다.

노래로 연습하기

노래를 통해서 발음을 연습하는 방법은 노래를 하면서 자연스럽게 같은 발음을 반복하기 때문에 장기적으로 기억하는 데 도움이 된다. 또한 노래를 통해서 발음을 연습하게 되면 학습자들의 발음에 대한 불안한 마음을 덜어주고 즐겁고 편안한 분위기에서 발음을 연습할 수 있다.

노래를 통해 발음을 연습할 때는 노래가 쉽고 간단하며 같은 발음이 반복되는 가사로 되어 있는 노래를 선정하도록 한다. 학습자들이 더 잘 기억할 수 있도록 율동을 같이 하는 것도 좋다. 특히 학습자들이 어려워하는 발음 규칙이 포함되어 있거나 경음이나 격음이 포함되어 있는 가사로 된 노래로 발음 연습을 하면 어려운 발음도 쉽게 연습할 수 있다.

① 교사는 악보를 준비하여 학습자들에게 나누어 준 다음 노래를 먼저 들려준다.

② 교사가 먼저 가사를 정확하게 읽는 시범을 보인 후에 새로운 단어의 뜻을 설명한다.

③ 학습자들은 교사의 발음을 따라서 노래의 가사를 읽는다.

④ 학습자들에게 노래의 가사를 듣고 발음되는 대로 써 보라고 한다.

⑤ 학습자들은 자신이 쓴 발음대로 가사를 읽어 보고 교사는 발음 규칙대로 읽는지 확인한다.

⑥ 발음 규칙에 주의하면서 다시 한 번 가사를 읽고 노래를 들려준다.

⑦ 교사와 학습자가 함께 노래를 따라 부른다.

⑧ 학습자들이 어느 정도 노래 부르기에 익숙해지면 팀별로 돌림 노래를 하거나 소집단별로 노래 시합을 한다.

귓속말로 전달하기

교사의 말을 맨 앞에 앉은 한 학습자에게 들려주면 그 학습자는 다음 학습자에게 전달하는 방식으로 진행한다. 맨 마지막 학습자가 들은 내용을 말하면 교사는 전달 내용과 같은지 판단하여 준다. 이때 전달하는 말은 학습자들이 주로 혼란을 일으키는 발음이 포함되어 학습자가 제대로 전달하지 않으면 의미가 바뀔 수 있는 내용으로 준비하는 것이 좋다.

① 학습자들을 5-6명의 소집단으로 만들어 소집단별로 줄을 세운다.
② 교사가 같은 문장이 쓰인 쪽지를 각 소집단의 맨 앞의 학습자에게 주고 읽고 외우게 한다.
③ 맨 앞의 학습자는 외운 문장의 내용을 다음 학습자에게 귓속말로 전달한다.
④ 같은 방법으로 다음 학습자에게 전달한 후 마지막 학습자는 빨리 칠판에 나와서 들은 내용을 적는다.
⑤ 빨리 정확하게 들은 내용을 적은 소집단 학습자들에게 적절히 보상한다.

말꼬기 연습하기

발음하기 어려운 단어들로 구성된 문장을 따라하게 하여 흥미를 유발하는 발음 연습 방법이다. 두 편으로 나누어 모든 학습자들이 정확하게 빨리 발음하는 편이 이긴다. 게임의 결과에 따라 적절한 보상을 하면 흥미와 학습 동기를 높일 수 있다. 이때 학습자들이 너무 승부에 집중하면 오히려 흥미를 떨어뜨릴 수가 있으므로 승부를 위한 게임이 되지 않도록 유의한다.

① 학습자들을 5-6명으로 나누어 팀별로 일렬로 앉게 한다.
② 아래에 있는 보기에서 학습자들의 수준에 적당한 말꼬기 문장을 골라 칠판에 쓴다.

* 칠월 칠일은 칠석날
* 고추 먹고 맴맴, 담배 먹고 맴맴, 찔레 먹고 맴맴
* 싸게 산 사과는 신 사과, 비싸게 산 사과는 안 신 사과.
* 멍멍이네 꿀꿀이는 멍멍해도 꿀꿀하고, 꿀꿀이네 멍멍이는 꿀꿀해도 멍멍한다.

③ 학습자들은 모두 칠판에 쓰인 문장을 읽고 정확하게 읽을 수 있도록 연습하는 시간을 준다.

④ 충분히 읽는 연습을 한 후에 앞사람부터 차례대로 문장을 보고 정확하게 읽는다.

⑤ 각 팀의 모든 학습자들이 문장을 정확하게 읽어야 한다. 중간에 한 학습자가 틀리면 다시 앞의 학습자로 돌아가 처음부터 다시 읽는다.

⑥ 정확하게 빨리 읽은 팀이 1등이 되며 교사는 1등한 팀의 학습자들에게 적절히 보상한다.

받아쓰기

받아쓰기는 발음을 잘 듣고 이해했는지 확인하기 위해 사용되는 방법이다. 교사가 받아쓰기 내용을 읽어 줄 때는 자연스러운 실제 발음으로 해야 한다. 학습자들이 알아듣기 쉽게 하기 위하여 음절 단위로 끊어 천천히 읽는다거나 한 음절마다 또박또박 발음하는 식으로 부자연스럽게 발음하지 말고 일상에서 말하는 것처럼 발음하도록 한다. 문장이 긴 경우에는 의미 단위로 자연스럽게 끊어 읽어 준다.

③ 생산(Production)

이 단계에서는 제시 단계와 연습 단계에서 배운 발음을 학습자가 실제로 사용할 수 있게 하는 활동을 한다. 연습 단계에서는 정확하게 발음할 것을 강조하였다면, 생산 단계에서는 이미 학습한 발음을 자신감을 가지고 유창하게 사용하도록 한다.

이 단계에서는 학습자들이 실제적인 상황에서와 같이 자연스럽게 발음할 수 있도록 역할 놀이, 인터뷰, 즉흥적인 연설 등 다양한 활동들을 할 수 있다.

새로 배운 발음		생산 활동
경음화 현상	학교, 식당, 국밥, 숙제, 직장, 먹다...	**식당에서 음식을 주문하는 상황극을 한다.**

【말하기와 연계】

① 교사는 학습자들에게 좋아하는 한국 음식 중에서 /ㄱ, ㄲ, ㄷ, ㄸ, ㅂ, ㅃ, ㅅ, ㅆ, ㅈ, ㅉ/ 가 들어간 음식 이름을 모두 말하도록 한다.

② 소집단 별로 생각나는 한국음식을 말한다.

> 김치, 깍두기, 감자탕, 돼지국밥, 떡볶이, 자장면, 짬뽕 등

③ 음식 이름을 가장 많이 말한 소집단에게 적절히 보상한다.

④ 음식 이름 말하기가 끝나면 식당에서 좋아하는 음식 주문하기 등의 역할극을 해본다.

⑤ 학습자들을 소집단으로 구성하여 손님과 종업원 등의 역할을 정하고, 교실의 앞으로 나와서 식당에서 음식을 주문하는 역할극을 한다.

학습자들이 관심이 많거나 인기가 있었던 드라마나 영화의 대본을 활용하여 학습자들에게 대본에 나와 있는 역할을 부여한다. 학습자들은 대본에 나와 있는 실제 상황에 맞도록 억양과 발음에 유의하면서 마치 배우가 된 것처럼 대본을 읽는다. 이때 모든 대본을 다 읽기보다는 한 두 개의 장면을 발췌하여 읽는다. 이 활동을 좀 더 확장한다면 발췌된 장면의 앞, 뒤 이야기를 상상하여 이야기하게 하여 말하기 활동과 연계시킬 수 있다.

【읽기와 연계】

① 교사는 학습자의 수준에 적합한 대본을 선택하여 준비한다.

② 학습자들을 소집단별로 나누고 준비한 대본을 나누어준다.
  (이때 각 소집단마다 다른 대본을 줄 수도 있고 같은 대본을 주어 어느 팀이 더 자연스럽게 읽었는지 시합하게 할 수도 있다.)

③ 발췌된 대본의 영상을 보면서 발음을 따라한다.

④ 대본의 역할을 누가 맡을지 학습자들이 토론을 통해 각각의 역할을 정한다.

⑤ 먼저 대본을 읽어보는 연습을 할 수 있도록 연습할 시간을 준다.

⑥ 각 소집단별로 앞에 나와서 대본을 읽는다.

Ⅲ. 언어 기술 수업의 조직

제6장 듣기

우리는 흔히 대화의 기본은 말하기가 아니라 '잘 듣는 것'이라고 말한다. 이것은 제대로 듣지 못한다면 온전한 의사소통은 이루어지기 어렵다는 뜻일 것이다. 이렇듯 듣기 능력은 성공적인 의사소통의 전제가 된다. 듣기는 언어 학습 과정에서도 중요한 전제 조건이어서, 듣기 능력의 향상이 없이는 의사소통 능력의 향상을 기대하기 어렵다.

우리가 무엇인가를 듣는다고 할 때는 들려오는 소리를 수동적으로 듣는 것(hearing)이 아니라, 그 의미를 해석하며 듣는 것(listening)을 말한다. 다시 말해 화자의 말을 들으면서 자신의 목적과 배경 지식을 이용해 그 의미를 해석하는 능동적인 의사소통을 하고 있는 것이다. 그러므로 듣기 교육을 할 때도 교사는 학습자들이 배경 지식을 이용해 상황을 예측하고 판단하는 능동적인 듣기 태도를 가질 수 있도록 한다. 여기에서는 어떻게 효과적으로 듣기 능력을 향상시킬 수 있는가를 목표로 전략을 이용한 듣기 방법을 소개한다.

듣기 수업을 진행할 때 교사는 다음과 같은 점들을 염두에 둔다.

– 듣기의 목적을 인식하며 듣도록 한다.

– 다양한 유형의 듣기 자료를 제공한다.

– 듣기 전에 스키마를 충분히 이용하여 내용을 예측해 본다.

– 듣기의 목적에 따라 필요한 정보에 초점을 두고 듣게 한다.

– 처음은 전반적인 내용 이해에 중점을 두고 다시 듣기를 해 가면서 세부적인 내용을 파악한다.

– 다양한 활동을 통해 내용을 제대로 이해했는지 확인한다.

– 수동적인 듣기 연습보다는 과제 해결 같은 능동적인 듣기 활동을 한다.

① 듣기 전 단계

듣기 전 단계는 듣기를 준비하는 단계로, 학습자들의 배경 지식을 활용해 들을 내용을 추측해 보거나 주제나 어휘 등을 자연스럽게 노출하는 활동을 진행한다. 이 활동들은 학습자들이 내용에 대해 흥미를 가지도록 하며, 들을 내용에 대한 부담감이나 긴장감을 덜 느끼도록 도와주는 것들이다.

시각 자료 보고 내용 추측하기

듣게 될 대화 내용이 이루어지고 있는 장소나 상황을 사진이나 그림으로 미리 살펴보는 것이다. 그림이나 사진을 보면서 대화가 이루어지는 장소나 상황 또는 대화 인물 간의 관계를 물어 본다. 이렇게 듣기 내용과 관련된 시각 자료를 보고 대화 상황을 미리 파악할 수 있도록 도와주면서 어떤 대화 내용이 나올지를 추측해 보게 한다.

예시

① 옷 가게에서 손님과 주인이 대화하는 그림을 보여준다.

② 그림을 보면서 대화의 장소와 상황에 대해 학습자와 이야기한다.
③ 그림을 보고 대화 내용을 추측해 보게 한다.
    교사 "첫 번째 그림을 보세요. 두 사람은 어떤 대화를 하고 있을까요? 보통 가게에 가면 주인들은 어떤 인사를 하지요? 여러분은 가게에 갔을 때 제일 먼저 뭐라고 말해요?"
    (두 번째, 세 번째 그림도 같은 방법으로 진행한다.)
④ 학습자들이 생각했던 대화 내용을 들어 보고 그 의견을 칠판에 쓴다.
⑤ 학습자들이 만든 어색한 표현은 자연스러운 표현으로 고쳐 칠판에 써 준다.

들을 내용에 대해 이야기하기

교사가 먼저 발화의 상황과 주제에 대해 소개하면서 배경 정보를 주면 학습자들은 앞으로 이루어질 대화나 이야기를 예상하거나 추측하는 활동이다. 학습자들에게 보다 능동적인 듣기 태도를 원한다면, 앞으로 듣게 될 내용에 대한 추측뿐만 아니라 듣게 될 표현들을 말해 보거나 써 보게 하는 방법도 있다.

예시

① 듣게 될 상황을 간단히 소개한 다음, 학습자들의 추측을 들어 본다.
    교사 "여러분이 들을 내용은 어떤 여자 손님이 옷가게에 가서 옷을 사면서 하는 대화 내용입니다. 여러분도 직접 옷을 사러 가 본 적이 있어요? 옷 가게에서 어떤 말을 자주 쓰거나 들었어요?"
② 학습자들의 의견을 칠판에 받아쓰고 정리해 준다.

자유연상하기(brainstorming)

학습자들이 텍스트의 주제와 관련되어 떠오르는 모든 생각이나 어휘들을 말하면 그것들을 칠판에 모두 적는다. 학습자들에게 제목이나 주제만 주고 그와 관련해 연상되는 어휘들을 자유롭게 말해 보게 하거나 주제와 관련한 그림이나 시각 자료를 보고 말하게 한다. 이런 과정에서 나온 어휘나 표현을 통해 앞으로 듣게 될 내용에 대해 생각해 보게 되고 주제와 관련된 어휘나 표현에 노출되어 듣기 활동이 수월해진다.

예시

① 학습자들은 주제와 관련해서 떠오르는 어휘들을 자유롭게 말한다.

② 교사는 학습자들이 말한 어휘들을 어휘망으로 정리해 칠판에 적는다.

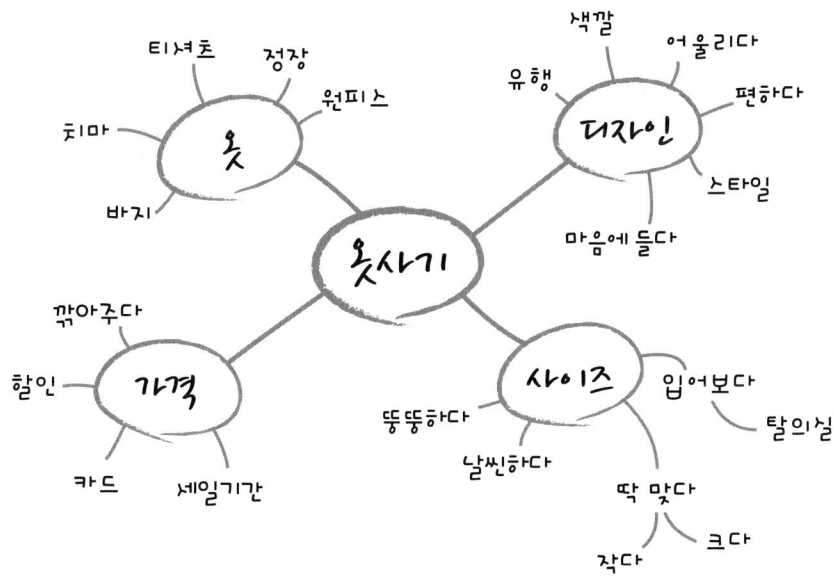

어휘 학습하기

내용을 듣기 전에 어려운 어휘나 중요한 어휘를 미리 노출시키거나 학습하는 활동이다. 듣기 과정은 발화 상황이 순간적이고 새로운 내용이 많은 경우, 학습자들의 부담이 커질 수 있다. 듣기 내용에 포함된 중요한 어휘의 일부를 나열하여 직접 제시해 보여 주거나, 특정 주제별로 묶어 목록 만들기나 그림에 이름 붙이기 등의 활동으로 어휘를 노출시켜 그 부담을 줄여 준다.

　제시된 어휘를 보거나 익히는 사이에 자연스럽게 학습자들은 들을 내용을 예측하거나 흥미를 갖게 된다. 이때 듣기 내용을 통해 예측할 수 있는 어휘나 내용 파악에 불필요한 어휘는 설명하지 않는 것이 좋다.

예시

* 다음 그림에 맞는 어휘를 골라 써 넣어 보세요.

〈보기〉 설거지하기　　쓰레기 분리수거하기　　창문 닦기　　청소기 돌리기

① 〈보기〉의 어휘 중에서 그림에 맞는 어휘를 추측해 쓰게 한다.
② 교사와 함께 답을 확인하고 모르는 어휘는 설명해 준다.
③ 하기 싫은 집안일은 무엇인지, 그 이유는 무엇인지 함께 이야기한다.

길잡이 질문하기

학습자들이 무엇을 중점적으로 들어야 하는지를 안내해 주는 질문을 길잡이 질문이라고 한다. 듣기 단계로 들어가 본격적인 듣기를 하기 전에, 듣기 텍스트의 핵심적인 내용과 관련된 두세 가지 질문을 미리해서 학습자들이 들을 때 어떤 내용에 초점을 맞춰 들어야 할지 준비하게 한다.

예시
---

① 옷 가게에서 이루어지는 대화 내용을 듣게 될 경우, 교사는 다음의 질문에 대해 생각하면서 들어 보라고 한다.

- 여자는 어떤 옷을 사러 갔습니까?
- 여자는 옷을 얼마에 샀습니까?
- 여자는 산 옷이 마음에 들었습니까? 그 이유는 무엇입니까?

② 교사의 질문을 듣고 학습자들이 질문의 내용을 간단히 스스로 메모한다.
③ 질문이 긴 경우는 학습자들에게 질문 내용을 다시 말해 보게 해서 메모 내용을 확인한다.

이어질 내용 예측하기

듣기 텍스트의 대화 내용을 들을 때, 한 사람이 말한 다음 이어질 대답이 무엇인지 학습자들이 예측해 보게 하는 활동이다. 교사는 대화가 이루어지고 있는 발화 상황을 구체적으로 설명해 준 다음, 대화의 일부를 듣고 이어질 대답을 물어보거나 소집단별로 의논하게 한다. 학습자들이 주어진 발화 상황에서 일어날 수 있는 다양한 의견들을 표현할 수 있도록 텍스트의 내용과 일치하는 대답을 찾는 것이 목표가 아님을 분명히 밝히는 것이 필요하다.

① '지하철 유실물 보관 센터'에서 일어날 대화 상황과 인물들의 관계를 알려 준다.

    교사   "여기는 지하철 유실물 센터예요. 여러분이 들을 내용은 물건을 잃어버린 남학생과 유실
                 물 센터 직원의 대화예요. 물건을 잃어버린 학생이 유실물 센터 직원에게 뭐라고 말했을까
                 요?"

② 녹음된 대화의 일부를 들려주고 이어질 대답을 소집단별로 의논하게 한 다음 의견을 들어 본다.

    교사   "남학생은 아침 9시쯤, 지하철 1호선에서 가방을 잃어버렸다고 말했네요.
                 그러면 직원이 또 어떤 질문을 했을까요?"

    학습자 1   "가방 안에 뭐가 들어 있어요?"

    학습자 2   "지갑에 현금이 있었어요?"

                  ⋮

③ 교사는 녹음된 대화 내용을 들려주고 그 추측이 맞는지 확인한다.

④ 다시 이어질 대화의 일부를 들려주고 대답을 예측해 보게 한다.

② 듣기 단계

듣기 중 단계에서는 실제로 텍스트를 들으면서 내용에 대한 이해 확인과 그에 따
른 과제 활동이 이루어진다. 내용에 대한 이해를 확인할 때는 반복 듣기를 하면서 단
계별로 이해의 목표를 확장시켜 간다. 다시 말해, 첫 단계에서는 보통 대화의 주제나
장소, 대화자의 관계 등 기본적인 내용을 확인하고, 다음 단계는 주요 내용 파악을 하
며, 마지막 단계에서는 세부적인 질문을 하거나 발화자의 의도나 태도 등 추론적인
내용까지 확인해 볼 수 있다.

듣기 중 단계에서 이루어지는 이해 확인을 위한 활동들은 읽기나 다른 영역의 것들
보다 훨씬 쉽고 단순하게 구성한다. 듣기를 하면서 이해한 내용을 직접 쓰는 것은 부
담스럽고 어려운 일이기 때문에, 들은 내용과 일치하는 문장에 동그라미 치기나 그림

보고 표시하기 등 쉽고 단순한 형태로 이해 여부를 확인하는 방법이 적합하다.

여기에서는 다음의 텍스트를 이용하여 듣기 중 단계의 연습 활동에 대해 살펴보기로 한다.

〈텍스트 1 : 옷 가게에서의 대화〉

주인 "어서 오세요. 찾으시는 게 있으세요?"

여자 "청바지 좀 보려고요."

주인 "청바지는 안쪽에 많으니까 이쪽으로 오세요. 이쪽에 있는 게 다 청바지니까 천천히 구경하세요."

여자 "네, 고맙습니다."

주인 "손님, 이 스타일은 어떠세요? 요즘 유행하는 스타일이라서 많이들 사 가세요."

여자 "괜찮네요. 근데 전 좀 편하게 입을 거라서……."

주인 "그럼 이건 어떠세요? 편하게 입을 수 있어서 마음에 드실 거예요. 이번 주부터 세일에 들어가서 가격도 좋아요."

여자 "예쁘네요. 이건 가격이 어떻게 돼요?"

주인 "5만원에 30% 세일이니까 3만 5천원이네요."

여자 "음, 이거 한번 입어 봐도 되지요?"

주인 "물론이죠. 치수가 어떻게 되시지요? "

여자 "55 사이즈로 좀 보여 주세요."

주인 "이게 55 사이즈네요. 저기가 탈의실이니까 입고 나와 보세요."

　　　(입는 시간이 지나서 여자가 문을 열고 나온다)

주인 "길이도 딱 맞아서 손님한테 아주 잘 어울리는데요. 입어 보니까 편하시지요? 아까보다 더 날씬해 보이시는데요."

여자 "날씬해 보이고 좋네요. 이걸로 할게요."

주인 "다른 건 필요 없으세요? 이 청바지랑 정말 잘 어울리는 셔츠도 있는데 한번 보세요."

여자 (한번 걸쳐 보고는) "같이 입으니까 정말 예쁘긴 하네요."

주인 "마음에 드시죠? 함께 사시면 5천원 깎아 드릴게요."

여자 "그럼, 모두 얼마예요?"

주인 "청바지 3만 5천원에 셔츠 2만원 해서 총 5만 5천원입니다."

선생님 "오늘은 첫 시간이니까 서로 자기 소개를 하면서 인사를 해 봅시다.

그럼 리에 씨부터 할까요?"

여자 1 "만나서 반갑습니다. 저는 일본에서 온 리에라고 합니다. 이번에 교환 학생으로 한국에 왔습니다. 나이는 22살이고, 영어교육학과 3학년입니다. 일본에 있을 때 같은 방을 쓰는 친구가 한국 학생이라서 한국어와 한국문화에 관심을 가지게 되었습니다. 제 취미는 요리인데 친구들을 초대해서 음식을 만들어 나누어 먹는 걸 좋아합니다. 우리 반 친구들과 빨리 친해져서 제가 만든 요리를 맛있게 나누어 먹었으면 좋겠습니다."

남자 1 "처음 뵙겠습니다. 저는 미국에서 온 마이클이라고 합니다. 올해 미국에서 대학을 졸업했습니다. 한국 나이로 24살입니다. 한국 회사에 취직하려고 한국어를 배우고 있습니다. 미국에 있을 때 저는 활발하고 친구도 많은 편이었습니다. 한국어를 빨리 배워서 한국에서도 새로운 친구들을 많이 사귀고 싶습니다. 참, 제 취미는 기타치기입니다. 한국 노래도 많이 배워서 기타로 연주하면서 불러 보고 싶습니다."

여자 2 "저는 러시아에서 온 사라입니다. 올해 21살입니다. 영화에 관심이 많아서 영화보기가 제 취미입니다. 한국에 오기 전에 한국 영화와 드라마를 많이 보다가 한국어에 대한 관심이 생겨서 러시아에서 한국어를 조금 배웠습니다. 한국어를 열심히 공부해서 한국에 있는 대학에 들어가려고 합니다. 성격은 내성적인 편이라 처음 만나는 사람에게 말을 잘 못하지만, 한번 친해지면 오래가는 편입니다. 같은 취미를 가진 친구들을 만나서 같이 영화를 보러 다니면 좋겠습니다."

일치하는 내용 고르기

들은 내용과 관계 있는 문장을 읽고 그 내용과 일치하는 것을 선택하는 활동이다. 핵심적인 내용을 제대로 들었는지 간단히 확인하는 방법이다. 학습자들이 듣고 바로 일치하는 내용을 고를 수 있도록 문장은 단순하고 명확하게 만든다.

── 예시 ──

＊다음의 대화를 듣고 들은 내용과 같은 것에 ✔표 하십시오.

1) 손님은 청바지를 사러 왔습니다. ☐
2) 손님은 유행하는 바지를 입고 싶습니다. ☐

3) 손님은 새로 산 옷이 마음에 들었습니다. ☐
4) 세일 기간이라서 옷을 싸게 샀습니다. ☐

① 학습자들은 대화 내용을 한 번 듣고 들은 것과 같은 내용에 표시한다.
② 짝과 함께 답을 확인하고 서로 다른 내용이 있는지 이야기해 본다.
③ 교사와 함께 답을 재확인하고 그 이유에 대해서도 간단히 이야기한다.

이해 확인 질문하기

여러 가지 질문을 하면서 내용을 잘 이해했는지를 보다 자세하게 확인하는 활동이다. 사실 학습자들은 이해 확인을 위한 질문을 읽으면서 무엇을 찾아 들어야 하는가에 대한 도움을 받게 된다. 듣기에서의 이해 확인을 위한 질문은 읽기의 그것과 달리 복잡하지 않은 질문과 대답으로 이루어진다.

── 예시 ──

① 〈텍스트 1〉의 대화를 듣기 전에 다음의 질문을 주고, 미리 읽도록 해서 들어야 할 내용이 무엇인지 생각해 보게 한다.

· 손님은 어떤 옷을 사려고 합니까?
· 손님은 어떤 스타일의 옷을, 얼마에 샀습니까?
· 가게 주인이 처음에 보여준 옷은 마음에 들었습니까? 그 이유는 무엇입니까?
· 손님은 입어 본 옷이 마음에 들었습니까? 그 이유는 무엇입니까?
· 손님은 셔츠도 함께 샀을까요? 그 이유는 무엇입니까?

② 질문 중에 학습자들이 모르는 어휘가 있는지 확인한다.
③ 학습자들은 대화 내용을 들으면서 질문에 대한 답을 메모한다.
④ 짝과 함께 서로 질문과 대답을 하며 들은 내용을 확인한다.
⑤ 교사와 함께 다시 확인할 때 학습자들은 메모한 내용을 보지 않고 답한다.

그림 보고 표시하기

설명이나 대화를 듣고 그에 맞는 그림을 찾는 활동이다. 듣기 내용의 주제나 중심 내용과 관련된 그림이나 사진을 찾으면서 전반적인 내용을 확인하게 된다. 학습자들은 그림이나 사진 속에 담긴 상황을 보면서 들을 내용을 어느 정도 예상할 수 있으므로 들기에 대한 부담감을 덜 수 있다. 듣기 중 활동에서 앞 단계에 이루어질 수 있는 연습으로, 초급 단계의 학습자나 듣기 능력이 떨어지는 학습자들도 처음부터 의욕을 잃지 않고 듣기 활동을 계속해 갈 수 있도록 돕는다.

─ 예시 ─

＊다음의 대화를 잘 듣고 그림에 맞는 사람의 이름을 쓰세요.

(마이클   ) (   ) (   )

① 먼저 그림을 보면서 그림의 내용을 이야기한다.
② 대화 내용을 듣고 해당하는 사람의 이름을 쓴다.
③ 답을 확인하고 그림 속 인물에 대해 더 들은 내용이 있으면 말해 본다.

메모하기

학습자들이 들으면서 핵심적인 내용을 간략하게 기록할 수 있게 메모하는 활동이다. 메모해야 할 내용을 제목으로 주거나, 번호를 이용해 몇 가지의 정보를 메모해야 하는지 알려 준다. 주요 내용이라도 내용 전체를 쓰게 하기보다 메모 내용 중 일부를 쓰게 하는 것이 효과적이다.

짝 또는 소집단별로 메모한 내용을 비교해 보게 하면 듣기 능력이 부족한 학습자들의 학습 부담도 덜어 줄 수 있다. 서로 비교하고 의논하는 과정에서 듣기 내용이 반복해서 노출되어서 최종 확인을 위한 듣기를 할 때는 더 쉽고 정확하게 내용을 알 아듣게 된다.

예시

*다음의 내용을 듣고 메모하십시오.

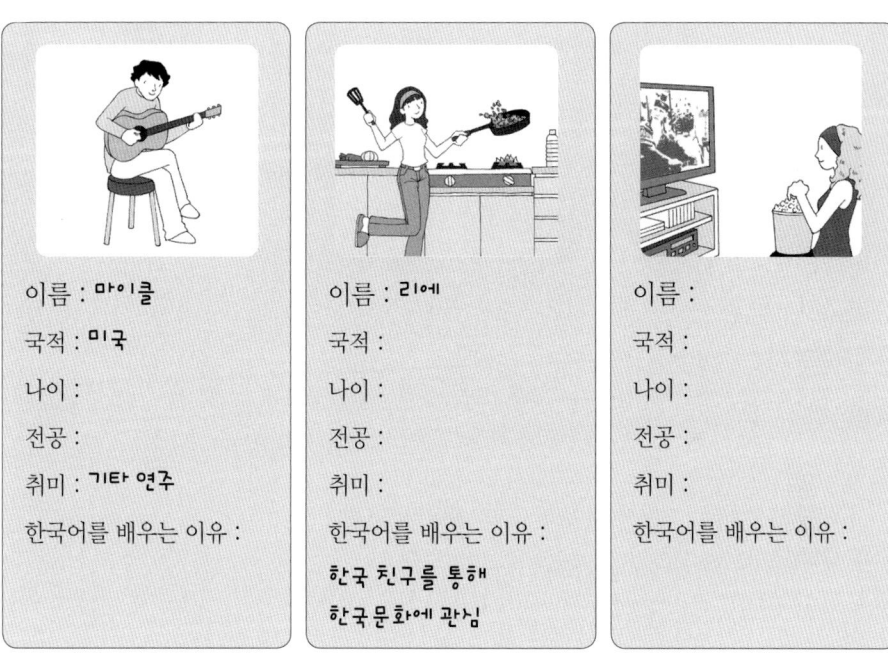

① 첫 번째 메모지를 보면서 무엇을 듣고 메모해야 하는지를 학습자들과 함께 확인한다.
② 대화 내용을 두 번 듣고 메모지에 들은 내용을 써 넣는다.
③ 짝 또는 소그룹끼리 적은 내용을 비교해 보고 다른 경우 서로 이야기해 본다.
④ 교사는 몇몇 학습자들을 지목해서 들은 내용을 발표시킨다.
⑤ 교사는 제대로 메모했는지 확인하고 오류가 있으면 수정한다.

빈칸 채우기

중요한 어휘나 표현이 들어갈 자리가 빈칸으로 되어 있는 텍스트를 주고, 들으면서 빈칸에 들어갈 말을 써 넣는 활동이다. 듣기는 빠른 속도로 이루어지기 때문에 미리 본문 내용을 읽고 들어갈 어휘나 표현을 추측해서 넣어 보게 할 수도 있다. 그러면 텍스트를 실제로 들을 때는 자신의 추측이 맞는지를 확인하기 위해 주의 집중해서 들을 수 있다.

예시

* 다음 대화를 듣고 빈칸에 들어갈 말을 써 보세요.

> 처음 뵙겠습니다. 저는 미국에서 온 마이클이라고 합니다.
> 올해 미국에서 대학을 (   ). 한국 나이로 24살입니다.
> 한국 회사에 (   ) 한국어를 배우고 있습니다.
> 미국에 있을 때 저는 (   ) 친구도 많은 편이었습니다.
> 한국어를 빨리 배워서 한국에서도 새로운 친구들을 많이 (   ) 싶습니다.
> 참, 제 (   ) 기타 치기입니다.
> 한국 노래도 많이 배워서 기타로 연주하면서 불러 보고 싶습니다.

① 학습자들은 빈칸이 있는 글을 읽으며 들어갈 말을 추측해 본다.
② 대화를 두 번 들으면서 빈칸에 들어갈 말을 써 넣는다.
③ 학습자 한 명이 읽으면, 교사는 나머지 학습자들과 함께 답을 확인한다.

표 채우기

텍스트의 주요 정보를 표 형식으로 이루어진 빈칸에 채워 넣는 활동이다. 표 채우기 활동은 학습자들이 들어야 할 정보에만 집중하도록 도와주는 역할을 한다. 이때 빈칸에 들어갈 내용을 학습자가 모두 쓰게 하기보다 일부 정보는 노출시켜서, 써야 하는 내용을 줄여 주는 것이 필요하다. 또한 한 번 듣고 빈칸의 정보를 다 채우는 것은 어려운 일이므로 여러 번 단계를 나누어 반복해서 들려 준다.

＊ 다음 대화를 듣고 수미의 일주일 시간 계획표를 완성하십시오.

	화요일	수요일	목요일	금요일	토요일	일요일
수미	오늘 친구 약속					

① 학습자는 대화를 두 번 듣고 해당 요일의 계획을 메모한다.

② 짝과 함께 메모한 내용을 비교해 보고 다른 내용이 있으면 서로 이야기한다.

③ 대화를 다시 들으며 교사와 함께 정답을 확인한다.

순서 배열하기

들은 내용을 순서대로 배열하는 활동이다. 보통 텍스트가 사건 중심이라면 듣기 내용이 담긴 그림을 순서대로 배열해 보는 활동을 주로 한다. 문장을 읽고 순서를 고르는 것은 읽기 능력에 의존할 수 있으므로, 잘 듣고 제대로 이해했는지를 확인하려면 그림의 순서를 배열하게 하는 것이 더 도움이 된다.

＊ 대화를 잘 듣고 수미가 하는 일의 순서대로 그림에 번호를 쓰십시오.

    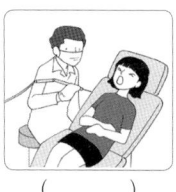

(　　　)　　(　　　)　　(　　　)　　(　　　)　　(　　　)

① 그림을 보며 학습자들과 무슨 장면인지 이야기한다.

② 대화를 들으며 순서대로 번호를 써 넣는다.

③ 짝과 비교해 보고 순서가 다르면 들은 내용에 대해 서로 이야기한다.

④ 다시 한 번 들으며 순서를 확인한다.

⑤ 교사와 함께 순서대로 계획을 말해 본다.

듣고 받아쓰기

받아쓰기는 과거에 듣기 연습을 할 때 자주 활용되던 것으로 익숙한 연습 방법이다. 처음에는 교사가 전체 텍스트를 정상 속도로 직접 읽어 주거나, 녹음된 내용을 들려 준다. 다음에는 느린 속도로 학습자들이 받아쓸 수 있게 끊어 읽어 주고는 쓸 시간을 준다. 마지막으로 보통 속도로 다시 읽어주면 학습자들은 쓴 것을 검토하면서 고쳐 완성한다.

그러나 들은 것을 똑같이 받아쓰려면 학습자는 소리를 듣고 자신이 알고 있는 어휘와 문법 구조를 활용해서 문장을 재구성해 내는 복합적인 과정을 거친다. 받아쓰기는 듣기뿐만 아니라 정확한 쓰기 능력 등 종합적인 언어 능력을 요구하는 활동이라서 그만큼 학습자에게는 부담스런 과제가 될 수 있다. 그러므로 듣기 내용 전체를 받아쓰게 하기보다 학습 목표의 초점에 맞추어 부분 받아쓰기를 하거나 딕토글로스(dictogloss) 같은 다양한 방법을 활용하는 것이 좋다.

딕토글로스는 텍스트를 듣거나 교사가 읽어 주는 내용을 받아쓰고, 그 쓴 내용을 기초로 원래의 텍스트를 완성하는 활동이다. 이것은 일반적인 받아쓰기처럼 들리는 것을 그대로 쓰는 것이 아니라 전체 텍스트를 정상적인 속도로 여러 번 듣고, 자신이 듣고 이해한 내용을 기초로 원본 텍스트의 내용을 만들어 내는 것이다. 텍스트의 길이가 긴 경우는, 짝끼리 또는 소집단별로 각자가 들은 내용을 토론하면서 부족한 내용을 보충해 가면서 함께 완성한다.

③ 듣기 후 단계

듣기 후 단계에서는 말하기나 쓰기 활동과 연계된 통합적 활동이 효과적이다. 듣기 후의 말하기 활동으로는 읽은 내용 다시 말하기나 역할극, 다른 결말이나 의견 제시하기 등이 있다. 쓰기 활동으로는 자신의 말로 그 이야기를 다시 쓰게 하거나 요약해 보기, 들은 내용에 대해 자신의 의견 쓰기 등이 있다.

들은 내용 재생하기

들은 내용을 다시 말하거나 쓰게 하면서 그 내용을 재생하는 활동이다. 주어진 어휘나 핵심어로 이루어진 어휘망, 그림 등 단서를 이용해서 내용을 재생시킨다. 학습자들은 듣기 텍스트에 나온 모범 문장을 만들어 써 보면서 새로운 표현과 문법을 익힐 수 있다.

┤ 예시 ├

* 다음 표현들을 이용해 들은 내용을 다시 말해 보십시오.

사라　영화　관심이 많다　영화 보기　취미
마이클　한국 회사　취직하다　한국어　배우다
리에　취미　요리　음식　만들다　나누어 먹다　좋아하다

① 제시된 어휘를 사용하여 들은 내용을 완전한 문장으로 만들어 써 본다.
② 학습자들이 돌아가면서 문장을 만들어 말하고 오류가 있으면 서로 수정한다.

자신의 생각이나 경험과 연결하기

들은 내용에 대해서 학습자 개인의 경험이나 의견을 말하거나 쓰게 하는 활동이다. 자연스러운 의사소통 과정은 대개 듣고 자신의 생각이나 의견을 직접 표현하는 것이므로, 가능한 학습자의 실생활과 밀접한 활동을 준비하는 데 신경을 쓴다.

─┤ 예시 ├──────────────────────────────────

* 여러분은 한국 생활과 한국어 공부를 도와 줄 도우미를 구하고 싶습니다. 그래서 학교 홈페이지에 있
는 도우미 찾기 카페에 자세하게 자기소개 글을 올리려고 합니다. 다음의 메모 내용을 완성하고, 그
내용을 바탕으로 자신을 소개하는 글을 써 보십시오.

```
이름:
나이:
전공:
취미:
성격:
도우미를 찾는 이유:
```

① 들은 대화 내용을 참고로 해서 자기소개글에 들어갈 내용을 메모한다.
② 메모한 내용을 바탕으로 소개글을 쓴다.
③ 학습자들이 쓴 글을 발표하면 교사는 나머지 학습자들과 함께 피드백을 해 준다.

요약하기

들은 내용을 기억하면서 요약하는 활동이다. 들은 내용을 쓰는 것은 학습자들에
게 부담이 되는 과제이므로, 모든 내용을 요약하기보다는 핵심적인 내용만 쓰게 하
는 것이 좋다. 특히 초급의 경우는 다음과 같이 요약한 글의 일부를 채우는 방법을 선
택한다. 듣기 활동보다 긴 글을 쓰는 것 자체가 학습 부담으로 작용할 수도 있기 때
문이다.

* 다음 요약문을 읽으며 빈칸에 들어갈 말을 써 보세요.

> 오늘 나는 학교 앞 옷 가게에 청바지를 _____ 갔어요. 처음에는 주인 아주머니가_____
> 스타일의 바지를 보여 주었지만, 마음에 들지 않았어요. 내가 _____ 스타일의 바지를 사고
> 싶다고 하자 다른 바지를 보여 주었는데 예뻐 보이고 가격도 _____ . 이번 주부터 세일을 시
> 작해서 5만원하는 바지를 _____ 원에 샀어요. 입어 보니까 길이도 딱 _____ 마음에 들
> 었어요. 주인 아주머니도 청바지가 나에게 어울린다고 했어요. 청바지를 입고 거울을 보니까 정
> 말 _____ 보였어요.

① 교사는 들은 내용을 가지고 학습자들과 대화를 하며 요약을 한다.

　　교사　　"나는 오늘 학교 앞 옷가게에 무엇을 사러 갔지요?"

　　학습자　"청바지요."

　　교사　　"어떤 청바지를 사러 갔어요?"

② 각자 요약문을 읽으며 빈칸의 내용을 채운다.

③ 교사와 함께 답을 확인한다.

④ 몇몇 학습자들에게 들은 내용을 요약해 말해 보게 한다.

역할극

　대화 상황을 듣고 들은 내용을 바탕으로 학습자가 텍스트 속의 인물이 되어 역할
극을 해 보는 활동이다. 학습 목표에 따라 들은 내용과 유사하게 할 수도 있고 말하
는 상황과 주제를 중심으로 대화 내용을 창의적으로 바꿀 수도 있다. 역할극은 듣기
텍스트 속에 나타난 구어의 특성 즉 억양, 발음, 속도, 축약, 주저함 등을 자연스럽게
익히는 데 도움이 된다.

① 〈텍스트 1〉의 대화처럼 짝끼리 손님과 점원의 역할을 정한다.

② 짝이 된 학습자들은 무엇을 사러, 어디로 갈지를 의논한다.

③ 짝끼리 상황에 맞는 대화를 의논해서 만들어 써 본다.

④ 교사는 학습자들이 만든 대본을 보고 피드백을 해 준다.

⑤ 짝끼리 실제 상황처럼 재연하며 연습해 본다.

⑥ 몇 팀이 나와 실제로 역할극을 해 본다.

정보 전이 활동

들은 내용을 바탕으로 다른 정보로 가공하여 활용하는 활동이다. 대화 내용을 듣고 메일을 쓰게 할 수도 있으며, 안내 방송을 듣고 안내문을 작성하게 하거나 토론 내용을 듣고 주장하는 글을 쓰게 하는 것이다. 실제 일상생활에서도 우리는 무언가를 듣게 되면 그에 맞는 반응이나 행동을 하게 되는데, 더 자세한 정보를 알기 위해 읽을거리를 찾거나 자신의 의견을 표현하기 위해 글을 쓰거나 기록을 한다.

───[예시]────────────────────────

* 환불 문제로 다투고 있는 고객과 점원의 대화 내용을 바탕으로, 여러분이 그 고객의 입장이 되어 백화점에 환불에 대한 건의 메일을 써 보십시오.

자유 게시판

고객명	
연락처	
제 목	
내용	

① 게시판 그림의 복사물에 건의 메일을 쓴다.

② 소집단 내에서 각자가 쓴 건의 메일을 읽고, 돌아가며 답글이나 댓글을 쓴다.

③ 소집단 내의 발표를 맡은 학습자가 건의 메일과 좋은 댓글로 뽑힌 내용을 발표한다.

제7장 말하기

말하기는 음성언어로 이루어지는 의사소통 방법으로, 듣기와 함께 실생활 언어의 70% 이상을 차지하는 중요한 언어 기능이다. 자신의 생각을 표현하고 전달하는 말하기 능력은 외국어를 학습하고 구사하는 데 매우 중요하다. 말하기 능력은 상대방의 언어 능력을 가늠해 보는 첫 번째 기준이 되는 경우가 많다. 학습자 스스로도 자신의 언어 능력을 측정할 때 말하기 능력을 기준으로 삼는 경우가 많다. 따라서 학습자에게 언어 학습의 동기를 불러일으키기 위해서도 말하기는 매우 중요한 언어 기능이라고 할 수 있다.

말하기는 어휘, 문법 수업의 한 부분으로 연습할 수도 있고, 말하기 능력 향상만을 위한 독립된 수업으로 따로 연습할 수도 있다. 말하기를 목적으로 하는 수업은 어휘, 문법 수업에서의 말하기 연습과 달리 수업의 중심이 말하기를 연습하고 향상시키려는 데에 있다. 이 장에서는 말하기 능력 향상을 목적으로 하는 말하기 수업을 전-중-후 세 단계로 나누어 어떻게 구성하고 진행할지에 대해 살펴보도록 한다.

말하기 수업을 진행할 때 교사들은 다음과 같은 사항들을 염두에 두어야 한다.

- 말하기 활동은 통제된 활동부터 시작하여 유도된 활동을 거쳐 점차 자유로운 활동 쪽으로 옮겨간다.
- 학습자가 자신의 이야기를 하는 유의미한 활동을 구성해 연습 내용을 개인화시켜야 한다.
- 교사는 활동의 내용과 방법을 쉽고 자세하게 설명해 학습자들이 활동을 수행하는 데 문제가 없어야 한다.
- 연습 활동의 시간을 제한하지 않으면 학습자가 정확한 발화를 하는 데에 도움이 되고, 시간을 제한하면 유창한 발화에 도움이 된다.

① 말하기 전 단계

말하기 능력 향상을 목적으로 하는 수업에서는 새로운 언어를 도입하는 것이 아니라 학습자들이 이미 알고 있는 언어를 사용해 말하기 연습을 한다. 따라서 교사들은 수업에 사용할 어휘, 문법, 언어기능 등을 미리 살펴 이미 학습자들이 배워서 알고 있는 것인지 확인해 둔다.

말하기 전 단계에서 할 일은 그 시간 수업의 주제를 제시하고 관련된 내용이나 어휘, 문법 항목 등의 스키마(schema)를 형성하는 것이다. 스키마를 활성화시키기 위해 다음과 같은 방법을 이용할 수 있다.

시각 자료 보고 추측하기

교재의 삽화나 그림, 사진 자료 등의 시각 자료를 보면서 수업의 주제나 그 내용을 추측하는 활동이다. 주제를 추측하며 주제와 관련해 오늘 수업에서 사용할 표현이나 어휘 등도 예상해 보며 자유롭게 이야기를 나눈다.

예시

① 교사는 그림을 제시하고 학습자들에게 그림과 관련된 질문을 하면서 주제를 도입한다.

  교사 "여기는 어디입니까? 사람들의 기분이 어떻습니까? 이유는 무엇입니까?"

  교사 "사람들이 많은 장소에서는 어떻게 해야 합니까?"

주제와 관련된 질문하기

교사가 주제와 관련된 몇 가지 질문을 학습자들에게 한다. 교사의 질문에 대답하면서 학습자들은 오늘 수업의 주제가 무엇인지 생각해 본다.

예시

① 교사는 주제를 암시하기 위해 여러 질문을 학습자들에게 한다.

  교사 "새로 집을 구한다면 어떤 집에서 살고 싶어요?"

    "하숙을 하는 게 좋아요, 자취를 하는 게 좋아요?"

    "위치는 어디였으면 좋겠어요?"

    "가격은 어느 정도이면 좋겠어요?"

② 학습자들은 질문에 대답을 하면서 오늘의 주제가 '집 찾기'라는 것을 알게 된다.

자유연상하기(brainstorming)

교사가 주제를 제시하고 학습자들은 수업의 주제와 관련하여 떠오르는 생각과 어휘, 표현 등을 자유롭게 이야기한다. 교사는 학습자들이 말하는 것을 모두 칠판에 적어 공유하도록 한다. 여러 학습자들의 의견을 칠판에 적으면서 주제와 관련해 오늘 이야기할 내용이나 표현에 대해 대략적으로 감을 잡을 수 있게 된다.

─┤ 예시 ├────────────────────────────────

① 교사가 수업의 주제를 제시한다.

　　교사 "이번 시간에는 '기숙사 생활'에 대해 이야기해 볼 거예요. '기숙사 생활' 하면 뭐가 생각이 나요?
　　　　　생각나는 것은 무엇이든지 이야기해 봅시다."

② 학습자들은 생각나는 것은 무엇이든지 자유롭게 이야기하고, 교사는 학습자가 이야기하는 것을 칠판에 정리해 쓴다.

관련 어휘와 표현 제시하기

수업의 주제와 관련해 말하기 활동에서 사용될 관련 어휘와 표현, 문법 항목들을 제시하고 간단히 정리하는 시간을 갖는다. 이때 제시하는 어휘 항목들은 새롭게 배울 내용이 아니고 이미 학습자들이 익혀서 알고 있는 내용을 오늘 수업의 활동에 맞게 말하기 전에 다시 떠올려 보고 정리해 보는 것이다.

② 말하기 단계

본격적으로 수업의 주제와 관련된 활동을 하면서 말하기를 연습하는 단계이다. 말하기를 연습할 때는 짝 활동 또는 소집단 활동을 하게 되는데, 이는 수업에 참여하는 학습자 모두에게 최대한의 말하기 연습 기회를 주기 위해서이다. 교사는 활동을 시작하기 전에 학습자들에게 활동의 내용과 방법을 쉽고 자세하게 설명해 이해시키고, 활동 중에는 학습자들의 발화와 참여 태도, 활동 내용 등을 주의 깊게 관찰하고 필요할 때는 언제든지 도움을 줄 수 있어야 한다.

수업은 단순한 것부터 시작해 점차 복잡한 것으로 여러 연습을 단계적으로 구성해 실행하는데, 먼저 기계적이고 반복적인 통제된 연습부터 시작하여 조금은 덜 통제되고 유도된 활동을 거쳐 점차 자유롭게 의사소통할 수 있는 활동으로 옮겨 간다.

다음에서는 여러 가지 말하기 연습 방법들을 살펴볼 것인데, 각각의 활동은 학습자들이 참여할 부분을 얼마나 열어 놓는가에 따라 통제적일 수도 있고 덜 통제적일 수도 있다. 활동들은 단순하고 쉬운 것부터 복잡한 것의 순서로 살펴볼 것이며, 각각의 활동을 덜 통제되고 자유로운 활동으로 만드는 방법을 함께 제시하기로 한다.

대화문 읽기

말하기 수업에서 가장 기본이 되는 전통적인 연습 방법은 모범이 되는 대화문을 읽고 연습하는 것이다. 학습자들이 짝을 지어 서로 역할을 바꿔 가며 반복해서 읽기 연습을 하면 대화문을 입에 익숙해지게 만드는 효과가 있다. 그리고 대화문 읽기는 나중에 비슷한 내용으로 자유로운 대화문을 구성하기 위한 기초 활동이 된다. 대화문을 읽을 때의 방법은 아래와 같이 여러 형태로 구성할 수 있는데, 필요에 따라 한두 단계는 생략할 수 있다.

〈대화문〉

> 가: 마이클 씨, 밖에 눈이 와요.
> 나: 와, 그렇군요. 아름다워요.
> 가: 캐나다에도 눈이 많이 오지요?
> 나: 네, 많이 와요. 저는 겨울이 참 좋아요.
> 가: 겨울이 왜 좋아요?
>   :

① 교사가 '역할 가'를 읽는다. – 학습자 A가 '역할 나'를 읽는다.
② 학습자 B가 '역할 가'를 읽는다. – 교사가 '역할 나'를 읽는다.
③ 학습자 C가 '역할 가'를 읽는다. – 학습자 D가 '역할 나'를 읽는다.

   (학습자 C와 D는 대화문을 전체 학습자 앞에서 읽는다. 이것이 학습자에게 부담스럽다면 학습자 전체
   를 두 집단으로 나누어 각 소집단이 하나의 역할을 맡아 함께 읽을 수 있다.)
④ 학습자들이 두 명씩 짝을 지어 '역할 가'와 '역할 나'를 맡아 읽는다. 읽은 후에는 두 명이 역할을 바꾸
   어 다시 읽는다.
⑤ 몇 팀이 나와서 전체 앞에서 대화문을 읽도록 한다.

위의 ①, ②에서 교사와 같이 대화문을 읽을 사람과 ③에서 시범을 보일 사람은 자신감이 있는 학습자를 지목해 다른 학습자들은 이들이 하는 것을 보고 준비할 수 있도록 한다. 말하기에 자신감이 없는 학습자를 먼저 시키면 당황하거나 부끄러움을 느껴 부정적인 영향을 줄 수 있다. ④와 같이 짝 활동으로 학급 전체가 동시에 읽기 연습을 할 때 교사는 교실을 돌아다니며 대화문 연습이 잘 되고 있는지 모니터를 한다.

대화문 외우기

칠판이나 프로젝터 등을 통해 제시한 대화문을 반 전체가 함께 보면서 읽기 연습을 한다. 먼저 전체 대화문을 함께 읽고 그 후에 교사가 대화문의 한 구절이나 한 줄을 지운 후 학습자들이 지워진 부분을 기억해 대화문을 읽는다. 다시 교사가 한 줄

을 더 지우고 학습자들이 함께 완전한 대화문을 기억해 읽는 과정을 반복해 나간다. 마지막으로 모든 대화문이 지워졌을 때에는 학습자들 모두가 대화문을 완전히 외우게 될 것이다.

---

① 교사가 다음 대화문을 칠판에 쓴다.

> 가: 이번 주말에 같이 영화 보러 갈래요?
> 나: 아, 좋아요. 무슨 영화를 볼까요?
> 가: 여름이니까 무서운 영화 어때요?
> 나: 재미있겠는데요. 두 시쯤 만날까요?
> 가: 그래요. 영화 보고 같이 저녁도 먹어요.

② 모든 학습자들이 함께 대화문을 읽는다.
③ 교사가 대화문의 한 문장을 지운 후 학습자들은 지운 부분을 기억해 대화문 전체를 읽는다.

> 가: _____
> 나: 아, 좋아요. 무슨 영화를 볼까요?
> ⋮

④ 교사가 한 문장을 더 지우고 학습자들은 전체 대화문을 읽는다.
⑤ 이 과정을 반복하여 마지막에는 전체 대화문을 다 지우고 완전히 외워서 대화문을 읽는다.

대화문 바꾸기

모범이 되는 대화문의 내용을 일부 바꾸어 말해 보는 연습이다. 조금씩 다른 내용으로 대화문을 바꿔 보는 연습을 통해 대화문의 내용이 입에 익숙해지고, 조금씩 달라지는 상황에 맞추어 응용할 수 있는 능력을 길러 준다. 교사가 말하기에 자신감 있는 학습자 한 명과 함께 먼저 시범을 보인 후에 짝 활동으로 대화문을 바꾸어 보게 한다.

한 단계 더 나아가면 바꿔야 하는 구체적인 내용 제시보다는 '옷 가게'에서의 물건

사기 대화문을 '신발 가게'에서의 물건 사기로 바꾸는 식으로 상황만 바꾸어 제시해 학습자가 좀더 자유롭게 대화문을 교체하도록 이끈다.

예시

① 모범이 되는 대화문을 읽고 익힌다.
② 대화문의 밑줄 친 해당 부분에 제시된 내용을 바꿔 넣어 대화 연습을 한다. 먼저 교사가 학습자 A와 함께 어떻게 하는지 시범을 보인다.

　　가: "어디가 아프세요?"
　　나: "배가 아프고, 설사를 합니다."
　　가: "언제부터 설사를 하기 시작했어요?"
　　나: "어제 저녁 식사 후부터요."
　　가: "배탈이 난 것 같아요."
　　　　"찬 음식을 먹지 말고 약을 드세요."

-배가 아프고 설사를 하다 -어제 저녁 식사 후 -배탈이 나다	-기침이 나고 콧물이 흐르다 -오늘 아침 -감기에 걸리다	-눈이 아프고 빨갛다 -어제 수영장 다녀온 후 -눈병이 나다

③ 두 명씩 짝을 지어 대화문의 내용을 바꾸어 대화 연습을 한다.

　　가: "어디가 아프세요?"
　　나: "기침이 나고 콧물이 흐릅니다."
　　가: "언제부터 기침이 나기 시작했어요?"
　　나: "오늘 아침부터요."
　　가: "감기에 걸리셨네요.
　　　　찬 음식을 먹지 말고 푹 쉬세요. 그리고 이 약을 드세요."

④ 팀 별로 연습이 끝나면 몇 팀이 앞에 나와 전체 앞에서 바꾼 대화문을 읽어 본다.
⑤ 여기서 한 단계 더 나아가면 제시된 내용에 상관없이 학습자 스스로 대화문의 내용을 자유롭게 바꿔 보도록 한다.

대화 개요를 이용한 대화 연습하기(cued dialogue)

앞에서 했던 연습과 달리 완성된 대화문을 주는 것이 아니라 대화문을 만들 개요만을 제시하여 학습자들이 직접 대화문을 만들어 보는 연습이다. 교사는 연습할 대화문의 개요를 4~6줄 정도 칠판에 쓴다. 대화가 어떻게 진행되는지 개요만 줘서 학습자들이 그것을 보고 짝과 함께 대화문을 만들어 대화 연습을 하도록 하는 것이다.

예시

① 교사는 칠판에 다음의 단서를 쓴다.

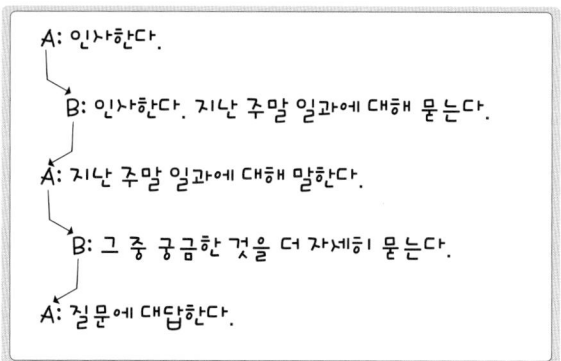

② 학습자들은 두 명씩 짝을 지어 단서를 보고 자유롭게 대화문을 만들어 본다.

다음과 같은 대화문이 만들어질 수 있다.

A: "안녕하세요?"

B: "주말 잘 지냈어요? 뭐하고 지냈어요?"

A: "토요일에는 집에서 쉬었어요. 일요일 오후에는 야구 경기를 보러 갔어요."

B: "그래요? 재미있었어요? 누구랑 보러 갔어요?"

A: "가족들이랑 갔는데, 정말 재미있었어요."

③ 각 팀별로 대화 연습이 끝나면 몇 팀이 앞에 나와 전체 학습자 앞에서 시범을 보인다.

목록 이용해 이야기하기

질문과 대답으로 구성된 간단한 대화문을 제시된 단어 목록이나 그림 목록을 이용해 반복적으로 말하는 연습을 하는 것이다. 보통 짝을 지어 연습하는데, 서로 질문과 대답을 바꾸어 가며 연습을 하도록 해서 한 사람이 질문만 연습하거나 대답만 연습하지 않도록 주의한다. 목록은 교사가 제시할 수도 있고, 학습자들과 함께 만들어서 이용할 수도 있다.

예시

① 연습할 대화문과 목록을 제시하고 시범을 보인다.

> 책 커피 그림 텔레비전 음악 피아노 농구 ……

질문 "책 읽는 것을 좋아하세요?"
대답 -"네, 책 읽는 것을 좋아해요."
　　 -"아니요, 책 읽는 것을 좋아하지 않아요/안 좋아해요."

② 학습자들이 짝을 지어 목록을 이용해 서로 질문하고 대답한다.
③ 학습자들의 연습이 끝나면 몇 팀을 지목해 대화문을 말해 보게 한다.

제시된 목록 연습이 끝난 후에 학습자들 스스로 자신이 묻고 싶은 것의 목록을 만들어 자유롭게 질문하고 대답하게 하면 좀 덜 통제된 연습을 할 수 있다.

표를 이용한 말하기

제시된 표를 이용해 짝과 함께 주어진 질문을 하고 대답하는 연습을 한다. 이때 완성된 표를 제시해 표의 내용 그대로 질문하고 대답하게 하면 통제된 활동이 된다.

예시

① 연습할 대화문과 표를 제시하고 시범을 보인다.

	제임스	왕영	유키
수영/하다	O	X	O
자전거/타다	O	O	X
탁구/치다	X	X	O
농구/하다	X	O	X

질문 "제임스 씨, 수영할 수 있어요?"
대답 "네, 수영할 수 있어요."

② 학습자들이 짝을 지어 표를 이용해 서로 질문하고 대답한다.
③ 학습자들의 연습이 끝나면 몇 팀을 지목해 대화문을 말해 보게 한다.

이 연습을 확장하여 유도된 활동으로 만들려면 완성되지 않은 표를 제시하여 학습자들이 스스로 표를 완성하게 한다. 동료 학습자들에게 서로 질문을 하여 들은 대답을 가지고 직접 표를 완성하는 것이다.

───(예시)────────────────────────────────

	친구 1 ___마이클___	친구 2 _____	친구 3 _____
수영/하다			
자전거/타다			
탁구/치다			
농구/하다			

왕영   "마이클 씨는 수영할 수 있어요?"
마이클   "아니요, 수영할 수 없어요. 그렇지만 자전거는 탈 수 있어요."

여기에서 질문의 내용까지도 자신이 묻고 싶은 것을 마음대로 묻고 답하게 하면 더욱 자유로운 연습으로 나아가게 된다.

반복 질문을 통한 인터뷰하기(milling activity)

학습자들 각자가 간단한 질문을 만들어 학급 전체 학습자들을 한 명씩 만나 질문하고 대답을 들어 기록한 후, 그 결과를 발표하는 활동이다. 같은 질문을 반복하면서 입에 완전히 익숙해지게 될 뿐만 아니라 활동의 마지막에는 질문한 결과를 발표해야 하기 때문에 상대방의 대답을 귀 기울여 듣게 되고, 학습자들 개인의 실제 이야기를 하는 것이기 때문에 유의미한 활동이 된다. 학급의 인원수가 너무 많아 시간이 많이 걸린다면 두세 집단으로 나누어 각 소집단 안에서 실행할 수도 있다.

① 교사가 '_____아/어 본 적이 있어요?'라는 표현을 제시한다.

② 학습자들 각자가 제시된 표현을 사용해 아래처럼 2~3개의 질문을 만든다.

"미국에 가 본 적이 있어요?"

"스키를 타 본 적이 있어요?"

③ 학습자들은 교실을 돌아다니며 다른 학습자들을 일대일로 만나 자신이 만든 질문을 하고 대답을 들어 기록한다.

질문	왕영	친구 2	친구 3	친구 4
미국에 가 본 적 있어요?	없다			
스키를 타 본 적 있어요?	있다			
⋮	⋮			
⋮	⋮			

④ 학습자들은 조사가 끝난 후 조사 결과에 대해 다음과 같이 발표한다.

"왕영 씨는 미국에 가 본 적이 없습니다. 그러나 스키를 타 본 적은 있습니다."

이 활동을 좀 더 발전시켜 여러 유형의 확장된 질문을 추가하면 보다 제대로 틀을 갖춘 본격적인 인터뷰 활동이 된다. 질문을 하고 대답을 들으면서 의사소통을 연습하게 되고, 조사한 결과를 정리하여 발표하는 연습으로 이어진다.

① 교사가 '_____아/어 본 적이 있어요?' 라는 표현을 제시하고 학습자들은 이 표현을 이용한 질문을 만든다.

② 교사는 다음의 예를 제시하면서 학습자들 자신이 만든 질문과 관련해 더 물어볼 질문을 만들어 보게 한다.

"미국에 가 본 적이 있어요?"

"언제 갔어요?"

"거기에서 무엇을 했어요?"

"미국 사람들은 어땠어요?"

③ 학습자들은 교실을 돌아다니며 학습자들을 일대일로 만나 자신이 만든 질문을 하고 대답을 들어 기록한다.

④ 활동이 끝난 후 학습자들이 자신의 조사 결과에 대해 발표한다.

협상하기

일정표나 계획표, 단어나 표현의 목록, 사건의 개요, 그림 등을 제시하고 학습자들이 함께 협상을 통하여 활동이 원하는 결과를 도출해 내는 활동이다. 하나의 결과를 만들어 내기 위해 서로 의견을 나누고 협상을 하는 과정에서 많은 말하기 연습을 하게 된다.

흔히 많이 하는 활동 중에 각자의 일정표를 가지고 서로 의논하여 약속을 정하는 활동이 있다. 주로 짝 활동으로 이루어지는데, 일정표는 하루, 일주일, 한 달 단위 등 여러 가지로 활용할 수 있다. 교사가 미리 일정표를 만들어 줄 수도 있고 학습자들이 직접 일정표를 만들어 이야기하게 할 수도 있다. 서로 협상하여 만날 수 있는 시간을 찾은 후, 어디에서 만날지, 무엇을 할지 등도 의논할 수 있다.

─[예시]─

① 학습자들이 두 명씩 짝을 지은 후 학습자에게 일정표 A와 일정표 B를 각각 나누어 준다.

· 일정표 A

월	화	수	목	금	토	일
	병원			수영장	병원	

· 일정표 B

월	화	수	목	금	토	일
	학교 수업	학교 수업			영화	교회

② 학습자들은 자신이 가진 일정표를 보고 어느 요일에 만날 수 있는지 묻고 대답해서 약속을 정한다.

③ 어디에서 만나서 무엇을 할 것인지 구체적인 약속을 정한다.

④ 학습자들의 활동이 끝난 후 몇 팀이 앞에 나와서 연습했던 것을 재연하고 교사는 피드백을 해 준다.

여기서 학습자들 자신의 실생활을 이용하여 좀 더 자유로운 단계로 나아갈 수도 있다. 위와 달리 비어 있는 일정표를 줘서 학습자 자신의 한 주일 일정을 먼저 적게 한 후, 그것을 바탕으로 서로 협상을 통해 약속을 정하는 것이다.

협상을 통해 순서를 정하는 활동을 할 수도 있다. 음식이나 운동 등 특정 주제의 단어 목록을 칠판에 쓴 후, 학습자들 각자가 자신이 좋아하는 순서대로 목록을 재배열한다. 그런 후, 짝과 함께 협의해서 목록의 순서를 다시 배열해 하나로 만든다. 다시 3~4명이 소집단을 이루어 서로 협의하여 새롭게 순서를 정한 목록을 만들어낼 수도 있다. 좋아하는 게 아니라 싫어하는 것의 순서나 어떤 특별한 상황에 필요한 물건부터 순서 정하기 등 여러 가지로 응용할 수 있다. 이 활동에 능숙하고 우수한 학습자들이라면 주제와 그 목록부터 학습자들 스스로 의논해 결정하도록 할 수도 있다.

예시

① 교사는 다음 단어 목록을 제시하고 건강에 좋다고 생각하는 대로 순서를 정하게 한다. 이때 학습자들이 모르는 단어가 없는지 점검한다.

> 사과, 소고기, 초콜릿, 땅콩, 삼겹살, 김치
> 양파, 햄버거, 된장찌개, 아이스크림

② 학습자들 각자가 건강에 좋다고 생각하는 순서대로 나열한다.

③ 짝을 지어 자신의 순서와 짝의 순서를 비교해 순서를 다시 정한다.

④ 짝을 이룬 두 팀이 다시 소집단을 구성한 후 서로 의논해 순서를 다시 정한다.

⑤ 각 소집단의 대표가 자기 팀의 최종 순서와 그렇게 정한 이유를 함께 발표한다.

정보 차 활동(information gap activity)

'정보 차 활동(information gap activity)'이란 서로 다른 정보를 가지고 있는 두 사람이 서로 대화를 통해 협력해서 하나의 과제를 완성하는 활동이다. 그림이나 표, 텍스트 자료 등 다양한 자료를 사용할 수 있는데, 비슷하지만 차이를 가지고 있는 그림을 이용하는 경우가 많다.

차이가 있는 그림을 가진 두 학습자가 짝을 지어 서로 질문하고 대답하면서 그림 속의 다른 점을 찾아낸다. 모든 차이점을 다 찾을 때까지 시간을 줄 수도 있고, 시간을 제한해 놓고 어느 팀이 가장 많은 차이점을 찾았는지 확인해 작은 보상을 할 수도 있다. 그림은 학습자 수에 맞추어 교사가 수업 전에 미리 준비해 둔다. 만약 학습자 수에 맞추어 그림을 준비하기가 힘든 환경이라면 큰 그림을 두 장 준비해 마주보는 벽에 붙여 놓고 두 명씩 짝지어 각각 다른 방향의 벽을 바라보게 앉도록 해서 진행할 수도 있다.

┤ 예시 ├──────────────────────────────

〈그림 1〉 　　　　　　　　　　〈그림 2〉

① 학습자 두 명씩 짝을 짓고 각자 〈그림 1〉과 〈그림 2〉를 나누어 갖는다.
② 자신의 그림을 보며 자신의 짝에게 질문과 대답을 하여 그림의 차이점을 찾아서 표시 한다.
③ 모두 활동이 끝나고 나면 한 팀씩 돌아가며 찾아낸 차이점을 이야기하고 교사는 제대로 이야기했는지 확인한다.
④ 가장 많은 차이점을 정확하게 발견한 팀에게 작은 보상을 한다.

이야기 조각 맞추기(jigsaw activity)

이야기 조각 맞추기는 직소(jigsaw) 활동의 한 종류로, 각자가 가진 정보를 모두 합치면 하나의 완성된 정보를 구성할 수 있는 활동이다. 완성된 정보를 구성하기 위해 자신이 가진 정보를 완전히 이해하고 상대방과 공유해야 하며, 이를 위해 서로 협력하고 의사소통을 해야 하므로 말하기 연습을 하는 데 효과적이다. 주로 소집단 활동으로 이루어지며 그림을 활용하는 경우가 많다. 교사는 수업 전에 미리 학생 수에 맞추어 활동에 필요한 그림을 준비해 놓는다.

예시

〈그림 1〉　　　　　　　〈그림 2〉

〈그림 3〉　　　　　　　〈그림 4〉

① 학급 전체를 네 개의 소집단으로 나눈 후 각 집단에 그림을 한 장씩 준다.
② 구성원들끼리 의논하여 그림 속의 상황을 묘사하도록 한다.
③ 네 개의 집단에서 각각 한 명씩 다시 모여 총 4명이 하나의 소집단을 이루도록 소집단을 다시 구성한다.
④ 다시 구성된 소집단에서 각자 돌아가며 자신이 봤던 그림의 상황을 서로에게 설명하고 함께 의논해 그림의 순서를 정하게 한다.

스토리텔링(storytelling)

학습자들이 함께 협동하여 이야기를 만들어 내는 활동이다. 소집단으로 또는 학급 전체가 함께 활동할 수 있다. 교사가 이야기의 주제나 등장 인물, 핵심 단어 몇 개 등을 제시하면 학습자들이 돌아가며 한 명씩 또는 함께 의논하고 협력해서 전체 이야기를 완성해 나간다. 처음에는 이야기의 중심 사건이나 간단한 이야기 틀을 제공하여 이야기를 구성하기 쉽게 유도하고, 이 활동에 익숙해지고 단계가 올라가면 교사가 제시하는 내용을 줄여 학습자들이 보다 자유롭게 이야기를 구성하도록 이끈다.

예시

① 교사는 아래와 같이 칠판에 이야기의 주제를 쓰고 주제에 대해 떠오르는 생각을 학습자들과 함께 이야기한다.

> '운이 좋은 날'

② 이야기를 만드는 데 사용할 단어 목록을 칠판에 쓰거나 단어 카드를 통해 제시한다.

> 늦잠   버스   소나기   지갑   긴 머리 여자

③ 더 추가하고 싶은 단어가 있는지 학습자들과 이야기를 해서 목록에 추가한다.
④ 소집단을 구성하여 학습자들이 제시된 단어를 하나씩 사용하면서 앞 사람의 이야기에 이어서 이야기를 만들어 나간다. 소집단별로 하나의 이야기를 만들어 내는 것이므로 서로 더 재미있고 자연스럽게 이야기가 연결되어 나가도록 협력한다.
⑤ 소집단 활동이 끝나면 완성된 이야기를 반 전체 앞에서 발표한다.

역할극

역할극은 학습자들이 제시된 상황과 역할에 맞게 자유롭게 대화문을 구성해 보는 것으로, 말하기 수업에서는 자주 사용되는 방법이다. 역할극을 잘 해 내도록 하기 위해서는 단순히 상황과 역할만을 제시하는 것이 아니라 몇 가지 단계를 거치는 것이 필요하다. 물건사기, 영화관에서, 식당에서, 유실물 센터에서 등 여러 상황에서 거의

고정적으로 사용되는 표현들이 있기 때문에 그 표현들을 먼저 제시하여 익히고 연습한 후 상황에 맞는 역할극을 구성해 보도록 하는 것이 좋다. 필요한 표현들을 단순히 제시만 하는 것보다는 표현들을 순서에 맞지 않게 무작위로 섞어서 제시해 학습자들이 직접 알맞은 순서를 정하는 의미 구성 활동을 해 보는 것도 좋다.

예시

① 교사가 '옷 가게에서'라는 역할극의 상황과 아래의 표현들을 제시하고 학습자들과 함께 순서를 정한다.

> ※ 옷 가게에서 옷을 살 때 자주 나오는 표현입니다. 다음 표현들의 순서를 정해 보십시오.
>
> ⓐ 네, 여기 있습니다
> ⓑ 빨간색, 파란색 두 종류가 있습니다
> ⓒ 파란색으로 하나 주세요.
> ⓓ 어서 오세요. 무엇을 찾으세요?
> ⓔ 너무 크네요. 좀 더 작은 건 없어요?
> ⓕ 어떤 색깔이 있어요?
> ⓖ 5만 원입니다.
> ⓗ 이 티셔츠는 한 장에 얼마예요?
> ⓘ 어머, 너무 비싸요.
> ⓙ 좋아요. 그럼 4만 5천 원만 주세요.

② 옷 가게에서 사용할 수 있는 다른 표현을 더 생각해서 이야기하고 교사는 칠판에 정리해 준다.

③ 학습자들이 짝을 지어 제시된 다음의 역할을 나누어 역할극을 한다.

> A: 옷 가게 점원입니다. 손님이 원하는 옷을 파세요.
> B: 옷을 사러 온 손님입니다. 자신이 원하는 옷을 사세요.

④ 활동이 끝나면 몇 팀이 앞에 나와 연습한 역할극을 시연해 보인다.

⑤ 교사는 학습자들이 사용한 좋은 표현이나 잘못된 것을 메모해 학급 전체에 피드백을 해 준다.

③ 말하기 후 단계

    말하기 활동을 정리하고 다른 기능으로 확장하는 단계이다. 교사가 기록해 놓은 오류 중 학습자 전반에 나타나고 중요하다고 생각되는 오류는 이 단계에서 상기시키고 수정해 줄 수 있다. 또한 활동을 통해 학습자들에게 부족한 것으로 생각되는 문법이나 기능들이 있으면, 그 부분만 집중적으로 다시 한 번 정리할 수도 있다.

    말하기 후 단계에서 중요하게 다루는 활동 중 하나는 다른 언어 기능으로의 확장인데, 말하기 주제와 관련한 듣기 자료를 듣거나 읽기 자료를 읽고 내용을 파악한다든지, 말하기 활동에서 한 내용들을 정리해 글로 써 보는 등의 활동으로 연계할 수 있다.

예시

① 말하기 단계에서 친구들과 서로 소개하는 표현을 연습하였을 때, 말하기 후 단계에서는 그 친구를 소개하는 내용을 글로 써 보게 한다.

> _____씨를 소개합니다. _____씨는
>
> _____
>
> _____
>
> _____
>
> _____
>
> _____

② 교사는 학습자들이 제대로 썼는지 확인하고, 몇몇의 학습자들은 자신이 쓴 내용을 발표한다.

〈 프로젝트 수행하기 〉

　중급 후반 또는 고급 단계에서의 말하기는 유창하게 자신의 의견을 자유롭게 구사하는 것을 목표로 수업을 구성하게 된다. 따라서 이 단계에서는 작은 활동들을 통한 연습보다는 일련의 조사와 준비 단계를 거쳐 발화를 준비하는 프로젝트 수업을 하는 경우가 많은데, 이때 많이 이용하는 활동은 토론하기, 설문 조사하기, 발표하기 등이 있다.

　프로젝트 수업은 최종 결과물을 내놓기까지의 준비 과정이 단계적으로 조직되어야 하며 소집단 활동으로 진행되기 때문에 각 단계에서 구성원들 사이에 활발하게 의사 교환을 할 기회를 많이 갖게 된다. 프로젝트 수업도 단계적 지도가 필요한데, 프로젝트의 가능성을 검토하고 주제를 정하고 대략적인 계획을 세우는 전 단계, 수립된 계획을 바탕으로 본격적인 실행을 하는 본 단계, 프로젝트의 결과물을 공유하고 평가하고 전 과정을 다시 검토해 보는 후 단계로 구성할 수 있다.

　아래에서는 여러 프로젝트 활동 중 '설문 조사하기'의 경우를 단계별로 살펴보기로 한다.

설문 조사하기

　정해진 주제에 적합한 질문 목록을 작성해 설문 조사를 하고 그 결과를 정리해 발표하는 활동이다. 소집단을 구성해 조사할 주제에 적합한 질문 목록을 함께 정하고 설문지를 만든 후 다른 학습자들을 만나 조사하고 그 결과를 기록, 정리해 발표하기의 순서로 진행된다. 주제는 교사가 몇 가지 제시한 것 중에서 고를 수도 있고, 학습자들이 함께 의논해 자유롭게 정할 수도 있다. 교실 밖으로 나가는 것이 불가능하다면 같은 학급의 학습자들을 상대로 조사할 수도 있지만, 교실 밖으로 나가 다양한 사람을 만나 설문 조사를 하는 것이 더 효과적이다. 교사는 모든 과정이 진행되는 동안 각 소집단을 돌아다니며 원활하게 진행되는지 모니터하고 도움이 필요한 집단에는 언제든지 도움을 주도록 한다.

1단계: 주제 정하기

　주제를 정한다. 교사가 몇 가지 주제를 제시해 학습자들과 관련된 이야기를 할 수도 있고, 학습자들이 협의해 원하는 주제를 자유롭게 결정할 수도 있다. 스키마 활성화를 위해 교사가 준비한 질문을 통해 자유롭게 생각나는 의견들을 이야기하거나 미리 주제와 관련된 읽기 자료 등을 읽고 와서 함께 이야기를 나누며 구체적인 주제를 정할 수도 있다.

2단계: 계획 수립과 자료 수집

　주제가 선정된 후에는 준비할 사항, 각 구성원의 역할, 필요한 자료 수집, 각자 몇 명씩 어떤 방법으로 조사할 것인지 등에 대해 의논해 계획을 세운다. 그리고 수립된 계획에 따라 자료를 수집하고, 준비해 온 자료를 바탕으로 함께 의논해 어떤 질문을 할지 질문 목록을 정하고 설문지를 작성한다.

3단계: 설문 조사와 정리

　작성된 설문지와 미리 계획했던 절차에 따라 조사 활동을 시작한다. 조사가 끝난 후 자신의 소집단으로 돌아와 자신이 조사한 것의 결과를 소집단원들에게 이야기하고 전체 조사 결과를 정리한다.

4단계: 보고서 작성하기

전체 학습자 앞에서 조사한 결과를 발표할 준비를 한다. 보고서를 작성하고 프리젠테이션에 적절하게 표나 그래프 등을 만든다. 보고서를 작성하기에 앞서서 교사가 발표에 필요한 담화 표지 등을 제시하고 익히는 시간을 갖는 것이 좋다. 담화 표지는 다음과 같은 것이 있다.

〈담화 표지〉

저희 팀에서는 -에 대한 발표를 준비하였습니다.

저희 팀이 발표할 내용은 -에 대한 것입니다.

A, B, C로 나누어 발표하겠습니다.

A, B, C의 순서로 발표하겠습니다.

첫째, 둘째, 셋째~

먼저, 다음으로, 그리고 마지막으로~

-에 의하면 -다고 합니다.

-은/는 -다는 점에서 중요합니다.

지금까지의 내용을 간단히 요약하면~

지금까지의 이야기를 종합해서 말하면~

5단계: 발표하기

발표 준비가 끝나면 어떻게 발표할 것인지도 함께 결정하는데, 예를 들어 한 사람은 조사 주제와 어떻게 조사를 했는지 설명하고, 다른 사람은 어떤 질문을 사용했는지 설명하고, 또 다른 사람은 조사 내용을 발표하는 식이다. 전체 앞에서 발표하기에 앞서 소집단원들끼리 모의 발표를 해서 발표 내용을 첨가, 삭제하는 등 수정하는 시간을 갖는 것이 좋다. 발표 후 받게 될 질문에 대해서도 미리 예상을 하여 준비를 한다. 그런 후 소집단별로 돌아가며 전체 앞에서 발표를 한다. 발표를 듣는 학습자들은 발표 내용에 대해 궁금한 것은 메모했다가 질문한다.

6단계: 평가 및 피드백

마무리하고 평가하는 단계이다. 각 소집단의 발표에 대해 어떤 점이 좋았고 어떤 점을 고치면 좋겠는지 학습자들과 함께 이야기를 하고 교사가 학습자들의 전체 활동에 평가를 해 준다. 동료 학습자들과 교사의 평가는 다음 프로젝트 수업에 반영하도록 한다.

제8장 읽기

의사소통 중심의 언어 교육에서는 말하기 교육에 초점을 두기 쉽다. 그러나 의사소통은 말로서만 이루어지는 것은 아니다. 우리의 생활은 실제로 기사, 안내문, 간판, 편지 등 문자를 이용하여 의사소통을 하는 경우도 많다. 또한 언어 교육에서 읽기 능력은 말하기나 쓰기 능력 향상에 상호 보완적인 역할을 한다. 모어 화자가 필요한 정보나 지식을 문자언어를 통해 얻고 넓혀 가듯 언어 학습자들도 다양한 주제나 종류의 읽기 자료를 통해서 언어 입력의 양이나 질을 향상시켜 간다. 그런 면에서 읽기 능력은 말하기나 쓰기 능력의 양과 질을 확장시키는 기초이며 전제가 된다.

학습자의 읽기 능력을 향상시키려면 무엇보다 읽기 전략을 이용하는 것이 중요하다. 여기서는 읽기 전략을 활용한 읽기 능력 향상을 목표로 읽기 수업을 읽기 전-중-후의 세 단계로 나누어, 어떻게 진행할지에 대해 살펴보기로 한다. 읽기 수업을 할 때 교사는 다음과 같은 점을 염두에 두도록 한다.

– 텍스트를 읽기 전에 읽으려는 목적을 분명히 알고 읽는다.

– 학습자의 관심을 끌 만한 내용이나 실제성이 있는 텍스트를 준비한다.

– 일상생활에서 접할 수 있는 광고문, 영화표 등 다양한 유형의 자료를 이용한다.

– 텍스트에 대한 배경 지식을 활용하며 읽는다.

– 읽는 내용을 예측하거나 새로운 어휘들의 의미를 추측해 가며 읽는다.

– 텍스트의 유형이나 목적에 따라 다양한 전략을 사용하면서 읽는다.

– 텍스트에 대해 전반적인 이해를 한 다음, 세부적인 내용을 파악한다.

– 읽기 후 단계에서 읽은 내용을 바탕으로 말하기, 쓰기와 연계된 활동을 한다.

① 읽기 전 단계

읽기 전 단계는 학습자들에게 읽기의 목적을 분명하게 알게 하는 활동으로 진행된다. 우리가 즐거움이나 정보를 얻기 위해서 글을 읽는 것처럼 학습자들도 읽기의 목적을 알아야 텍스트에 관심과 흥미를 보인다.

그런데 읽기의 목적이 분명해도 학습자에게 텍스트의 주제가 낯설거나 내용이 어려우면 읽으려는 의욕이 떨어진다. 그러므로 읽기 전 단계에서는 학습자들의 배경 지식을 활용해 읽기에 대한 관심과 흥미를 불러일으켜 주거나 부족한 배경 지식을 보충해 학습 동기를 북돋아 주는 활동들을 한다.

읽기 전 단계에서 할 수 있는 활동들을 선택할 때는 텍스트의 특성과 난이도를 고려하는 것이 중요하며, 적절한 한두 가지 활동을 정해진 시간에 효과적으로 끝내도록 준비한다.

주제에 대해 이야기하기

텍스트의 주제에 대해 이야기하는 시간을 통해 읽을 글의 주제가 무엇인지를 알고 주제에 대한 관심을 갖도록 한다. 교사가 직접 텍스트의 주제에 대해 간단히 설명하는 방식으로 할 수도 있지만, 보다 적극적인 방법은 학습자들과 함께 주제에 대해 이야기하는 것이다. 예를 들어, 텍스트의 주제에 대해서 짧은 토론거리를 주고 간단한 토론을 하거나, 학습자들에게 주제와 관련해 겪은 경험이나 알고 있는 지식이 있는지 질문하면서 참여시키는 것이다. 읽기 전 소개 활동이 길어지면 오히려 학습자들의 흥미를 떨어뜨릴 수 있으므로 간단한 질문이나 대답으로 구성한다.

예시

① 읽을 글의 주제인 '건강을 지키는 방법'과 관련한 질문을 주고 짝 또는 소집단별로 토론을 하게 한다.
  · 건강을 지키는 방법에는 무엇이 있습니까? 여러분의 경험을 서로 나누어 봅시다.
  · 그 중에서 가장 좋은 방법 3가지를 정해 봅시다. 그 이유는 무엇입니까?
② 학습자들의 의견을 듣고 그 내용을 정리해서 판서한다.

시각 자료 보고 추측하기

텍스트의 제목이나 주어진 그림, 도표, 설문 조사 등 시각 자료를 보고 텍스트의 주제나 그 내용을 추측하는 활동이다. 시각 자료를 보고 주어진 질문에 답하면서 주제와 관련한 학습자들의 배경 지식을 활성화시켜 준다. 학습자의 적극적인 참여를 유도하고 싶다면, 짝이나 소집단으로 나누어 텍스트의 내용을 추측해 보게 한다.

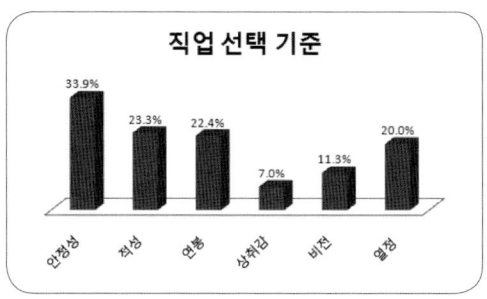

대학생 직업선택, 돈보다 '안정'

연봉은 2년 연속 1위 밀려

① 학습자들은 제목을 보고 기사 내용이 무엇인지를 생각해 본다.

② 짝 또는 소집단별로 모여서 제목을 완전한 문장으로 만들고 그 이유에 대해 의견을 나눈다.

③ 짝 또는 소집단의 의견을 모아 칠판에 쓰거나 발표하면 교사는 그 이유나 근거에 대해 질문한다.

새 어휘 학습하기

텍스트에 나오는 새 어휘들의 의미를 미리 파악하는 활동이다. 텍스트에 학습자들이 모르는 어휘가 많은 경우 학습 의욕을 잃을 수 있다. 새 어휘의 의미를 학습하면서 텍스트의 주제나 내용에 대해 추측하거나 흥미를 가지도록 하는 것이다.

이때 텍스트에 나오는 모든 새 어휘들을 제시할 필요는 없다. 대부분의 어휘들은 문맥으로부터 그 의미를 추측해 낼 수 있고 또 추측할 수 있어야 한다. 제시할 어휘는 내용 파악을 위해 필수적으로 알아야 할 중요 어휘로 한정한다. 또한 어휘의 의미를 제시할 때도 사전적인 어휘의 의미에 집중하는 것이 아니라 텍스트 이해를 위한 배경 지식의 일부분으로 전달한다.

＊ 다음 어휘들의 의미를 바르게 연결해 보십시오.

1) 유언 ●	● 이전의 잘못을 깨닫고 알다
2) 일부러 ●	● 죽기 전에 남기는 말
3) 속상하다 ●	● 알면서도 마음을 숨기고
4) 후회하다 ●	● 화가 나서 마음이 우울하다

① 학습자들이 주어진 어휘의 의미를 추측해서 연결해 본다.
② 학습자들은 짝이나 소집단별로 서로 답을 비교해 보고 의견을 나눈다.
③ 교사는 학습자들의 의견을 듣고 답을 확인하면서 의미를 간단히 설명한다.

자유연상하기(brainstorming)

학습자들이 텍스트의 주제와 관련되어 떠오르는 생각이나 어휘들을 말하면, 교사나 학습자들이 그것들을 칠판에 모두 기록해 보는 것이다. 텍스트에 있는 그림이나 시각 자료를 보면서 말할 수도 있고, 제목이나 주제와 관련하여 떠오르는 어휘들을 자유롭게 말할 수도 있다. '새 어휘 학습하기'가 부족한 배경 지식을 보충하기 위한 활동이라면, 자유연상하기는 학습자가 이미 가지고 있는 배경 지식을 활성화시키기 위한 것이다.

예시

① 교사가 제목이나 주제를 칠판에 쓴다.
　교사 "이 글의 제목은 건강을 지키는 방법이에요. 여러분은 '건강'하면 어떤 것들이 생각나요?"
② 학습자들이 자유롭게 말한 내용을 들으면서 칠판에 정리해 가며 기록한다.

길잡이 질문하기

텍스트를 읽기 전에 학습자들이 텍스트를 읽으면서 생각해 볼 만한 질문 몇 가지를 준비한다. 길잡이 질문에는 두 가지 목적이 있는데, 첫째는 답을 찾아야 할 질문을 줌으로써 목적 의식을 갖고 읽게 하는 것이다. 그 다음은 학습자들이 텍스트의 핵심 내용에 주목하도록 돕기 위한 것이다. 그러므로 좋은 길잡이 질문은 상세한 질문이 아니라 글의 전체적인 내용과 관련한 질문이라야 한다. 질문의 수는 두세 가지가 적당하며, 질문 내용을 칠판에 써서 제시하면 나중에 읽으면서 답을 찾을 때 도움이 된다.

─[예시]─

① 교사는 앞으로 읽을 글의 종류나 주제에 대해 간단히 소개한다.

　　교사 "오늘 읽을 글은 여행을 다녀와서 여행에서 있었던 일이나 느낀 점을 쓴 기행문입니다."

② 학습자들은 다음의 질문에 대한 대답을 찾으면서 읽는다.

　　· 그곳에서 무엇을 구경했습니까?

　　· 어떤 일이 가장 기억에 남았습니까?

이어질 내용 예측하기

읽기 텍스트의 내용이 사건 위주라면, 텍스트 내용의 일부만 읽고 그 뒤에 이어질 내용을 예측해 보게 한다. 학습자들은 자신이 상상하거나 예측한 내용이 맞는지 확인하기 위해서 텍스트의 나머지 부분을 보다 관심을 가지고 주의 깊게 읽으려고 한다.

─[예시]─

　　지난 5일 대구에 사는 이승수 씨(대학생)는 오후 2시쯤 버스 옆자리에 앉은 사람이 내린 후 그 사람이 두고 내린 가방을 발견했다. 버스 안에는 사람들이 별로 없었고 가방을 열어 보니 은행 이름이 적힌 봉투에 만 원짜리 현금이 가득 들어 있었다. 이 씨는 조용히 떨리는 손으로 가방을 들고 버스에서 내렸다.

① 교사는 학습자들에게 텍스트의 첫 부분을 소개한다.

　교사 "다음은 어떤 기사의 첫 부분입니다. 무슨 일이 생겼는지 읽어 보세요."

② 교사가 읽은 내용에 대해 간단히 질문한다.

　교사 "이승수 씨에게 무슨 일이 있었어요?"

③ 뒤에 이어질 내용이 무엇인지 간단하게 말하거나 써 보게 한다.

④ 학습자들의 생각과 의견을 들어 보고 그 내용을 간단히 칠판에 판서한다.

⑤ 텍스트 나머지 부분을 주고 예측 내용과 비교해 가면서 읽어 보게 한다.

② 읽기 단계

읽기 단계는 학습자가 스스로 텍스트를 읽는 단계이다. 교사는 학습자가 성공적인 읽기 과정을 경험할 수 있도록 읽기 전략을 활용하며 읽는 활동들을 준비한다. 즉, 읽기 중 활동을 하면서 핵심 내용 훑어 읽기(skimming), 필요한 정보 찾아 읽기(scanning), 문맥을 이용해 단어 의미 추측하기, 추론하기, 배경 지식 활용해 내용 파악하기, 요약하기, 핵심 내용 파악하기 등의 읽기 전략과 기술을 익힌다. 특히 읽기 능력이 부족한 학습자에게는 읽기 과정을 통해 읽기 전략을 학습하는 것이 도움이 된다.

여기서는 다음의 텍스트를 활용하여 읽기 단계의 활동을 살펴 보기로 한다.

〈텍스트 1 : 건강을 지키는 방법〉

'밥이 보약이다'라는 말이 있다. 몸에 좋은 약을 먹지 않아도 식사만 제대로 한다면 건강을 지킬 수 있다는 뜻이다. 몸에 좋은 음식을 찾아 먹는 것보다 더 중요한 것은 규칙적인 식사를 하는 것이다. 요즘 사람들은 바쁘다는 이유로 아침 식사를 하지 않는 사람들이 많다. 그러나 규칙적인 식사를 하려면 아침을 챙겨 먹는 일부터 시작해야 한다.

누구나 한번쯤 건강을 위해 운동을 해야겠다는 결심을 한다. 그러나 실제로 꾸준히 운동하는 사람들은 별로 없다. 운동을 꾸준히 해 가려면 우선 자신이 재미있고 즐겁게 할 수 있는 운동을 찾아야 한다. 그 다음은 운동 시간과 운동 장소를 구체적으로 정해서 규칙적으로 한다.

정신적인 스트레스는 육체의 건강에도 큰 영향을 준다고 한다. 육체의 건강을 위해서는 긍정적인 생각을 가지고 즐겁게 생활하는 것이 필요하다. 물론 스트레스를 전혀 받지 않고 살아갈 수는 없다. 그때그때 스트레스를 풀어 주는 것이 좋은데, 나만의 스트레스 해소법 하나쯤은 가지고 있어야 한다.

〈텍스트 2 : 청개구리 이야기〉

옛날 옛날에 엄마 말씀을 안 듣고 무엇이든지 반대로만 하는 아들 청개구리가 살았다. 아들 청개구리는 엄마가 "산에서 놀아라" 하면 물에서 놀고 "물에서 놀아라" 하면 산에서 놀았다. 엄마가 "개굴개굴" 하면 일부러 "굴개굴개" 하고 울었다.

엄마는 "엄마 말 좀 잘 들어. 너 때문에 속상해서 병이 날 것 같아."라고 했지만 아들 청개구리는 여전히 엄마 말씀을 듣지 않았다. 그러던 어느 날, 엄마는 정말 병이 났다. 아들 청개구리는 울면서 "엄마, 죽지 마세요. 제가 잘못했어요."라고 말했지만 엄마는 결국 돌아가시고 말았다.

청개구리 엄마는 죽기 전에 마지막 유언으로 아들 청개구리에게 자기를 냇가에 묻어 달라고 했다. 아들 청개구리에게 냇가에 묻어 달라고 하면 반대로 산에 묻을 거라고 생각했기 때문이었다. 그러나 아들 청개구리는 엄마가 돌아가시자 엄마 말씀을 듣지 않은 것을 후회하면서 엉엉 울었다.

그래서 엄마의 마지막 유언을 지키고 싶어서 냇가에 무덤을 만들었다. 지금도 비가 올 때마다 청개구리가 '개굴개굴' 운다고 한다. 냇가에 있는 엄마 무덤이 물에 떠내려갈까 봐 걱정이 되어서 우는 것이라고 한다.

핵심어와 중심 문장 찾기

텍스트의 각 단락에서 핵심어나 중심 문장을 찾으면서 읽는 활동이다. 읽으면서 핵심어나 중심 문장을 찾아 밑줄을 그어 눈에 띄게 하거나 직접 쓴다. 이 활동은 글의 주제나 흐름을 빠르게 파악하게 하고, 학습자들이 중요 정보와 보조 정보를 구분하며 읽도록 돕는다.

─── 예시 ───

① 〈텍스트1〉을 읽으면서 각 단락별로 중심 문장을 찾고 그 부분에 색깔 펜으로 밑줄을 긋게 한다. 또는

글의 여백에 중심 내용을 요약해 적게 한다.

② 교사가 단락별로 중심 내용을 물으면 학습자들은 자신이 찾은 내용을 말하면서 일치하는지 확인한다.

③ 보충 질문을 통해 중심 내용의 의미를 이해하는지 확인한다.

메모하기

텍스트를 읽고 주어진 메모지 형식의 개요를 완성하는 활동이다. 이 활동은 텍스트의 주요 정보를 훑어 읽기로 파악하는 연습에 도움이 된다. 간단한 개요 형식을 갖춘 메모지를 제공하면, 학습자들이 어떤 정보를 찾아야 하는지, 몇 가지 정보를 찾아야 하는지를 쉽게 알 수 있다.

예시

* 다음 글을 읽으면서 간단히 메모하세요.

① 〈텍스트1〉을 읽으면서 건강을 지키는 세 가지 방법을 찾아보라고 한다.

② 학습자는 본문을 빠른 속도로 읽으며 '건강을 지키는 방법'에 대해 간단히 메모한다.

③ 짝 또는 소집단별로 메모한 내용을 비교해 보고 이야기한다.

④ 교사와 함께 메모의 내용을 확인한다.

질문으로 내용 확인하기

질문을 통해 학습자들이 텍스트의 내용을 잘 이해했는지를 확인하는 활동이다. 좋은 질문은 학습자들이 텍스트의 중심 내용을 파악하고 그 의미를 생각해 볼 수 있도록 돕는 역할을 한다. 그러므로 교사는 본문 내용을 미리 잘 분석해 이해를 돕기 위한 질문들을 꼼꼼히 준비해 가는 것이 필요하다. 이해 확인 질문은 두 단계로 나누어 할 수 있는데, 첫 번째 단계는 전반적인 이해에 초점을 맞추고, 두 번째 단계는 좀 더 자세하게 정보를 파악하는 데 초점을 둔다. 읽기 전 단계에서 제시된 길잡이 질문에 대해 예측했던 답이 맞는지 읽기 중 단계에서 확인해 볼 수도 있다.

예시

① 먼저 〈텍스트 1〉의 전반적인 주요 내용에 대해 질문한다.

　　교사　"건강을 지키는 방법에는 어떤 것이 있다고 합니까?"

　　　　　"그 세 가지는 무엇입니까?"

② 학습자들의 대답을 들으며 주요 내용을 같이 정리해 판서한다.

③ 다시 다음의 세부적인 질문을 주고 텍스트를 읽도록 한다.

　　· '밥이 보약이다'라는 뜻은 무슨 뜻입니까?

　　· 건강을 위해 어떻게 식사하는 것이 좋습니까?

　　· 건강을 지키기 위해서는 어떻게 운동하는 것이 좋습니까? 그 이유는?

　　· 건강을 위해 스트레스는 어떻게 관리하는 것이 좋습니까?

④ 짝끼리 각 질문에 대한 답을 이야기해 보거나 교사가 직접 확인한다.

⑤ 학습자의 대답을 들으면서 어려운 어휘나 내용에 대해서는 보충 질문을 한다.

빈칸 채우기

텍스트에서 중요한 어휘나 새 어휘들이 들어갈 자리를 빈칸으로 비워 둔다. 학습자들은 '보기' 속에 순서 없이 제시된 어휘들 중에서 문맥에 맞는 어휘를 찾아 텍스트를 완성해 가며 읽는다. 빈칸에 들어갈 어휘들은 글의 주요 내용과 관련된 것으로, 앞뒤 문장의 문맥을 통해 추측할 수 있는 것들로 구성한다.

＊ 빈칸에 들어갈 말을 〈보기〉에서 골라 글을 완성하십시오.

〈보기〉 적성　　　성취감　　　경제적 안정

　　직업을 선택할 때 사람들은 여러 가지 조건을 생각하게 된다. 직업을 선택하는 주요한 조건으로는 (　　), (　　), (　　) 등이 있다. 많은 사람들이 첫째 조건으로 뽑는 것은 바로 (　　). 생활하기 위해 필요한 돈을 벌 수 없다면 아무리 좋은 일이라도 오래 하기 힘들 것이다. 직업을 선택할 때 중요하게 생각하는 또 다른 조건은 (　　)이다. 일을 통해 자신이 꼭 필요하고 쓸모가 있다는 느낌을 가지는 것은 중요하다. 우리는 일을 통해 자신의 능력을 인정 받을 때 행복감을 느끼기 때문이다. 그러나 무엇보다 중요한 조건은 개인의 (　　)이다. 다른 조건이 다 맞아도 적성이 맞지 않는다면 제 능력을 마음껏 발휘할 수 없을 뿐만 아니라 일 자체가 스트레스가 되어 돌아오기 때문이다.

① 〈보기〉의 어휘를 먼저 보게 하고 모르는 어휘는 설명해 준다.
② 학습자들은 본문을 읽으면서 그 빈칸에 들어갈 어휘를 〈보기〉에서 찾아 넣어 본다.
③ 짝끼리 서로의 답을 비교해 보고 다른 경우 서로의 의견을 나누게 한다.
④ 학습자들과 함께 읽으면서 빈칸에 들어갈 말을 함께 확인한다.

핵심 내용을 표로 정리하기

　언어적 정보를 비언어적 정보로 바꾸는 것인데, 일종의 정보 전이 활동이다. 텍스트를 읽으면서 주요 내용을 표 형식으로 이루어진 빈칸에 채워 넣어 완성하는 것이다. 이때 표 형식은 텍스트 내용에 따라 초대장, 광고문, 시간 계획서 등 여러 가지 형태로 대체할 수 있다.

　이 활동은 학습자들이 텍스트의 내용을 명확하게 정리하도록 돕는 것인데, 표의 내용을 채우다 보면 중심 내용도 쉽게 파악하게 된다. 간혹 어떤 학습자들은 텍스트의 내용을 제대로 이해하지 않고도 표를 완성하곤 한다. 이때문에 질문을 통해 내용을 잘 이해하는지를 다시 확인하도록 한다.

＊ 다음 글을 읽고 표에 들어갈 말을 써 보세요.

> 제 친구 토마스는 대학생입니다.
>
> 전공이 경영학입니다.
>
> 토마스는 미국 시카고에서 왔습니다.
>
> 지금 한국에서 한국말을 공부합니다.
>
> 토마스는 그림을 잘 그리고 춤도 잘 춥니다.
>
> 그리고 이야기를 재미있게 합니다.
>
> 그래서 우리 반 친구들은 모두 토마스를 좋아합니다.

친구 이름	전공	고향	취미

① 교사는 먼저 학습자와 함께 표를 보면서 어떤 정보를 찾아야 하는지 이야기한다.

　　교사 "토마스의 전공을 찾아보세요. 토마스가 대학에서 무엇을 공부해요?"

② 학습자들이 표의 정보를 다 채운 후에는 그 내용을 확인한다.

참 · 거짓 문장 고르기

텍스트의 내용 일부 중 몇 문장을 뽑아 참 또는 거짓 문장으로 만들어 구성한다. 학습자들이 주요 내용을 제대로 이해했는지 빠르게 확인할 수 있는 활동이다. 참 또는 거짓 문장을 만들 때는 텍스트의 전체 내용을 대충 파악하기만 하면 참과 거짓을 분명하게 가릴 수 있는 내용으로 한다. 세부적인 내용이나 해석과 추론이 들어간 내용은 피한다. 읽기 속도가 지나치게 느린 학습자들에게는 적절한 읽기 시간을 주고, 그 시간 내에 참 · 거짓 문장을 고를 수 있는지를 확인해 볼 수도 있다.

* 다음을 읽고 글의 내용과 같으면 ○, 다르면 × 하십시오.

· 청개구리는 엄마 말씀을 안 듣고 반대로만 행동했다. (　　)
· 청개구리 엄마의 유언은 산에 묻어 달라는 것이었다. (　　)
· 청개구리는 엄마의 유언을 지키지 못해 우는 것이다. (　　)

① 〈청개구리 이야기〉를 읽은 다음 학습자 스스로 표시한다.
② 짝과 함께 답을 확인하거나 교사와 함께 답을 확인한다. 이때 그 이유에 대해 간단히 이야기해 본다.

순서대로 배열하기

텍스트가 사건 중심이나 시간적 또는 논리적 순서가 있는 경우에 글의 흐름을 파악하는 데 도움이 되는 활동이다. 텍스트 내용에서 몇 문장을 골라서 무작위로 배열해 놓고 올바른 순서로 배열한다. 또는 각 단락의 핵심 문장을 뽑아서 의미적인 연결이 되도록 배열하게 할 수도 있다. 짝 또는 소집단별로 의논해서 순서를 정하게 하면, 의논하는 과정에서 읽은 내용을 학습자 자신의 말로 표현하면서 더 명확하게 내용을 이해하게 된다.

예시

* 다음을 읽고 글의 내용에 맞게 순서대로 번호를 쓰십시오.

㉠ 엄마의 마지막 유언을 지키고 싶어 냇가에 무덤을 만들었다.
㉡ 옛날 옛날에 엄마 말씀을 반대로만 하는 아들 청개구리가 살았다.
㉢ 엄마는 마지막 유언으로 청개구리에게 자기를 냇가에 묻어 달라고 했다.
㉣ 청개구리는 엄마가 돌아가시자 엄마 말씀을 듣지 않은 것을 후회했다.
㉤ 청개구리는 비가 올 때마다 냇가에 있는 엄마 무덤 앞에서 운다.
㉥ 엄마가 '개굴개굴'하면 청개구리는 일부러 '굴개굴개'하고 울었다.

(㉡) - (　　) - (　　) - (　　) - (　　) - (　　)

① 학습자들은 각자 이야기의 순서를 정해 본다.

② 짝이나 소집단별로 이야기의 순서를 비교해 보고 다른 경우에 의견을 나누어 본다.

③ 교사와 함께 글의 순서를 확인한다.

이야기 조각 맞추기(jigsaw activity)

소집단의 각 구성원이 읽기 텍스트의 한 부분을 읽고 난 후, 다른 구성원들과 자신이 읽은 부분에 대한 정보를 공유하여 전체 글 내용이 무엇인지를 파악하는 활동이다. 이 활동은 글의 흐름 파악이나 글의 구조를 파악하는 기술과 전략을 익히는 데 도움이 된다.

학습자들이 서로 다른 부분의 텍스트를 읽고 전체 텍스트를 구성해야 하므로, 교사는 텍스트를 몇 개로 나누어 준비한다. 텍스트를 여러 조각의 부분 텍스트로 나눌 때, 부분 텍스트가 전체 텍스트와 긴밀히 연결되는 구조를 가지도록 신경을 쓴다.

예시

---

① 3~4명으로 소집단을 구성하고, 3~4 조각으로 나누어진 텍스트를 각 학습자에게 나누어 준다.

② 학습자들은 각자 받은 텍스트를 읽는다.

③ 학습자들은 자신이 받은 텍스트 내용을 소집단 구성원들에게 서로 전달한다.

④ 학습자들은 서로 의논하여 텍스트의 순서를 맞추고 글의 흐름을 완성한다.

⑤ 교사는 전체 학습자들과 글의 순서를 다시 확인한다.

⑥ 이때 질문을 하면서 글 구조를 파악하도록 돕는다.

텍스트의 특성에 따라 이야기 조각 맞추기는 그와 유사한 '나누어 읽기' 활동으로 바꾸어 할 수도 있다. '나누어 읽기'의 텍스트는 주제는 같지만 소집단 구성원이 나누어 읽게 될 내용은 몇 개의 서로 다른 텍스트로 이루어져 있다. 소집단 구성원들은 각자 서로 다른 텍스트를 나누어 읽고 구성원끼리 읽은 내용을 전달한다. 자신이 읽은 텍스트의 내용과 다른 구성원이 읽은 텍스트 내용을 모두 파악해야 전체 텍스트의 내용을 알 수 있다.

① 3~4명으로 구성된 소집단을 만들고 서로 다른 텍스트를 나누어 준다.

② 학습자들은 각자 받은 부분 텍스트를 읽는다.

③ 학습자들은 자신이 받은 텍스트 내용을 소집단 구성원들에게 서로 전달한다.

④ 다른 학습자들이 전달해 준 내용을 간단한 메모 형식에 기록하며 듣는다.

⑤ 부족한 내용이나 궁금한 내용이 있으면 서로 질문하고 답한다.

⑥ 소집단 내의 발표자에게 전체 텍스트의 내용을 말해 보게 하고 그 내용을 확인한다.

③ 읽기 후 단계

읽기 후 단계에서는 읽은 내용을 장기적으로 기억할 수 있도록 돕는 활동과 텍스트의 내용과 학습자 자신의 경험과 생각을 연결시켜 자유롭게 표현할 수 있게 하는 활동이 이루어진다.

읽기 후 활동은 대부분 말하기, 쓰기와 연계 시켜 읽고 이해한 것들을 말이나 글로 표현하는 활동이다. 말하기 활동으로는 읽은 내용을 다시 말하기나 토론하기, 다른 결말이나 의견 제시하기 등이 있다. 특히 이야기 중심의 읽기 내용인 경우는 역할극 활동이 효과적이다. 쓰기 활동으로는 자신의 말로 그 이야기를 다시 쓰게 하거나 요약해 보기, 읽은 텍스트에 대한 자신의 의견 쓰기 등이 있다.

읽은 내용 재생하기

텍스트의 내용을 다시 말하거나 쓰게 하는 활동으로, 읽은 내용을 오래 기억하고 언어의 유창성을 향상시키는 데 도움을 준다. 읽은 내용을 재생할 때는 정확한 문장 구사나 문장 구조 이해를 위해 주요 어휘나 일부 표현만 주고 텍스트의 내용을 문장으로 정

리해서 말하게 한다. 또는 주요 핵심 내용으로 이루어진 의미망을 이용해 전체 내용을
정리하면서 말하는 방법도 있다.

＊ 다음을 이용해서 읽은 내용을 말해 보세요.

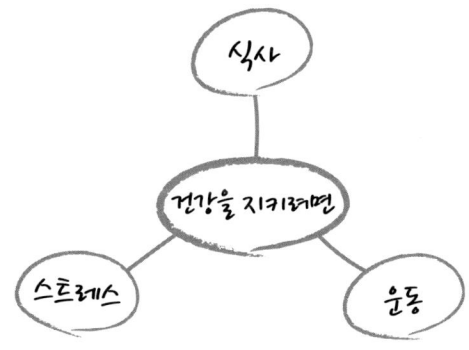

① 학습자들은 각자 의미망의 주요 표현을 이용해 글의 내용을 다시 정리해 본다.
② 짝이나 소집단으로 모여 각자 연습한 것을 돌아가며 이야기해 본다.
③ 몇몇 학습자에게 연습한 내용을 발표하게 하고 교사는 피드백을 해 준다.

텍스트의 내용이 이야기가 있는 경우라면 텍스트의 내용을 담은 그림을 보면서 이야
기의 흐름을 말해 보게 하는 것이 효과적이다. 이 활동을 좀 더 확장하려면 주어진 그
림의 순서를 바꾸어 학습자들이 이야기를 새롭게 만들게 해 볼 수도 있다.

＊ 다음 그림을 이용해서 읽은 내용을 말해 보세요.

① 짝 또는 소집단을 구성한다.

② 읽은 내용을 바탕으로 그림을 보며 이야기를 요약해 본다.

③ 짝 또는 소집단 안에서 그림을 보며 서로 돌아가며 이야기한다.

④ 짝 또는 소집단의 구성원이 서로 피드백을 해 주며 이야기가 완성되도록 돕는다.

⑤ 몇몇 학습자들을 선정해 교사가 보여 주는 그림만 보면서 이야기를 말하게 한다.

자신의 경험(생각)과 연결하기

텍스트의 내용에 대해 학습자 자신의 경험이나 의견을 글이나 말로 표현한다. 자신의 이야기를 한다는 것은 항상 어느 정도 용기가 필요한 행동이다. 따라서 이때에는 학습자들이 자신의 생각을 자유롭게 표현할 수 있게 편안한 분위기를 조성하거나 학습자의 이야기에 적절한 대꾸로 호응하면서 격려를 한다.

─ 예시 ─────────────────────────

① '여행'에 관한 글을 읽었다면, 학습자들에게 제일 기억에 남는 여행이 있는지 질문한다.

② 학습자들은 다음의 메모지에 자신의 여행 경험담을 간단히 정리한다.

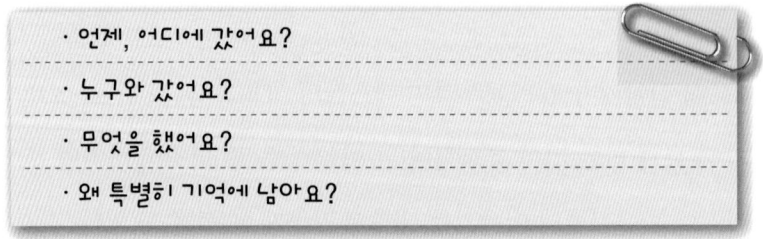

· 언제, 어디에 갔어요?

· 누구와 갔어요?

· 무엇을 했어요?

· 왜 특별히 기억에 남아요?

③ 발표하고 싶어하는 학습자에게 발표 기회를 주거나 돌아가면서 이야기를 들어 본다.

④ 학습자의 이야기를 듣고 궁금한 것에 대해 질문을 한다.

요약하기

읽은 내용을 다시 요약해 보면 글의 주요 내용이나 구성을 제대로 파악하고 있는지를 확인할 수 있다. 일부 학습자들의 경우 읽은 글의 내용을 모두 쓰려는 경향이 있으므로 요약문의 글자수를 정해서 요약할 수도 있다. 특히 논리적인 전개가 중요한 글인 경우 '그러므로, 첫째는'과 같은 주요한 표지어를 미리 제시해 준다. 일정한 형식에 맞추어 요약을 하다 보면 논리적인 사고와 표현 방식도 익힐 수 있다.

예시

＊ 다음을 이용해 본문의 내용을 요약해 보십시오.

건강을 지키려면 ＿＿＿＿＿＿＿＿＿＿＿＿＿＿＿＿＿＿＿

첫째는 ＿＿＿＿＿＿＿＿＿＿＿＿＿＿＿＿＿＿＿＿＿＿＿

둘째는 ＿＿＿＿＿＿＿＿＿＿＿＿＿＿＿＿＿＿＿＿＿＿＿

셋째는 ＿＿＿＿＿＿＿＿＿＿＿＿＿＿＿＿＿＿＿＿＿＿＿

① 〈건강을 지키는 방법〉을 다시 훑어 읽기를 한 후에 주어진 형식에 맞춰 요약을 한다.

② 각자 쓴 글을 짝과 함께 비교해 보고 서로 오류가 있는지 확인한다.

③ 몇몇 학습자가 요약한 내용을 보지 않고 발표한다.

정보 전이하기

읽기 텍스트의 내용 이해를 바탕으로 상호간의 의사소통이 이루어지는 활동으로 전환하는 것이다. 내용에 따라 역할극이나 인터뷰하기, 편지 쓰기, 투고문 쓰기 등 어울리는 활동으로 바꿀 수 있다.

예시

① 교사는 가상의 상황을 설명하고 짝을 지어 역할극의 역할을 설명해 준다.

교사 "냇가에서 울고 있는 청개구리의 소식을 듣고 기자가 인터뷰를 하려고 합니다. 한 사람이 기자가 되어 질문하고 다른 사람은 청개구리가 되어 기자의 질문에 대답하세요."

② 짝끼리 연습할 수 있는 시간을 갖는다.

③ 몇 팀을 골라 역할극을 재연하게 한다.

추론하기

텍스트에 나오는 문자 그대로의 내용이 아니라 학습자의 추론을 통해 텍스트의 보이지 않는 정보나 내용을 파악하는 활동이다. 이를 위해 새로운 결말을 추론해 보게 하거나 글쓴이의 의도나 목적에 대해 토론할 수도 있다.

이 활동을 하는 순간에는 학습자들이 온전히 책을 읽는 독자의 입장이 되어서 글 속에 나타나지 않은 결말에 대해 나름대로 추측하거나, 행간에 숨겨진 의미까지 찾아 보는 것이다. 그렇게 하려면 텍스트를 더 꼼꼼하게 다시 살펴보기도 하고, 내용을 머릿속에서 재구성해 보기도 한다. 보이지 않는 의도를 파악하기 위해 어떤 대목에서는 곰곰이 생각해 볼 시간도 가지게 된다.

예시
---

① 학습자들은 각자 〈청개구리 이야기〉 속의 결말 뒤에 일어날 일들에 대해 생각해 본다.
② 소집단을 구성해 각자가 생각하는 새로운 결말에 대해 이야기를 나눈다.
③ 교사는 학습자들이 추론한 결말에 대해 이유와 근거를 질문하면서, 그 타당성에 대해 함께 이야기해 본다.

제9장 쓰기

자신의 모국어가 아닌 외국어로 글을 쓴다는 것은 쉬운 일이 아니다. 말하기에 능숙하다고 해서 쓰기를 잘 할 수 있는 것도 아니다. 쓰기는 문자를 통해서 의미를 전달하는 것이기 때문에 철자, 어휘, 문법 등 목표어의 언어 체계를 정확히 아는 것이 중요하며, 이를 바탕으로 자신이 전하고자 하는 내용을 글로 표현하게 된다. 따라서 쓰기는 다른 언어 기능에 비해서 학습자들에게 어렵게 느껴지며, 쓰기 능력의 향상도 느린 편이다.

쓰기의 초기 단계에서는 학습자들이 한국어의 문법과 문맥에 맞게 정확하게 쓰는가에 초점을 두게 마련이다. 그러나 지나치게 문장의 형태에 집중하면 형식적인 잘못을 지적하고 오류를 수정해 주는 수업으로 일관되기 쉽다. 그렇게 되면 학습자들은 쓰기에 대한 흥미를 잃기 쉬우므로, 다른 언어 기능과 연계하는 다양한 활동을 통한 쓰기가 필요하다.

이 장에서는 쓰기의 최종적인 목표라 할 수 있는 자유 작문에 이르기까지의 쓰기 수업을 전-중-후 세 단계로 나누어, 이에 따른 쓰기 활동들을 어떻게 구성하는지에 대해 살펴보기로 한다. 쓰기 수업을 할 때는 다음과 같은 사항을 염두에 둔다.

- 문장의 의미를 정확히 전달하기 위하여 띄어쓰기에 유의한다.
- 기계적인 쓰기 연습인 통제된 쓰기에서 유도된 쓰기를 거쳐 자유로운 쓰기를 할 수 있도록 단계적인 활동으로 구성한다.
- 쓰기에 부담을 느끼지 않도록 다른 언어 기능과 연계하여 다양한 유형의 쓰기 활동을 한다.
- 학습자의 글에 대해 교사의 적절한 피드백과 오류 수정이 이루어져야 한다.
- 문법적인 오류를 지적하기보다는 글의 내용에 대한 칭찬을 하여 쓰기에 대한 자신감을 준다.

① 쓰기 전 단계

쓰기 전 단계에서는 글쓰기 주제를 제시하고 주제와 관련된 배경 지식을 형성하거나 새로운 어휘, 문법, 문형에 대한 스키마를 활성화하는 활동을 한다. 쓰기 전 활동에서는 글쓰기에 대한 관심과 흥미를 갖도록 학습자들과 관련된 자료들을 활용하는 방법도 생각해 볼 수 있다. 다음은 쓰기 전 단계에서 유용하게 이용할 수 있는 활동들이다.

관련 어휘와 표현 제시하기

쓰기에 필요한 관련 어휘와 문법 및 표현들을 직접 제시하고 설명하는 활동이다. 이러한 활동은 통제적인 글쓰기에서 유용하게 활용되는 방법이나, 때로는 자유로운 글쓰기를 할 때 주제와 관련된 글의 내용을 생성하는 데에 필요한 담화 표지들을 미리 제시하는 경우에도 활용할 수 있다.

예시

① 교사는 쓰기의 주제와 관련된 문법 항목과 어휘들을 상기시킨다.

　　교사　"왕영 씨는 취미가 무엇입니까?"

　　왕영　"음악을 좋아합니다."

　　교사　"아, 음악을 듣는 것을 좋아합니까?"

　　왕영　"네, 시간이 있으면 음악을 듣거나 영화를 봅니다."

　　　　　　　　　　⋮

② 쓰기에 필요한 문법 항목들을 칠판에 정리하고 간단하게 설명한다.

　　교사　"네, 왕영 씨는 시간이 있으면 음악 듣는 것을 좋아합니다. 이렇게 '-는 것을 좋아합니다.', '-(으)면 -는 것을 좋아합니다.' 등을 이용하여 '나의 취미 생활'에 대한 글을 쓸 수 있습니다. 그러면 취미를 표현하는 말은 무엇이 있는지 알아봅시다."

③ 다른 학습자들에게 취미가 무엇인지 질문하고, 취미와 관련된 표현들을 칠판에 정리하여 적는다.

주제와 관련된 질문하기

학습자들이 이미 알고 있는 어휘나 표현, 문법을 이용하여 글쓰기의 주제와 관련된 정보를 주기 위한 활동이다. 주로 글의 내용을 생성하기 위한 배경 지식을 형성하는 질문을 하는 활동으로, 여러 가지 질문과 대답을 통해 나온 정보들을 모아 주제와 연결하여 정리한다.

예시

① '주말의 하루 일과'를 주제로 교사는 다음과 같은 질문을 한다.

　　교사　　(한 학습자에게) "일요일에는 무엇을 합니까?"

　　학습자　"늦게까지 잠을 잡니다."

　　교사　　"보통 일요일에는 몇 시에 일어납니까?"

　　학습자　"열 시에 일어납니다."

교사   "그리고 무엇을 합니까?"

학습자 "밥 먹고 친구 만나러 갑니다."

교사   "친구 만나면 무엇을 합니까?"

학습자 "이야기하고 또 쇼핑을 하거나 영화관에 갑니다."

② 일요일의 하루 일과를 미리 이야기해 봄으로써 학습자들이 그 시간에 써야 할 내용이 무엇인지 예측할
  수 있도록 한다.

시각 자료 보고 추측하기

그림이나 사진 등의 시각 자료를 활용하여 글쓰기의 주제나 내용을 예측하는 활
동이다. 학습자들의 수준에 따라서 시각 자료를 보고 무엇을 하는지 설명하여 글쓰
기에 필요한 표현을 미리 예시하거나, 또는 글쓰기의 주제나 내용을 예측하는 활동
을 한다.

─ 예시 ─────────────────────────────────────

① 글쓰기 주제와 관련된 시각 자료를 제시하고 다음과 같은 질문을 한다.

〈그림 1〉

〈그림 2〉

교사   "여기 〈그림 1〉을 보십시오. 이 사람은 지금 무엇을 하고 있습니까?"

학습자   "쓰레기를 아무 데나 버리고 있습니다."

교사   "쓰레기를 아무 데나 버리면 어떻게 되겠습니까?"

학습자 1 "더럽습니다."

학습자 2 "환경이 오염됩니다."

② 교사는 환경이 오염되지 않으려면 어떻게 해야 하는지 질문한다.

172

③ 교사는 학습자들과 나눈 이야기를 정리하고, 오늘의 글쓰기 주제가 '환경 보호'와 관련된 것임을 알려
준다.

모범적인 텍스트 제시하기

그 시간에 써야 하는 글이 특정한 양식을 필요로 하는 경우에는 특정한 양식을 미리 보여주고 그 틀에 맞추어 상황에 맞게 글을 쓰는 활동이다. 예를 들어 편지나 카드, 초대장을 써야 하는 경우에는 교사가 미리 이러한 양식의 예시를 보여주어 학습자들로 하여금 그 양식에 따라 글을 쓰게 한다.

─ 예시 ─────────────────────────────────────

① 교사는 다음과 같이 초대장의 예를 보여 준다.

> ### 초 대 장
>
> 왕영에게
>
> 왕영 안녕?
>
> 다음 주 토요일은 내 생일이야. 우리 어머니께서 생일 파티를 해 주신다고 하셔서 친구들을 초대하기로 했어. 내 생일날에 우리 집에 올 수 있니? 올 수 있으면 3,4일 전에 미리 연락해 줘! 연락 기다릴께.
>
> 때　　: 2011년 10월 5일 오후 6시
> 장소 : 해운대구 한라아파트 101동 108호
>
> 2011년 9월 30일
>
> 수미 씀

② 초대장의 형식이 어떤지, 어떤 내용이 꼭 들어가야 하는지 함께 이야기해 보고 칠판에 정리해 준다.

② 쓰기 단계

쓰기 단계에서는 학습자들이 이미 익힌 어휘나 문법을 활용하여 문장과 단락, 한 편의 글을 생성해 낼 수 있도록 한다. 초급 단계의 학습자들은 주로 문장 구조에 익숙해지기 위한 통제된 쓰기 활동을 하게 된다. 통제된 쓰기 활동이 문법 교수와 차별화를 두기 위해서는 기계적인 문법 연습을 위한 쓰기 활동은 가능하면 짧게 실행하고 유도된 쓰기 활동으로 넘어가야 한다. 통제된 쓰기 활동에서는 학습자들이 제시된 문장들을 정확하게 쓰는지에 초점을 두고 올바른 쓰기 습관을 갖도록 맞춤법이나 띄어쓰기에 주의를 한다.

다음에서는 통제적인 쓰기에서 유도된 쓰기를 거쳐 자유로운 글쓰기로 옮겨 가는 쓰기 활동들을 순차적으로 살펴보기로 한다.

베껴 쓰기

베껴 쓰기는 한국어의 문자 체계를 익히기 위한 활동으로, 주어진 단어나 문장을 보고 그대로 옮겨 적는 활동에서부터 시작한다. 처음에는 모국어와는 전혀 다른 문자를 쓴다는 것이 어렵기 때문에 흐릿한 점선으로 쓰인 글자를 주고 그 위에 덮어 쓰는 연습을 한다.

베껴 쓰기를 할 때는 학습자들에게 익숙한 단어나 문장으로 시작하여 소리와 문자 관계를 이해할 수 있도록 하고, 소리내어 읽으면서 쓰면 더 효과적이다. 그러나 아무런 목적 없이 단순히 베껴 쓰기 활동만 하면 학습자들이 싫증을 낼 수 있으므로, 다양한 방법으로 베껴 쓰기를 할 필요가 있다.

① 교사는 다음의 단어를 획순에 따라 정확하게 칠판에 쓴다.

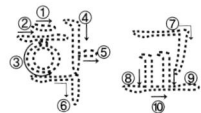

② 학습자들이 획순에 따라 정확하게 쓰는지 확인한다.

③ 학습자들이 획순에 따라 글자를 쓸 수 있도록 다음과 같은 예를 더 제시하여 연습하도록 한다.

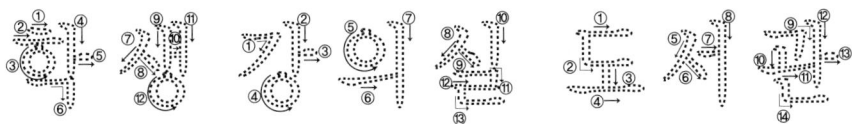

단어 쓰기 연습을 한 후에는 문장 베껴 쓰기 연습을 한다. 문장을 베껴 쓸 때에는 학습자들이 띄어쓰기를 제대로 하는지 확인해 보아야 한다. 교사는 띄어쓰기를 하지 않으면 의미가 제대로 전달되지 않는 경우를 설명하여 학습자들이 띄어쓰기에 신경을 쓰고 문장을 베껴 쓰도록 한다.

① 다음과 같은 문장을 제시하고 띄어 써야 할 곳에 표를 한다.

> 저는∨학교에∨갑니다.
> 강의실에서∨한국어를∨배웁니다.
> 도서관에서∨숙제를∨합니다.

② 학습자들이 띄어쓰기를 제대로 하는지 확인한다.

학습자들이 좀 더 흥미롭게 베껴쓰기를 하도록 유도하기 위해서 이미 알고 있는 한국 노래나 드라마 제목, 유명한 대사 등을 활용하는 것도 좋은 방법이다. 또는 교재를 읽은 후에 책을 덮고 읽은 문장을 기억하여 다시 쓴 다음에 교재를 펴서 자신이 쓴 것이 정확한지 확인해 보는 방법도 활용할 수 있다.

┤ 예시 ├

① 교사는 학습자들에게 이미 알고 있는 한국 노래 가사나 드라마 대사 등이 있는지 질문한다.

② 학습자 중에 한 사람이 앞으로 나와서 자신이 알고 있는 것을 쓴다.

③ 칠판에 쓴 것을 보고 정확하게 썼는지 서로 이야기하고 고친다.

④ 교사는 학습자가 쓴 것이 틀린 경우에 정확한 문장으로 고쳐 다시 쓴다.

⑤ 학습자들은 교사가 쓴 것을 보고 정확하게 베껴 쓴다.

빈칸 채우기

글의 대부분이 주어지고 몇 단어를 빈칸으로 만들어 적합한 단어를 써 넣는 활동이다. 처음에는 빈칸에 들어갈 단어들의 보기를 제시하다가 점차 보기를 주지 않고 학습자들이 직접 자신의 생각대로 빈칸에 적절한 단어를 쓰는 활동으로 확장한다. 이렇게 하면 기계적인 쓰기 활동에서 벗어나 전체적인 문장을 이해하고 쓰는 활동으로 유도할 수 있다.

┤ 예시 ├

＊ 빈칸에 들어갈 단어를 보기에서 찾아 글에 맞게 쓰십시오.

〈보기〉 미국에서   한국어를   어렵지만   키가 크고

저는 ＿＿＿＿＿＿＿＿ 온 마이클이라고 합니다.

저는 지금 대학에서 ＿＿＿＿＿＿＿＿ 배우고 있습니다.

한국어는 ＿＿＿＿＿＿＿＿ 재미있습니다.

대학에서 중국인 친구도 만났습니다.

중국인 친구 이름은 왕영입니다.

왕영은 ＿＿＿＿＿＿＿＿ 멋있습니다.

① 제시된 문장들의 빈칸에 들어갈 단어를 보기에서 찾아 쓴다.

② 한 학습자를 앞으로 나오게 하여 빈칸의 답을 쓰게 한 후, 다른 학습자들과 함께 제대로 썼는지 확인한다.

위와 같이 단순한 빈칸 채우기 활동을 한 후에는 학습자들의 수준이나 학습 목적에 따라 빈칸 채우기 활동을 다양하게 만들어 보다 확장된 활동을 할 수 있다. 다음과 같이 문맥에 따라 적절한 어휘나 문장을 써 넣는 쓰기 활동을 할 수 있는데, 이때 빈칸에 들어갈 내용의 보기나 단서를 제시하고 문맥에 맞춰 고쳐 쓰게 하는 것도 좋은 방법이다.

─ 예시 ─

＊ 다음 빈칸에 들어갈 말을 오른쪽에서 골라 문장을 완성하십시오.

저는 미국에서 온 _____ 이라고 합니다. 저는 지금 대학에서 한국어를 _____. 한국어는 _____ 재미있습니다. 대학에서 _____, _____ 친구도 많이 만났습니다. 중국인 친구 이름은 _____. _____은/는 키가 크고 멋있습니다. 베트남 친구는 _____, 한국말을 잘합니다. 우리는 이번 주말에 _____ 갔습니다. _____에 가서 _____ .	마이클 왕영 중국인 프엉 배우다 베트남인 어렵다 예쁘다 경주 구경하다

① 학습자들은 빈칸에 들어갈 말을 오른쪽에서 골라 쓴다.
② 한 학습자가 나와서 칠판에 완성된 글을 쓴다.
③ 교사는 학습자들과 같이 완성된 글을 읽으면서 문맥에 알맞게 썼는지 확인하고 잘못 쓴 경우에는 어떤 점이 잘못되었는지 설명한다.
④ 한 학습자가 다시 한 번 완성된 글을 정확하게 읽는다.

올바른 순서로 배열하기

이 활동은 문장의 순서와 상관없이 임의로 단어를 나열한 후에 학습자들에게 단어를 다시 배열하여 완전한 문장을 만들도록 하는 활동으로, 어순과 문장 구조에 대한 학습을 강화하는 데 유용하다.

예시

① 다음 단어들을 칠판에 쓴다.

> 영화를 나서 커피숍 보고 에서 친구를 만났습니다

② 짝이나 소집단별로 의논해서 단어들을 올바르게 배열한다.

③ 한 학습자가 나와서 칠판에 완전한 문장이라고 생각한 것을 다음과 같이 쓴다.

> 영화를 보고 나서 커피숍에서 친구를 만났습니다.

④ 칠판에 쓴 문장이 정확한지 전체 학습자들에게 질문하여 확인하고 정답이 아닐 경우 다른 학습자가 나와서 고쳐 쓰도록 한다.

⑤ 학습자가 정확하게 썼는지 확인한다.

짝 맞추기

완전한 문장들을 앞, 뒤 두 부분으로 나누어 쓴 다음 그 짝을 찾아 다시 완전한 문장으로 쓰는 활동이다. 교사는 연습할 문장들을 앞, 뒤 두 부분으로 분리하여 순서를 뒤섞어 칠판에 쓴다. 그러면 학습자들은 서로 짝이 되는 문장의 앞, 뒤 부분을 찾아서 연결한 후에 완전한 문장으로 다시 쓴다. 이러한 활동은 문장 앞, 뒤 부분의 호응 관계를 연습하는 활동에 유용하게 이용될 수 있다.

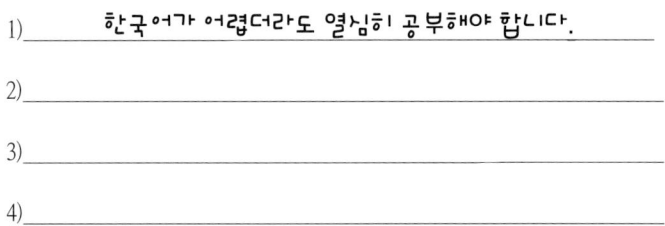

1) 한국어가 어렵더라도 •———————————— • 한국어를 잘 못합니다.

2) 학교에 지각할까 봐 • •———— 열심히 공부해야 합니다.

3) 책을 읽다가 보니까 • • 아침도 못 먹었습니다.

4) 철수는 공부하는 것에 비해서 • • 재미있어서 밤을 샜습니다.

1)_____한국어가 어렵더라도 열심히 공부해야 합니다._____

2)_____

3)_____

4)_____

① 교사가 먼저 앞 부분과 의미가 통하는 뒷부분을 연결하여 한 문장으로 만드는 시범을 보인다.

② 학습자들이 각자 문장을 완성해 본다.

③ 한 학습자가 칠판에 자신이 쓴 것을 적는다.

④ 정확하게 적었는지 확인하고 오류가 있는 경우에는 수정한다.

위에서 제시된 활동은 문장의 호응 관계를 찾아 좌우를 연결하여 다시 쓰는 단순한 활동이다. 이러한 짝 맞추기 활동은 학습자들의 수준에 따라서 서로 관련된 어휘를 찾아 연결하게 한 다음에 그것을 이용하여 적절한 문장으로 다시 만드는 활동으로 확장시킬 수 있다.

1) 눈이 반짝이다 •——————————— • 영화 배우

2) 키가 크다 • •———— 별

3) 얼굴이 예쁘다 • • 전봇대

4) 마르다 • • 젓가락

1) <u>   내 친구는 하늘의 별처럼 눈이 반짝입니다.   </u>

2) <u>   </u>

3) <u>   </u>

4) <u>   </u>

① 교사가 먼저 서로 연관되는 어휘를 연결하는 시범을 보인다.

② 학습자들은 교사의 시범을 따라 '-처럼 -하다'라는 표현을 이용하여 한 문장으로 쓴다.

③ 학습자들이 제대로 썼는지 확인하고 정확하게 쓰지 못한 경우에는 수정하여 준다.

그림 보고 쓰기

그림 보고 쓰기는 주어진 그림을 보고 그림의 상황을 묘사하는 쓰기 활동이다. 교사는 그림의 내용과 관련된 어휘나 문형을 미리 제시하는 통제된 쓰기 활동에서 시작하여 점차 그림을 보고 상상하여 자유롭게 글을 쓰는 활동으로 확장한다. 이렇게 하면 학습자들의 글쓰기 능력을 단계적으로 향상시킬 수 있다.

예시

① 그림을 보고 학습자들과 그림에 대하여 이야기한다.

    교사 　"이 사람은 지금 무엇을 하고 있어요?"

    학습자 "세수하고 있어요."

② 학습자들은 그림을 보며 이야기한 내용을 가지고 일요일의 하루 생활에 대한 글을 쓴다.

③ 글이 완성되면 몇몇의 학습자들은 자신이 쓴 내용을 발표한다.

④ 학습자들이 발표한 것을 듣고 오류가 있으면 수정한다.

그림 보고 쓰기는 그림을 보고 학습자들이 상상하여 자유롭게 글을 쓰는 활동으로 확장할 수 있는데, 이때 그림의 상황을 묘사하는 데에 필요한 적절한 어휘나 문형을 제시하면 학습자들이 자유롭게 글을 쓰는 것에 대한 부담을 줄일 수 있게 된다.

예시

〈그림 1〉　　　　　〈그림 2〉　　　　　〈그림 3〉

〈그림 4〉　　　　　〈그림 5〉　　　　　〈그림 6〉

① 그림의 내용을 순차적으로 이야기한다.
② 이야기하는 과정 중에 나온 어휘들을 다음과 같이 칠판에 쓴다.

> 토끼와 거북이가 달리기 시합을 합니다.
> 토끼는 빨리 달립니다.
> 거북이는 천천히 달립니다.
> 토끼가 낮잠을 잡니다.
> 거북이는 쉬지 않고 달립니다.
> 거북이가 이겼습니다.

③ 학습자들은 주어진 문장을 이용하여 그림의 내용에 맞게 이야기를 쓴다.
④ 글이 완성되면 몇몇의 학습자들은 자신이 쓴 글을 발표한다.
⑤ 학습자들의 발표를 듣고 오류가 있으면 수정한다.

받아쓰기

받아쓰기는 교사나 음성 매체에서 나오는 소리를 듣고 쓰는 것으로, 듣기 활동과도 연계되는 쓰기 활동이다. 받아쓰기는 학습자들이 듣고 소리나는 대로 쓰는 것이 아니라 맞춤법이나 문법 체계에 맞추어 쓰기 때문에 어휘, 문법 능력까지 확인할 수 있는 장점이 있다. 그러나 단순하게 듣고 받아쓰는 활동은 학습자들을 지루하게 만들 뿐만 아니라, 쓰기 능력을 향상하는 데에도 별로 도움이 되지 않는다.

따라서 학습자들의 쓰기 능력을 향상하기 위해서는 어휘나 문장을 듣고 받아쓰는 단순한 활동에서부터 시작하여 문장의 일부분만 들려주고 받아쓰기를 한 후에, 나머지 부분은 학습자들이 스스로 완성하는 쓰기 활동으로 확장하는 것이 좋다.

받아쓰기 활동은 학습자들의 수준에 따라서 들은 내용을 다시 재구성하여 쓰는 활동으로 나아갈 수 있다. 들은 내용을 재구성하여 쓸 때는 교사가 말한 내용을 그대로 쓸 필요는 없고 학습자들이 듣고 이해한 내용을 쓰게 하면 된다.

예시

① 교사는 학습자들의 수준에 적합한 텍스트를 선택하여 천천히 또박또박 읽는다.

> 일요일에는 아침 10시까지 잠을 잤습니다.
> 일어나서 아침을 먹고 친구를 만나러 나갔습니다.
> 친구와 커피숍에서 만나 이야기를 하고 나서 영화를 보았습니다.
> 영화를 본 후에 집으로 돌아와 숙제를 하였습니다.
> 숙제를 하고 나서 컴퓨터 게임을 1시간동안 했습니다

② 학습자들이 들은 내용을 재구성하여 쓸 수 있도록 다음과 같이 주요한 어휘를 칠판에 쓴다.

> 커피숍, 영화관, 숙제, 게임

③ 학습자들은 힌트로 주어진 단어들을 사용하여 들은 이야기를 쓴다.
이때 교사가 읽은 내용과 정확하게 똑같이 쓸 필요는 없음에 유의한다.

④ 다 쓰고 나면 한 학습자가 일어나서 자신이 쓴 내용을 발표한다.

⑤ 교사는 다른 학습자들과 함께 원래의 내용과 달라진 것이 있는지 이야기 한다.

⑥ 달라진 내용이 전체의 줄거리에 크게 어긋나는 경우에만 수정한다.

예시 따라 쓰기

예시 따라 쓰기는 정확한 쓰기의 모델이 되는 예시를 보여주고 학습자의 상황에 맞게 다른 단어로 대체하여 새로운 문장을 만드는 쓰기 활동이다. 보통 초대장을 만들거나 편지글, 기행문 등과 같이 특정한 형식을 갖추어 글을 써야 하는 경우에 모범적인 예시를 보고 따라 쓰게 된다. 이러한 활동은 글의 종류와 그 특성을 익히는 데 매우 도움이 된다.

─ 예시 ─

> 김 선생님께
>
> 선생님께서 도와 주신 덕분에 재미있게 한국어 공부를 할 수 있습니다.
> 많은 도움을 주서서 감사합니다. 앞으로 더 열심히 공부하겠습니다.
> 늘 행복하시길 바랍니다.
>
> 수잔 올림

① 선생님께 보내는 '스승의 날' 카드의 예를 보여 주고 카드의 형식에 대해서 이야기한다.

② 학습자들이 모르는 어휘가 있으면 설명한다.

③ 학습자들은 각자 자신의 상황으로 카드를 쓴다.

④ 몇몇의 학습자들은 자신이 쓴 것을 발표하고, 오류가 있으면 수정한다.

표 이용하기

표는 중요한 정보만을 알기 쉽게 나타내는 것으로 일상생활에서도 자주 활용된다. 따라서 표를 보고 무슨 내용인지 이해하기 위해서는 표를 활용한 언어 기능의 연습이 필요하다. 표를 이용한 쓰기 활동에서는 표를 보고 문장을 만드는 연습을 한다.

＊ 다음 표를 이용하여 문장을 완성하십시오.

이름	프엉	전공	한국어 교육
성별	여자	취미	여행
국적	베트남	키	작은 편
나이	21	한국어 능력	아주 잘함

제 친구는 프엉입니다.

프엉은 _____ 사람이고 나이는 _____ 살 입니다.

한국의 대학에서 _____ 을 전공하고 있으며

_____ 을/를 아주 잘 합니다.

프엉의 키는 _____ 이지만 무척 예쁩니다.

취미는 _____ , 한국에서 공부하면서 한국의 여러 도시를 여행하고 싶어 합니다.

① 표를 가지고 친구를 소개하는 방법을 설명하고 교사가 시범을 보인다.
② 학습자들은 표를 보고 빈칸을 완성한다.
③ 다른 학습자들과 함께 정확하게 썼는지 확인하고 한다.

표를 이용한 쓰기 활동도 다른 활동들과 마찬가지로 표에서 지시한 대로 글을 쓰는 통제적인 활동에서 좀 더 유도된 활동으로 확장할 수 있다. 유도된 쓰기 활동에서는 글쓰기에 필요한 단서만을 제공하고 학습자는 단서에 따라 각자의 생각대로 자유롭게 문장을 만들어 낼 수 있도록 한다.

이어지는 내용 쓰기

이어지는 내용 쓰기는 글의 내용을 반만 제시하거나 결과를 보여 주지 않고 학습자들이 상상하여 결과를 만들어 쓰는 활동이다. 이러한 쓰기 활동은 학습자가 혼자서 상상하여 쓰는 개별 활동보다는 학습자들을 소집단으로 구성해 협력활동을 하는 것이 좋다. 소집단별로 학습자들이 서로 이어지는 내용에 대해 이야기하면 다양한 아이디어를 제공받을 수 있기 때문에 글쓰기에 대한 부담감을 줄일 수 있다.

* 다음 글을 읽고 이어질 내용을 써 보십시오.

> 한국에 온 지 얼마 안 되었을 때의 일이었다. 나는 친구들과 부산의 유명한 해운대에 놀러갔다. 친구들과 함께 해운대 동백섬에 있는 누리마루를 구경하고 바닷가에 가서 물놀이를 하였다. 한참 놀다가 배가 고파서 근처에 있는 식당에 들어갔다. 우리는 식당에서 감자탕을 주문하였다. 감자탕은 정말 맛있었다. 친구들과 감자탕을 다 먹고 계산하려고 가방을 열어 보니 지갑이 없었다. 그런데 그날 점심은 내가 사기로 했기 때문에 다른 친구들은 모두 돈이 없었다.
>
> _____
>
> _____
>
> _____

① 제시된 본문을 읽고 모르는 어휘가 있으면 설명한다.
② 학습자들을 소집단으로 구성하고 소집단별로 다음에 어떤 일이 일어날지 토론한다.
③ 소집단별로 토론한 내용을 중심으로 이어지는 내용을 쓴다.
④ 소집단별로 대표 학습자가 나와서 자신이 쓴 글을 발표한다.
⑤ 교사는 발표한 것을 듣고 오류가 있으면 수정한다.
⑥ 어느 소집단이 가장 재미있게 썼는지 선정하여 적절한 보상을 한다.

③ 쓰기 후 단계

이 단계에서는 쓰기 단계에서 연습했던 활동들을 정리하고 오류를 수정하며 다른 언어 기능으로의 확장을 시도한다. 쓰기에서는 학습자 결과물에 대한 오류 수정이 중요한데 수업 중 모든 오류를 즉각적으로 교사가 다 수정해 주기는 힘들다. 따라서 학습자 전반에서 나타나는 오류는 따로 모아서 쓰기 후 단계에서 제시하고 정확하게 수정하여 같은 오류가 반복되지 않도록 한다. 또한, 학습자 스스로나 동료학습자와 바꾸어 서로 오류를 수정해 주는 시간을 가질 수도 있다. (오류는 262쪽 참조)

쓰기 후 단계에서는 학습자들의 쓰기 결과물을 가지고 토론을 하거나 발표를 하는 등, 다른 언어 기능과 연계된 통합적인 활동으로 확장할 수 있다.

───(예시)────────────────────────────

【말하기와 연계】

① 쓰기 단계에서 만들었던 초대장을 활용한다.

② 초대장의 내용에 따라 초대하는 사람과 초대받는 사람으로 학습자들의 역할을 정해준다.

③ 학습자들은 짝끼리 연습할 수 있는 시간을 갖는다.

④ 교사는 몇 팀을 골라 발표하게 한다.

〈자유 작문하기〉

　쓰기 활동의 궁극적인 목표는 학습자가 자신의 느낌이나 생각을 자유롭게 표현하는 데 있다. 한국어 학습 단계가 높아질수록 자유 작문을 하는 기회가 늘어나는데 학습자들에게 한 편의 글을 써 내는 것은 큰 부담이 된다. 따라서 한 편의 자유 작문을 하기 위해 쓰기 전, 쓰기, 쓰기 후의 단계적인 과정을 밟아 나가는 것이 도움이 된다.

　과정 중심 글쓰기는 글을 쓰기 전 단계에서 주제 정하기, 주제를 전개하기 위한 아이디어 생성하기, 생성된 아이디어를 글의 구조에 따라 분류하기, 개요 짜기를 한 후에 글쓰기 단계로 넘어간다. 글쓰기가 완성되면, 오류를 수정하는 쓰기 후 단계의 활동을 한다. 이와 같이 긴 글을 쓰기 위한 자유 작문을 할 때 과정 중심 글쓰기를 하게 되면 학습자들이 글쓰기에 대한 부담감을 줄일 수 있다. 교사는 단계별 글쓰기 과정이 원활하게 진행되도록 세심하게 도와주어야 한다.

쓰기 전 단계

① 자유 작문의 주제를 제시한다.

주제 : 텔레비전 시청과 한국어 학습

② 글의 주제와 관련된 배경지식을 활성화시키는 활동을 한다.(쓰기 전 단계 활동 참고) 교사는 전체 학습자들에게 떠오르는 어휘나 생각을 마음대로 말하게 하고 학습자들이 대답한 내용을 다음과 같이 적는다.

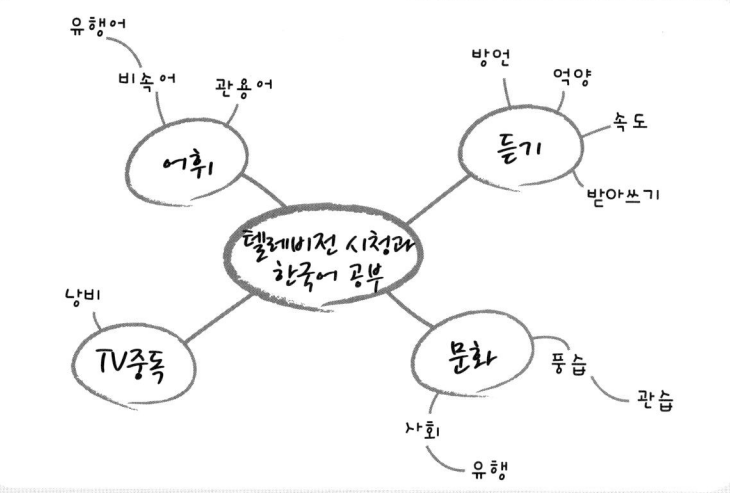

③ 칠판에 기록된 브레인스토밍의 결과를 보고 글의 주제와 직접적인 관련이 있는 것과 없는 것이 있는지 질문하고 그 이유를 설명하도록 한다.

④ 주제와 직접적으로 관련되고 글의 내용에 들어갈 수 있는 생각들을 다음과 같이 정리하여 글의 개요를 짠다.

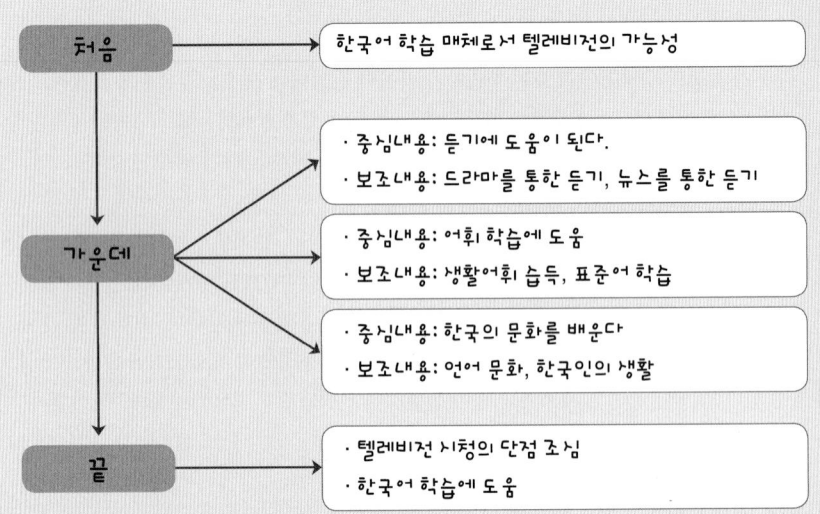

쓰기 단계

① 위의 개요 짜기에 따라 학습자들은 스스로 자신들의 생각을 쓴다.

② 교사는 학습자들이 글을 쓰는 동안 교실을 순회하면서 글을 못 쓰고 있는 학습자들이 있는 지 주의 깊게 관찰하여 글을 쓸 수 있도록 도와준다.

쓰기 후 단계

① 학습자들은 초고가 완성되면 자신이 쓴 글을 다시 읽어 보고 수정하여 글을 다듬도록 한다.

② 교사는 학습자들의 쓰기 결과물에 대한 오류를 수정하고 학습자들은 다시 고쳐 써서 글을 완 성한다.

③ 교사는 완성된 결과물 중에 모범적인 글을 선정하여 발표하게 하거나 학습자들의 결과물을 전시한다.

Ⅳ. 수업의 설계와 운영

제10장 수업 계획

교실 수업에서 수업을 계획하고 진행하는 것은 매우 중요한 일이다. 특히 언어 교육을 위한 수업에서는 새로운 언어 형식을 도입하여 학습자들이 그것을 연습하도록 이끌고, 학습자들에게 배운 언어로 자유롭게 의사소통을 할 수 있는 기회를 부여해야 한다. 이를 위해 효율적으로 수업을 하기 위한 계획서를 작성해야 하는데, 수업에 대한 계획서를 작성하는 일은 경험 많은 교사나 초보 교사 모두에게 필요한 일이다. 경험이 많은 교사일 경우에는 수업 시간에 해야 할 활동들을 간단하게 메모하는 정도의 수업 계획서로도 충분하겠지만, 초보 교사인 경우에는 수업에 들어가기 전에 수업 전개에 대해 상세하게 기록한 계획서를 준비하는 일이 필요할 것이다.

수업 계획은 매해, 매학기, 매주, 매시간에 무엇을 해야 할지 계획하는 것이 일반적이다. 잘 만들어진 수업 계획서는 누가 보더라도 언제 무엇을 어떻게 가르치는지 알 수 있게 짠 것으로, 수업의 목적을 달성하기 위한 교육 내용, 방법, 자료, 평가 등에 대한 치밀한 계획이 포함된다. 그러나 수업 계획은 상황에 따라 조금씩 변동될 수 있음을 감안하여 유연하게 수립할 필요가 있다.

이 장에서는 수업을 계획하는 단계에서부터 본시의 수업에 대한 지도안을 작성하는 방법에 이르기까지 관련되는 여러 문제들을 구체적으로 살펴보기로 한다. 다음은 수업을 계획할 때 염두에 두어야 할 사항들이다.

- 수업 시작 전에 진단 평가를 실시하여 학생들의 조건에 맞는 수업 전략을 계획한다.
- 수업 내용의 난이도에 따라 수업 활동에 필요한 시간과 진도 등을 계획한다.
- 교사와 학습자의 활동이 적절히 배분되도록 한다.
- 수업은 학습자들이 지루하지 않도록 학습자 전체나 소집단별 활동 또는 짝활동이나 개별 활동 등과 같은 다양한 활동들로 구성되도록 한다.
- 교사는 수업 계획서에 집착하지 말고 학습자들의 상황에 따라 내용과 교수법 등을 융통성 있게 적용하여야 한다.
- 수업 후에는 학업 성취도를 측정하기 위해 평가를 계획한다.
- 수업 실행에 대한 교사의 수업 평가를 실시하여 다음 수업 계획에 반영한다.

① 수업 계획하기

예정된 학습 내용을 재조직하여 정해진 시간 안에 목표를 달성할 수 있도록 하기 위해 수업 계획을 짠다. 적절한 수업 계획을 수립하기 위해서는 우선 학습자의 실태와 학습 내용, 그리고 이에 따라 선택된 교수 방법을 통합하여 수업의 구조를 설정한다. 이때에는 수업 목표와 내용과 과정, 방법이 유기적인 관계를 맺어 통일되고 일관되게 조직되도록 하는 것이 중요하다.

수업 목표의 설정

수업을 계획할 때, 우선 수업의 목표를 설정해야 한다. 목표를 설정하는 방법 중의 하나는 학습자들이 수업 전에는 몰랐으나 수업이 끝났을 때 무엇을 알고, 무엇을 할 수 있게 되는지를 생각해 보는 것이다.

수업 목표는 성취한 내용을 구체적인 관찰이 가능하도록 도달 준거가 행동동사로 분명히 나타나도록 진술되어야 한다. 여기서 도달 준거는 성취 목표에 도달되었는지를 분명하게 구별할 수 있는 판단 기준이 되며, 행동동사는 학습자의 변화된 행동을 눈으로 직접 관찰 가능한 동사에 해당된다. 수업 목표를 설정하기 위해서는 다음과 같은 사항에 유의할 필요가 있다.

- 교재의 내용에 알맞게 설정한다.
- 명료하고 정확하게 진술한다.
- 구체적이며 실현 가능하게 표현한다.
- 내용 요소와 행동 요소를 포함한다.
- 주어진 시간에 너무 많은 목표를 설정하지 않는다.

위와 같은 내용으로 실제로 한국어 수업에서 수업 목표를 설정할 때, 교사는 수업을 통해서 도달될 수 있는 결과를 중심으로 하되, 어떤 상황에서 어떤 결과를 예상할 수 있는지를 구체적으로 제시해야 한다. 예를 들어 '오늘 날씨가 어떻습니까?'와 같이 날씨에 관한 학습 내용에 대한 수업 목표를 설정하면 다음과 같이 작성될 수 있다.

– 날씨와 관련된 어휘들을 이해하고 사용할 수 있다.

– 이유를 나타내는 '–아서/어서' 문형을 사용하여 날씨를 표현할 수 있다.

수업의 내용과 방법

수업 목표가 설정되면 무엇을 어떻게 가르칠지를 정하게 되는데, 먼저 교사는 치밀하게 교재 연구를 하여 수업의 목표를 달성하는 데 필요한 핵심적인 내용과 이를 구성하는 기본적인 학습 요소들을 선정한다. 학습 요소들이 구체적으로 결정되면 학습자의 수준에 따라 확장시킬 어휘의 범위와 문법 항목의 기능 범위 등을 조절한다. 이때 이러한 학습 요소들이 학습자들의 관심과 흥미를 이끌 수 있는지, 학습자들의 한국어 수준은 어떠한지, 학습 내용을 이해할 수 있는지 등을 고려해야 한다.

또한 언어를 학습하기 위한 수업이니만큼 말하기, 듣기, 읽기, 쓰기 등의 언어 기능이 통합되어야 하며, 실제 생활에서 유의미하게 사용될 수 있는 내용으로 구성되도록 한다. 그러나 주어진 수업 시간 안에 지나치게 많은 내용을 학습자들에게 전달하고자 하면 오히려 수업 목표를 이루는 데에 방해가 될 수 있으므로, 학습자들의 수준에 맞게 학습 내용을 제한하고 학습 요소별로 적절한 시간을 안배하는 것도 매우 중요한 일이다.

학습 내용이 정해지면 어떤 방법으로 수업을 진행할지 계획하게 되는데, 교수 방법을 정할 때에는 학습자들의 성향을 파악할 필요가 있다. 학습자들이 소극적이거나 교사 의존적인 성향인지, 혹은 학습자들이 적극적이고 활발한 성향인지를 파악하여 이에 부합하는 학습 활동들을 준비하도록 한다. 한편, 수업의 효과를 높이기 위해서는 교수·학습 매체를 준비해야 하는데, 이때 교수·학습 매체는 수업 내용을 효과적으로 전달하는 데 도움이 되어야 하며, 준비하기 쉽고 사용하기에도 편리한 것이 좋다.

수업 내용과 방법을 계획하는 데 무엇보다 중요한 것은 이 모든 계획들이 학습자들의 의사소통 능력을 향상시키는 언어 교육의 목표와 부합되어야 하며, 수업 내용과 방법, 학습자 상황, 교수·학습 매체가 상호 유기적으로 연관되도록 해야 한다는 것이다.

수업 평가

교사는 수업을 진행하는 도중에 자신이 계획한 대로 수업이 진행되고 있는지, 학습자들이 수업 내용을 제대로 이해하고 있으며 수업에 능동적으로 참여하여 활발하게 목표어를 사용하고 있는지 등에 대하여 부단히 관찰하게 된다.

수업을 마치면 수업의 설계와 실행 과정이 설정된 목표에 어느 정도 도달되었는지를 평가하여 그 수업의 효율성과 적절성을 확인해 보게 될 것이다. 교사는 좋은 수업을 하기 위하여 최선을 다하지만, 수업이란 자체가 복잡한 활동이라서 교사의 의도대로 진행되지 않을 수도 있고, 또한 예상하지 않은 문제점들이 노출될 수도 있다. 따라서 수업을 평가하는 하는 것 역시 복잡하고 다양한 의미를 지닌 활동이라고 할 수 있다.

수업을 평가하기 위해서는 다양한 기준이 마련되어야 하는데, 특히 언어 교육에서의 수업 평가는 학습자들의 목표어 사용 능력 신장이 목적이니만큼, 교수·학습 전반적인 활동 내용과 더불어 교사의 수업 진행 능력, 학습자 변인 등 다양한 요인들을 고려하여 평가 기준을 마련해야 할 필요가 있다.

언어 수업에 대한 평가는 크게 수업 설계에 대한 평가와 수업 실천에 대한 평가로 나눌 수 있다. 수업 설계에 대한 평가는 수업 계획안과 수업 목표의 정확성, 학습자들의 수준에 적절한 교재의 선택 및 교수법 사용, 교수·학습 매체의 활용에 대하여 평가한다. 또한 수업 실천에 대한 평가는 교사의 수업 진행 능력에 대한 평가이다. 여기에는 교실 운영 능력, 수업 진행 능력, 교수 자료의 이용, 학습자 참여 유도, 다양한 학습 활동, 학습 촉진과 학습 동기 부여를 위한 교사의 노력 등에 대한 평가가 포함된다. 그 외에도 예측하지 못한 상황에서의 대처 능력 및 순발력, 교사의 언어 사용 및 학습자 오류의 인지와 처치, 질문 기법 등 학습 활동과 연관되는 구체적인 항목까지도 포함될 수 있다.

수업 평가는 공개적으로 진행될 수도 있고 한 학기의 수업이 끝난 후에 학습자들에 의해서 평가될 수도 있다. 이러한 수업 평가의 목적은 학습자들의 수업 목표 도달 정도를 평가할 뿐만 아니라, 수업 계획과 실행 등과 같은 진행상의 문제를 파악하고, 이를 개선하고 보완하여 새로이 수업 계획을 하는 데 있다.

예시

【수업 평가서】

교과목 명		한국어 말하기	담당 교사	홍길동	
단원 명			수업 일시		
평가 담당			수업 장소		
영역		평가 기준			점수/100점
수업 계획		1) 수업 목표가 학습자의 요구와 능력에 적합하다. 2) 수업 자료가 학습자의 능력과 수업 목표에 적합하다. 3) 수업 단계별 배당 시간이 적절하고 수업의 흐름이 원만하다. 4) 교실 활동이 다양하고 균형 있게 설계되었다. 5) 학습자의 언어적 및 수업 활동의 어려움을 예측하고 대비책을 마련하였다. 6) 교수학습 지도안의 문장이 정확하고 명료하게 작성되었다. 7) 평가 방법 및 기준이 계획되었다.			/25점
수업 진행	학습 환경 조성	1) 교사는 학습자들의 참여를 격려하고 유도한다. 2) 학습자들의 질문에 적절히 반응하고 대답한다. 3) 필요에 따라 여담도 적절히 활용한다. 4) 학습자들의 주의를 집중시키고 수업에 몰입하게 한다. 5) 학습자들의 인격을 존중하고 모든 학생을 공평하게 대한다. 6) 학습자 전체를 제어하고 조종하여 활발한 학습으로 이끌고 있다.			/25점

수업 진행	교실 운영	1) 학습자 조직 방법(소집단, 짝 활동, 개별 활동, 전체 학습)이 효율적으로 구성되었다. 2) 교수·학습 자료가 학습 목표와 학습자에 적합하고, 유의미한 도움을 주었다. 3) 교실 활동이 다양하게 진행되었고 수업 목표에 적합하였다. 4) 학습자의 참여가 중심이 되도록 수업을 구성하였다.	/25점
	교수 방법	1) 학습 목표와 관련한 학습자의 선행 지식을 활성화하여 학습 동기를 유발하였다. 2) 학습 단계별로 다양한 수업 전략을 활용하였다. 3) 학습 내용을 전달하기 위하여 다양한 활동과 과제를 실행하였다. 4) 의사소통을 위한 발화와 연습 활동들이 통제적인 활동에서 유도적인 활동으로 단계적으로 진행되었다. 5) 수업 목표 성취 및 학습자의 이해 정도에 따라 수업을 진행하는 속도가 조절되었다. 6) 수업 단계별로 학습 자료들을 적절하게 활용하였다.	/25점
소감 및 의견			총점 /100점

② 수업 계획서 작성하기

한국어 교육 프로그램은 대개 학기별로 10주 단위로 실행되는데, 주 5일 동안 하루 4시간씩 총 200시간의 수업으로 진행되는 것이 일반적이다. 따라서 수업 계획은 학기별 계획과 그에 따른 주별 계획 및 본시 수업에 대한 계획으로 이루어진다. 수업 계획이 잘 되어 있으면 교사들은 수업을 하는 데 안정감과 자신감을 가질 수 있으며, 이는 학습자들에게도 전달되어 수업에 대한 만족감을 느끼게 한다.

한 학기 수업 계획

한 학기 수업 계획은 새로운 학습자들을 대상으로 수업을 시작하기 전에 이루어진다. 수업 계획을 수립할 때에는 같은 교재를 사용하는 동료 교사들과 함께 수업의 목표, 방법, 진도, 평가 등에 관하여 논의하는 것이 좋다. 교사들은 교재의 특성을 살펴보고 교재의 순서대로 진도를 나가는 것이 적절한지 검토하고, 학습자들의 수준에 적합하지 않은 단원은 생략할 것인지 등에 대하여 결정한다. 또한 각 단원별로 안배해야 할 시간을 정하고 교재 내용 이외에 첨가해야 할 내용이나 특별 활동에 대해서도 논의하여 정하도록 한다.

이와 같이 한 학기 동안의 수업 내용이 정해지면 어떠한 방법으로 수업을 진행할 것인지, 학습자들에게 어떤 과제를 부여할지, 평가의 횟수와 방법 등에 관해서 계획한다.

한 학기 동안 해야 할 대략적인 계획이 세워지면 주별 계획을 세우도록 한다. 그러나 수업에 결손이 생기는 경우나, 학습자들이 특별히 어려워하는 단원이 있을 경우를 대비해 수업 계획은 여유 있게 세우도록 한다. 별도의 평가 기간이 준비되어 있지 않은 경우에는 한 학기의 수업이 종료되기 전에 평가를 위한 시간을 따로 계획하도록 한다. 다음은 초급 학습자들을 대상으로 한 학기 동안의 수업에 대한 계획표를 작성한 것이다.

【학기 계획서】

교재	쉽게 배우는 한국어 초급 듣기·말하기	담당 교사	
수업기간	2010.9 ~ 2010.11 (10주)	시수	4시간/주. 총 200시간
수업 목표	· 한국어의 발음 구조와 발음 방법을 이해하고 정확하게 발음할 수 있다. · 일상생활에서 필요한 어휘와 표현을 익히고 활용할 수 있다. · 일상생활과 관련된 상황에서 의사소통을 할 수 있다.		

주차	수업 내용	비고
제1주	한글 자모 익히기 1과 안녕하세요? 2과 이것이 뭐예요?	
제2주	3과 책상 위에 컴퓨터가 있어요. 4과 우체국은 어디에 있어요?	
제3주	5과 이 사과 한 개에 얼마예요? 6과 10시에 수업을 시작해요.	
제4주	7과 주말에 바다에 갔어요. 8과 나는 영화 보는 것을 좋아해요.	
제5주	9과 아버지께서는 회사에 다니세요. 10과 학교에 어떻게 와요.	교통 수단 이용 체험
제6주	11과 오늘 날씨가 어때요? 12과 나는 겨울이 좋아요.	
제7주	13과 빨간색 가방 있어요? 14과 매운 음식을 잘 못 먹어요.	한국 음식 만들기
제8주	15과 어디에서 만날까요? 16과 제 친구를 소개할게요.	
제9주	17과 도서관에 공부하러 가야 해요. 18과 테니스를 배운 지 얼마나 됐어요.	평가 문항 출제
제10주	19과 주말마다 등산을 해요. 20과 잠시만 기다려 주세요.	평가 시행 (인터뷰, 필기시험)

주간 계획

주간 계획은 보통 한 주당 20시간으로 배정된 수업 시간의 계획을 말한다. 주간 계획은 한 학기의 수업 계획표에 따라 이루어지는데, 보통 한두 개 단원의 수업에 대한 계획을 다루게 된다. 같은 과목을 여러 교사가 수업을 하는 경우에는 모두 함께 모여서 계획을 세우는 것이 좋다. 주간 수업 계획표를 작성하면 매일매일 수업을 준비하는 것보다 훨씬 여유를 가지고 미리 준비하고 다루어야 할 내용을 연구할 수 있다.

주간 계획을 수립할 때에는 우선 교재의 내용을 검토하고 교사와 학습자들이 해야 할 활동을 메모한다. 통합 교재인 경우에는 교재 내용에 따라 어떤 언어 기능을 다룰 것인지 결정한다. 그런 다음에 각 단원의 주제에 알맞은 활동들을 정하고 학습자들이 수업 내용을 잘 이해했는지 확인할 수 있는 쪽지 시험 등을 계획한다. 보통 쪽지 시험은 주간 계획의 마지막 요일에 실시하는 것이 좋다.

주간 수업에 대한 계획이 수립되면 주간 계획표를 작성하게 되는데, 주간 계획표에는 요일별로 교재에 나와 있는 단원에 맞추어 학습 주제를 쓴 다음 준비물이나 과제 등을 적는다. 주간 계획표는 학습자들에게 미리 나누어 줄 수도 있다. 그렇게 하면 학습자들이 다음 주에 학습해야 할 내용을 예습할 수 있고, 필요한 준비물도 미리 준비할 수 있게 된다.

── 예시 ──

【주간 계획서】

	월요일	화요일	수요일	목요일	금요일
학습 내용	5과 가격 말하기 수 읽기	5과 가격 묻고 답하기	6과 시간 표현	6과 하루 일과 말하기	5.6과 복습 형성평가
학습 요소	수사 표현 단위 명사 -에(단위)	-에 얼마예요? -원 입니다	시, 분 표현 -에(시간)	몇 시입니까? -시에 -해요.	주요 표현 복습 형성평가
비고	과제 점검	상황극 설정	모형 시계	짝 활동	학습지 준비

본시 수업 지도안

본시 수업에 대한 계획은 주간별 수업 계획표에 따라 수업이 시행되기 전에 세운다. 교사의 경력에 따라 초보 교사인 경우에는 매우 구체적으로 세세하게 수업 계획을 작성하지만, 경력이 쌓이면서 점차적으로 덜 상세하게 작성하게 된다.

본시 수업 계획을 짜면 교사가 중요한 것을 잊어버리는 일이 없이 수월하게 수업을 할 수 있게 된다. 또한 언제 어떤 내용을 다루었는지 기억하기 쉽고 수업 내용이 기록으로 남게 되어 자신의 수업에 대한 반성과 미래의 수업을 준비하는 데 도움이 된다.

본시 수업을 계획하기 전에 교사는 수업을 하는 데에 필요한 여러 가지 구성 요소들을 파악하고 있어야 한다. 예를 들면, 학습자들의 수업 태도와 한국어 사용 수준 등에 관한 것이나, 일주일에 배당된 시간이 몇 시간인지, 수업 결손이 가능한 상황은 없는지, 수업에 필요한 교수·학습 매체들은 갖추고 있는지 등을 우선적으로 파악해야 한다.

그런 다음에 본시 수업의 학습 목표를 분명하게 정한다. 학습 목표를 기술할 때에는 학습자들이 어떤 활동을 해서 어떤 학습 성취를 이룰 수 있는지 구체적으로 작성해야 한다.

학습 목표를 정한 후에 교사는 학습 활동을 어떻게 진행할 것인지 분명하게 적어야 한다. 예를 들면, 학습 주제는 무엇이고, 학습자들을 어떻게 조직하여 (소집단이나 짝 활동 등) 어떤 학습 활동을 할 것인지, 필요한 준비물은 무엇인지를 상세히 써야 한다. 이때 교사는 학습 활동이 예상보다 더 빨리 진행되는 경우나 학습자들의 이해가 어려운 경우에 사용할 수 있도록 몇 가지 다른 활동들을 준비하거나, 학습자들의 이해를 도울 수 있는 학습지 등의 보충 자료를 준비하는 것이 좋다.

【수업 지도안】

단원	매운 음식을 잘 못 먹어요.	장소	
주제	음식	담당교사	
학습	* '–지만 –하다'를 이용하여 한국 음식의 맛을 표현할 수 있다.	차시	1/5
단계	교수 · 학습 활동	비고	시
제시	* 학습자들과 인사를 하면서 결시자가 없는지 확인한다. * 전시 학습을 상기하고 '식당에서 식사하는 사진, 음식 관련 사진'을 보며 본시에 배울 〈학습 목표〉에 대해 이야기 해 본다. 　교사: (떡볶이 그림을 보여주면서) "왕영씨, 이거 뭐예요?" 　왕영: "떡볶이예요." 　교사: "먹어 봤어요?" 　왕영: "네, 먹어 봤어요." 　교사: "맛있어요?" 　왕영: "네, 맛있어요. 그러나 좀 매워요" 　교사: " 아, 떡볶이는 맛있지만 매워요." 　　　　　　　　⋮ * 다른 음식 사진을 보여 주면서 같은 방법으로 질문과 대답을 하면서 본시의 학습 내용이 '–지만 –해요'임을 제시한다. * 그림을 보면서 한국 음식의 이름과 맛을 이야기해 보고 새로 나온 어휘들은 칠판에 적는다.	PPT (한국음식 사진)	5'
연습	* PPT를 이용하여 한국 음식을 보여 주면서 학습자들에게 음식 이름과 맛이 어떤지 질문하고 좋아하는 한국 음식을 말해 보도록 한다. 　교사: "이것은 뭐예요?" 　학습자: "김치찌개예요." 　교사: "김치찌개는 맛이 어때요?" 　학습자: "아주 매워요." 　교사: "어떤 한국 음식이 좋아요?" 　학습자: "김치찌개가 좋아요. 김치찌개는 맵지만 맛있어요." * 같은 방법으로 다른 학습자들에게 질문하여 '–지만 –해요'라는 표현을 연습한다. * 개별적인 연습이 끝나면 교재에 있는 문제를 보면서 짝과 함께 좋아하는 음식이 무엇인지 맛은 어떤지 묻고 답하는 활동을 한 후, 빈칸에 들어갈 말을 교재에 직접 적는다.	PPT 짝활동	25'

이름	맛
떡복이	맵다
간장	짜다
아이스크림	달다

떡볶이가 조금 _____지만 맛있어요.
한국 사람들은 _____음식을 좋아해요.
:

생산	* 한국 음식의 이름과 그 맛에 대한 표현을 연습한 후에 학습자들을 식당 주인과 손님의 역할을 주어 식당에서 한국 음식을 주문하는 활동을 한다. 주인: "어서 오세요. 몇 분이세요?" 손님: "우리는 세 명이에요." 주인: "여기 앉으세요. 무엇을 드시겠습니까?" 손님: "여기, 뭐가 맛있어요?" 주인; " 김치찌개가 맛있어요."	PPT 프린트	15'
마무리	* 역할극이 끝나면 오늘 학습한 내용을 정리하고 학습지를 나누어 주어 학습한 내용에 대해 간단한 평가를 실시하고 차시에 배울 내용에 대해 예고한다.	학습지	5'

제11장 교실 운영

이 장에서는 언어 수업 교실을 운영하는 데 교사들이 이용할 수 있고 필요로 하는 여러 기법들을 살펴볼 것이다. 교사는 교실을 효율적으로 운영하기 위해 여러 가지 요인들을 생각하고 잘 다룰 수 있어야 하며, 수업 중 발생하는 문제들에 융통성 있게 잘 대처할 수 있어야 한다.

효과적인 교실 운영을 위해 고려해야 할 요인들에는 책상 배치는 어떤 형태가 좋은지, 교사의 말과 목소리, 움직임은 어떠해야 하는지, 질문이나 지시를 할 때는 어떻게 하는 것이 효과적인지, 교실에서 발생하는 여러 가지 문제들에는 어떻게 대처해야 하는지 등이 포함된다.

① 책상 배치

학습자들이 앉아서 공부를 하는 책상을 어떤 형태로 배치하는가도 언어 학습에 중요한 역할을 한다. 교사와 학습자 간의 상호작용, 학습자 서로 간의 상호작용이 어떻게 나타나는지 등 수업의 성격에 따라 책상 배치도 다르게 하는 것이 더 효과적이다.

강의식 책상 배치

이것은 전통적으로 많이 사용되는 책상 배치 방법으로 학습자가 20명 이상 되는 대규모 교실에서 교사 주도적인 수업을 할 때 효과적이다. 교사가 학습자에게 제시하거나 설명할 것이 많고 기계적인 반복 연습 등 교사가 주도적으로 이끄는 활동이 많을 때 이런 배치를 하면, 교사가 학습자 전체의 얼굴을 하나하나 확인할 수 있어 교실 전체를 통제하기에 용이하다.

그러나 이런 책상 배치는 모든 학습자가 교사에게만 집중하도록 하고 다른 학습자와의 교류를 차단하기 때문에, 수업의 진행이 단조롭고 교사 위주의 일방적 수업이 되기 쉽다. 또한, 학습자들 사이의 상호작용은 거의 하기 어렵기 때문에 학습자가 서로 의견을 교환하고 상호작용하는 것이 중요한 언어 수업에서는 별로 좋지 않은 형태라고 할 수 있다.

반원형 또는 ㄷ자형 책상 배치

학습자가 20명 내외이고 책상이 고정되어 있지 않다면, 교실 앞 교탁을 중심으로 반원형이나 ㄷ자 형태로 책상을 배치하기도 한다. 교사 중심의 강의식 책상 배치에서 벗어나 학습자 간의 상호작용을 보다 자유롭게 만드는 방법으로 교사 위주의 권위적인 느낌을 많이 줄일 수 있는 형태이다. 그러면서도 모든 학습자들의 시선이 모이는 중앙에 교사가 위치하게 되어 교사의 설명이나 지시에 집중하게 하는 효과는 그대로 유지할 수 있다. 또한 학습자들이 서로 얼굴을 마주 보게 되어 있어 서로 얼굴을 보며 상호작용하기에 훨씬 용이하다. 학습자들이 활동을 하는 중에는 교사가 교실 중앙의 비어 있는 공간에 들어가 학습자 전체를 모니터하고 피드백하기에도 용이한 배치 형태이다.

그러나 학습자 간의 상호작용에 한계가 있고 여전히 교사가 중심에 서서 수업을 주도할 가능성이 커서 자칫하면 강의식 책상 배치와 큰 차이를 느끼지 못할 수도 있다. 또한 강의식 책상 배치와 달리 학습자들이 서로를 바라보기가 쉽기 때문에, 자신감이 없는 학습자의 경우에는 교사의 질문에 대답을 하거나 활동을 할 때 다른 학습자들의 시선을 의식해 더욱 위축될 가능성이 있다.

소집단별 책상 배치

3~4명이 함께 소집단을 구성해 둘러앉는 형태의 책상 배치이다. 소집단끼리 의견을 교환하고 함께 활동을 하는 등 학습자 간 상호작용을 최대화시키고 학습자 중심의 수업을 하기에 가장 좋은 자리 배치이다. 반원형 또는 ㄷ자형 책상 배치에 비해 책상 사이로 학습자들이 이동하기가 훨씬 쉽기 때문에, 짝을 바꾸거나 소집단 간 이동 활동을 하기에도 용이하고 교사가 책상 사이로 다니며 학습자들의 활동을 모니터하기에도 좋다. 이런 형태로 책상을 배치하면, 교사는 소집단 사이사이로 돌아다니며 학습자를 관찰하고 피드백을 하는 관찰자의 역할을 수행하게 된다.

그러나 교사의 제시나 설명 시간이 길 때나 비디오 시청과 같이 전체의 시선이 한 곳으로 모여야 할 때는 이런 형태의 책상 배치가 학습자들에게 불편함을 줄 수 있다.

② 교사의 말과 움직임

수업을 효과적으로 이끌기 위해서 교사의 역할은 매우 중요하다. 수업을 이끌어

가는 교사의 말, 발화량, 목소리, 움직임 등 교사의 말과 행동 모든 것이 수업에 영향을 주게 된다. 교사가 수업 내용을 효과적으로 전달하는 동시에 학습자들이 수업에 집중하고 적극적으로 참여할 수 있도록 교사의 말과 움직임 하나하나를 잘 조절하고 신경을 써야 한다.

발화량

언어 수업은 기본적으로 학습자들의 발화를 최대한 끌어내야 하는 수업이다. 그러나 교사들은 자신이 알고 있는 지식을 학습자들에게 가능한 많이 전해 주고 싶은 욕심에 너무 많은 말을 수업 중에 하기도 한다. 만약 학습자 수가 많은 대규모 학급에서 이용할 만한 수업 기자재가 별로 없는 상황이라면, 교사가 교실 중앙에 서서 학습자들에게 계속 말을 하는 것이 가장 쉽고 간단한 교수 방법이 될 수 있다. 또한 이것은 제한된 수업 시간에 많은 것을 전달하는 효과적인 방법이 되기도 한다.

그러나 언어 학습은 언어 규칙에 대해 아는 것을 뜻하는 것이 아니라 의사소통하기 위해 언어를 사용하는 방법을 알고 이를 훈련하는 것이다. 의사소통 연습을 하는 가장 좋은 방법 중 하나는 말을 많이 하는 것이다. 교사가 지나치게 말을 많이 한다면 학습자들의 말할 기회가 줄어들고 학습자들 스스로 의사소통할 방법을 알지 못하게 될 것이다. 학습자 수가 많은 대규모 학급에서라도 학습자들이 연습할 시간을 가능한 많이 가질 수 있도록 교사가 수업을 계획해야 한다.

좋은 수업은 학습자들이 말할 기회를 최대화시키면서 교사의 말이 필요한 경우에는 교사가 전달할 사항과 내용을 학습자들이 이해할 수 있도록 명확하게 전달하는 수업이다. 수업 중 다음과 같은 상황에서는 교사가 발화를 하는 것이 꼭 필요하다.

– 학습자들에게 인사하기

- 수업 시작과 끝을 알리기

- 새로운 언어 항목을 설명하기

- 새로운 언어의 예를 들어주기

- 학습자들에게 활동 방법을 지시하기

- 활동 중 단계의 변화를 지시하기

- 학습자의 오류를 수정하기

교사는 수업이 시작될 때 수업의 목표와 수업 중 지시 사항들을 간단명료하게 전달해야 하고, 수업 중간에 또는 수업을 끝낼 때 수업 내용을 요약해 주어야 한다. 학습자들에게 오늘 수업의 핵심 사항이 무엇인지 물어서 확인하고 칠판에 그 내용을 써 주는 것이 좋다. 읽기도 학습의 유용한 방법 중 하나이므로, 수업 내용을 말로 전달함과 동시에 칠판에 써서 학습자들이 읽어 보도록 하는 것이 효과적이다.

지시하기

수업 중 교사는 학습자들에게 여러 연습과 활동을 시키기 위해 많은 지시를 하게 된다. 학습자에게 하는 지시는 쉽고 명확해야 하는데, 지시를 잘못하게 되면 수업의 맥을 끊고 지시 사항을 이해시키는 데 쓸데없이 시간을 낭비하게 되기도 한다.

학습자들이 무엇을 해야 할지를 알리는 지시 사항은 일단 쉽고 짧고 간결해야 한다. 불필요한 말은 모두 빼고 핵심이 되는 내용만 쉬운 말을 사용해서 전달한다. 그리고 수업마다 반복해서 사용하는 교실 용어는 학습자들이 빨리 익숙해질 수 있도록 수업 처음에 시간을 내어 따로 가르치거나 종이에 써서 교실 벽에 붙여 놓는 것이 좋다.

<수업에 많이 사용되는 교실 용어>

· 책을 펴세요. ○○쪽을 펴세요.
· 책을 덮으세요.
· 잘 들으세요.
· 따라 하세요.
· 읽으세요. ○○쪽을 읽으세요.
· 공책에 쓰세요.
· ○번 문제를 푸세요.
· 대답하세요.
· 손을 드세요.
· 조용히 하세요.

초급 단계에서 학습자들이 지시 사항을 잘 알아듣지 못하면 처음 한 번은 학습자들의 모국어로 번역해 말해 준다. 한국어로 지시 사항을 말하고 학습자의 모국어로 번역해서 말해 주는 것이다. 또한 지시 사항을 말로 전달하면서 칠판에 써 주면 이해가 더 쉬워진다.

학습자들이 이해할 수 있는 친숙한 몸짓을 함께 사용하는 것도 좋다. '책을 펴세요.'라고 말하면서 교사가 자신의 책을 직접 펴는 몸짓을 함께 하는 것이다. 그리고 지시 사항을 두 번씩 반복해서 말해 준다. 이때 첫 번째는 조금 천천히, 두 번째는 일반적인 속도로 말해 준다. 일상적인 지시 사항은 이런 방법들을 사용해 지속적으로 일관되게 사용하면 학습자들이 곧 익숙해지게 된다. 그리고 일단 학습자들이 어떤 지시 사항에 익숙해지고 나면, 모국어로 번역하거나 몸짓 사용, 칠판에 함께 쓰고 두 번씩 반복해 주는 등의 배려는 그만두도록 한다.

교사 "책을 덮으세요."

　　　(동시에 교사의 손바닥을 펼쳐 책을 덮는 것처럼 포개는 몸짓을 한다.
　　　또는 교사의 책을 들어 덮으면서 말할 수도 있다.)

교사 "잘 들으세요."

　　　(동시에 손을 귓가에 동그랗게 펴서 귀 기울여 듣는 몸짓을 한다.)

　　시각적인 것이 더 오래 기억에 남을 수 있으므로 복잡한 지시 사항은 칠판에 써 놓는 것도 좋은 방법이 된다. 학습자들이 해야 할 활동의 절차 등을 칠판에 써 놓으면 활동 중 자신들이 해야 할 일을 잊지 않고 활동을 수행할 수 있다. 또한 교사의 말을 놓쳤거나 잘 이해하지 못하는 학습자들에게 반복해서 지시 사항을 전달하는 수고를 줄일 수도 있다.

목소리

　　교사가 수업에서 가장 중요하게 사용하게 되는 도구는 바로 자신의 목소리이다.

교사가 어떻게 말하는지 교사의 목소리가 어떻게 들리는지는 수업의 효과에 큰 영향을 미친다.

교사의 목소리는 교실 내 모든 학습자들이 들을 수 있을 정도로 커야 한다. 앞쪽에 앉은 학습자뿐만 아니라 교실 뒤쪽에 앉은 학습자들도 교사의 말을 충분히 알아들을 수 있어야 한다. 그러나 이것이 고함을 지르는 것을 의미하지는 않는다. 고함을 지르는 것은 듣는 이에게 불쾌함을 줄 뿐이다. 목소리의 크기보다 더 중요한 것은 교사 말의 명료한 전달이다. 지나치게 부드럽게 말하는 것이나 불쾌하게 목소리가 큰 것이나 모두 수업에 방해가 될 뿐이다.

또한 수업 중에 교사는 말소리의 크기, 높이, 속도 등에 적절한 변화를 주는 것이 필요하다. 한결같은 목소리 톤은 듣는 이를 지루하게 만들고 수업의 핵심을 전달하는 데도 유용하지 못하다. 활동의 안내, 지시, 설명, 중요한 부분 강조 등 여러 상황에 맞게 목소리 톤을 높이거나 낮추고, 천천히 말하거나 잠시 멈추는 등 변화를 주어 학습자들의 주의를 끄는 것이 좋다.

움직임(동선)

수업 중 어떤 교사들은 교실 앞이나 교실 중앙 등 한 장소에 서서 거의 움직이지 않고, 어떤 교사들은 앞뒤, 좌우로 끊임없이 움직인다. 수업 중 교사의 움직임이 거의 없으면 학습자들에게 아무런 자극이 없어 잠이 오고 지루해질 수 있다. 반면에 너무 움직임이 많으면 학습자들이 교사의 움직임에 계속 신경을 쓰게 되어 정신이 산만해지기도 한다.

효과적으로 수업을 이끄는 교사는 적정 범위 안에서 천천히 움직이며 교실을 돈다. 이는 교실 내 학습자들의 성향, 학습자들이 칠판을 보고 앉았는지 아니면 소집단을 지어 앉아 있는지, 전체 활동 중인지 아니면 소집단 활동 중인지 등 여러 요소들에 따라 달라지게 되지만, 중요한 것은 학습자들의 흥미를 지속적으로 유지하고 교사가 교실 내 전체 학습자들을 모두 바라보고 학습자들의 행동에 관심을 기울이고 있다는 것을 학습자들이 인지하도록 하는 것이다. 교실 전체를 천천히 돌면서 모든 학습자들이 무엇을 하는지 어떤 기분인지 파악해야 하고, 이를 위해 학습자들과 적절히 눈을 마주치도록 한다.

또한 이렇게 교실을 돌아다닐 때 학습자들과 어느 정도 거리를 유지할 것인가도 중요하다. 수업 중 교사가 자신에게 너무 가까이 다가오는 것을 불편하게 여기는 학습자도 있는 반면에, 너무 거리를 유지하면 무관심이나 냉정함의 표시가 되기도 한다. 따라서 교사는 학습자들의 반응과 행동을 잘 살펴 적정한 거리를 유지할 수 있도록 신경을 써야 한다.

③ 질문하기 기법

수업 중에 교사는 여러 질문을 하게 되고 학습자들이 그 질문에 대답하기를 기대한다. 수업 중에 교사는 여러 목적으로 질문을 사용하게 된다. 질문을 통해 수업에서 새로 제시하고 설명한 언어 항목의 내용을 학습자들이 잘 이해했는지, 학습자들이 수행해야 할 활동의 내용과 절차를 잘 이해했는지 등을 확인한다. 또한 새롭게 배운 언어 항목을 사용해 학습자들이 대답하도록 유도하거나, 학습자들 자신의 경험이나 생각을 학습한 언어 항목을 이용해 말하도록 이끌기 위한 목적으로 질문을 하기도 한다. 이런 목적을 효과적으로 달성하기 위해서는 어떤 형태의 질문을 사용하여 어떤 방법으로 질문을 할 것인가가 중요하다. 여기에서는 수업을 효과적으로 이끌기 위해 필요한 질문의 유형과 질문의 방법을 살펴 보기로 한다.

질문의 유형

수업 중 교사의 주요 역할 중 하나는 학습자들의 이해 여부를 확인하는 것이다. 이때 '알겠어요?' '이해했어요?' 등은 좋은 질문이 아니다. 학습자들은 이런 질문에 보통 '네'라고 대답하기 마련이다. 교사를 실망시키거나 수업의 흐름을 끊거나 자신이 잘 못한다는 것을 교사와 동료 학습자들에게 드러내기 싫어서 등 그 이유는 다양하다. 이렇게 대답하는 학습자들의 마음은 이해할 수 있지만, 학습에는 도움이 되지 않는다. 따라서 교사가 학습자들의 진정한 이해 여부를 확인할 수 있는 질문을 해야 하는 것이다. 다음에서 가장 기본적인 질문 유형 세 가지를 살펴보기로 한다.

닫힌 질문(closed question)

'예/아니요'의 대답을 이끄는 질문은 가장 흔히 사용되는 가장 쉬운 기법의 질문이다. 그러나 이 질문은 학습자들에게 언어를 사용할 기회를 주지 않는다, 그리고 다음 예시와 같은 경우에 학습자들은 읽은 내용에 대한 진정한 이해 없이 그저 단어 몇 개의 일치 여부만 보고 '예, 아니요'로 대답하는 경우가 많다.

〈읽기 자료 1〉

> 철수는 아침 일곱 시에 일어난다. 자리에서 일어난 후에 커피를 한 잔 마시고 신문을 읽는다. 7시 40분쯤에 세수를 하고 옷을 갈아입는다. 8시에 집에서 나와서 버스를 타고 학교에 간다. 학교가 멀어서 1시간쯤 걸린다. 오전에 수업을 하고 나서 친구들과 점심을 먹는다. 아침을 안 먹기 때문에 점심은 11시 30분쯤에 조금 일찍 먹는다. …

① 〈읽기 자료 1〉의 내용에 대해 다음과 같이 질문한다.
  교사 "철수는 아침 일곱 시에 일어납니까?"
      "철수는 아침을 먹습니까?"

또 다른 간단한 질문 방법은 학습자에서 두 가지 대답 중 하나를 선택하게 하는 유형이다. '예, 아니요' 보다는 대답이 길어지지만 역시 질문에 제시된 표현 중 하나를 선택해 그대로 말하면 되기 때문에 학습자에게 언어 사용의 기회를 거의 주지 않는다.

① 〈읽기 자료 1〉의 내용에 대해 다음과 같이 질문한다.
  교사 "철수는 아침에 커피를 마십니까? 안 마십니까?"
      "철수의 집에서 학교가 멉니까? 가깝습니까?"

이렇게 질문에 대한 대답이 한정되어 있는 질문 유형은 수업 내용이 어려워서 힘들어 하는 등 학습자들이 자신감을 잃은 경우에 정확한 대답을 해서 자신감을 느끼도록 할 필요가 있을 때는 좋은 방법이다. 학습자들 스스로 답을 찾아 길게 대답을 해야 하는 것은 부담스러운 일이기 때문이다.

열린 질문(open question)

학습자들 스스로 답을 찾아 대답을 해야 하는 질문 유형은 어렵기는 하지만, 학습자들의 이해 여부를 보다 정확하게 확인할 수 있으며 학습자들에게 언어 사용의 기회를 더 많이 제공한다. 보통 이런 질문은 '누가, 언제, 무엇을, 왜' 등의 의문사를 이용해 묻게 된다.

예시

① 〈읽기 자료 1〉의 내용에 대해 다음과 같이 질문한다.

　　교사　"철수는 몇 시에 일어납니까?"

　　　　　"철수는 아침에 일어나서 제일 먼저 무엇을 합니까?"

이런 질문을 했을 때 학습자들의 대답이 문제가 되기도 한다. 위의 질문에 '철수는 아침 일곱 시에 일어나요' 보다는 '일곱 시요' 또는 '일곱 시' 등의 대답을 듣게 되는 경우가 많다. 이런 짧은 대답이 실생활에서도 자주 일어나며 자연스럽기는 하지만, 수업 중에는 학습자들에게 언어 항목 사용과 연습을 위해 완전한 문장으로 대답을 하도록 유도할 필요가 있을 때가 많다. 그런 경우에 학습자들에게 길고 완전한 문장으로 대답을 하도록 요청할 수 있다.

예시

① 〈읽기 자료 1〉의 내용에 대해 다음과 같이 질문한다.

　　교사　　"완전한 문장으로 대답하세요. 철수는 아침에 몇 시에 일어나요?"

　　학습자　"철수는 아침 일곱 시에 일어나요."

이렇게 완전한 문장을 사용하도록 직접적으로 요청하면 학습자들이 대답을 할 때 완전한 문장을 구사하려고 노력하게 되지만, 실생활에서 이루어지는 자연스러운 질문 방법은 아니다. 이런 대화는 인위적이고 실생활의 자연스러운 대화와는 거리가 멀어진다. 하지만 학습자가 완전한 문장으로 말하는 연습을 한다는 취지에서 언어 교육

현장에서 흔히 사용되는 방법이다.

학습자들이 자유롭게 대답을 하도록 하는 질문들도 수업에서는 자주 사용된다.

예시

교사 "마이클 씨, 지난 주말에 뭐 했어요?"
학습자 "집에 있었어요."

이런 질문은 수업에서 흔히 사용하게 되는데, 교사의 질문 의도와 달리 학습자들이 짧고 간단하게 대답하는 경우가 많다. 위 질문에서도 교사는 지난 주말의 일과를 말해 보라는 의도에서 질문을 했지만, 학습자는 더 이상의 대답을 하지 않고 끝낸다. 교사의 질문은 덜 인위적이고 자연스러운 대화를 유도하고 있지만, 교사가 원하는 대답을 학습자가 잘못 이해해 단답형으로 끝나거나 심지어는 엉뚱한 대답을 하게 될 우려도 있다.

교사의 의도를 좀더 분명하게 전달하기 위해 의문형의 질문을 하는 것이 아니라 특정 내용에 대해 이야기할 것을 요청할 수도 있다.

예시

교사 "마이클 씨, 지난 주말의 일과에 대해 이야기해 보세요."
학습자 "일요일 날 저는 늦잠을 잤어요. 오전 열 시에 일어났어요……."

유도하기(elicitation)

수업 중에 주로 말하는 사람은 교사가 되기 십상이지만 가능한 학습자들에게서 여러 이야기를 끌어내는 것이 언어 연습에 효과적이다. 학습자들의 생각이나 이미 알고 있는 것을 물어 대답하게 하고 제시할 새로운 언어(어휘, 문법)에 대해 추측해 보도록 격려하는 것이 좋다.

새로운 단어를 제시할 때도 그저 교사가 제시하고 학습자들이 따라하게만 할 수도 있고, 학습자들에게 먼저 말할 기회와 생각해볼 기회를 주어 아는 것은 대답하도록 유도할 수도 있다. 아래에 제시된 예시 1은 교사가 모든 내용을 알려 주고 학습자는 교사의 말을 그저 따라하고만 있지만 예시 2는 학습자 스스로 생각을 하고 답을 찾을 수 있도록 교사가 학습자의 발화를 적절히 유도하고 있다.

─ 예시 1 ─

교사	(손을 가리키며) "이것은 '손'이에요. 따라하세요. 손."
학습자	"손."
교사	(손가락을 가리키며) "이것은 '손가락'이에요. 따라하세요. 손가락."
학습자	"손가락."
교사	(발을 가리키며) "이것은 '발'이에요. 따라하세요. 발."
학습자	"발."
교사	(발가락을 가리키며) "이것은 '발가락'이에요. 따라하세요. 발가락"
학습자	"발가락."

─ 예시 2 ─

교사	(손을 가리키며) "이것은 뭐라고 해요? 아는 사람 있어요?"
학습자	"소..ㄴ."
교사	"맞아요. 손. 따라하세요. 손."
	"그럼 이건 뭐라고 해요? 이건 손가락이에요. 따라하세요."
학습자	"손가락."
교사	(발을 가리키며) "이것은 뭐라고 해요?
학습자	"발."
교사	"맞아요. 발이에요. 그럼 이건 뭐라고 할까요?"
학습자	(대답을 못한다)
교사	(손, 손가락을 가리키며) "손, 손가락." (발, 발가락 가리키며) "발, 이것은 뭐예요?"
학습자	"발가락."

예시 2처럼 학습자의 대답을 유도하려고 하는 방법은 수업에 학습자들의 주의를

집중시킬 수 있고 학습자 스스로 생각할 기회를 제공한다. 주의를 기울이고 생각을 해 보기 때문에, 자신이 모르는 것을 교사가 제시하고 설명할 때는 더욱 열심히 듣게 된다.

예시 2와 같은 방식은 학습자들에게 자신이 아는 것과 부분적으로 아는 것, 모르는 것이 무엇인지 확인하도록 만든다. 또한 교사에게도 학습자들이 무엇을 알고 무엇을 모르는지 확인할 기회를 준다. 이 방법은 교사가 가르칠 내용을 직접적이고 즉각적으로 제시하는 것보다 시간이 더 많이 걸리기는 하지만, 학습자들 스스로 생각해 보게 이끌고 학습자들이 아는 것과 모르는 것을 파악할 수 있는 효과적인 방법이므로 수업 중에 적절히 사용하는 것이 좋다.

교사는 수업 중 다양한 질문을 하게 되는데, 교사가 질문을 했을 때 학습자가 답을 못하는 경우도 있다. 이럴 때 교사가 마냥 기다리거나 대신 답을 말하는 것이 아니라, 학습자의 대답을 이끌어 낼 수 있는 단서를 하나씩 줘서 학습자가 대답을 하도록 차례차례 유도하는 것이 필요하다.

예시

교사   "그림에 있는 사람의 여름 계획은 무엇일까요?"

학습자   (대답을 못한다) "……."

교사   "이 사람은 지금 무엇을 하고 있어요?"

학습자   "운동을 하고 있어요."

교사	"왜 운동을 하고 있을까요?"
학습자 1	"살을 빼고 싶어요."
학습자 2	"날씬해지고 싶어요."
교사	"맞아요, 운동을 해서 살을 빼고 날씬해지고 싶어요. 그런 후에 여름에 무엇을 하고 싶을까요?"
학습자 3	"바다에 가요."
학습자 4	"바다에 가서 수영복을 입어요."
교사	"그러면, 이 사람의 여름 계획은 무엇일까요?"
학습자 5	"열심히 운동해서 살을 빼면 수영복을 입고 바다에 갈 거예요."
학습자 6	"바다에 가서 날씬한 몸매를 자랑하고 싶어요."

질문의 방법

어떤 질문을 할 것인지도 중요하지만, 학습자들에게 어떻게 질문할 것인가 하는 질문 방법도 중요하다. 경우에 따라 교사가 직접 특정 학습자를 지목해 질문하고 대답을 들을 수도 있고, 교실 전체에 질문을 해서 전체가 동시에 대답하도록 할 수도 있는데, 각각의 장단점을 잘 파악하여 적절하게 섞어 질문하는 것이 좋다.

〈그림 1〉

〈그림 2〉

〈그림 3〉

〈그림 4〉

〈그림 1〉은 교사가 교실 전체에 질문을 하고 전체가 동시에 대답하도록 하는 방법이다. 이 방법은 짧고 간단한 대답이 나오는 질문에 적합하다. 여러 대답이 나올 수 있는 질문에 이 방법을 사용하면 교실이 소란스러워지고 통제를 벗어나게 될 수도 있다.

〈그림 2〉와 같이 교실 전체에 질문을 던진 후 대답할 학습자를 지목하는 방법은 일단 교실 전체 학습자가 교사의 질문에 주목하도록 만든다는 점에서 좋은 방법이다. 만약 〈그림 3〉과 같이 학습자의 이름을 먼저 부르고 질문을 던지게 되면 다른 학습자들은 질문에 주목을 하지 않게 될 것이다. 질문이 어려운 경우가 아닐 경우는 잘 하는 학습자보다는 잘 못하는 학습자를 지목해 대답하도록 하는 것이 좋다. 또 이 방법은 '아침에 뭐 먹었어요?'와 같이 한 사람씩 돌아가면서 질문하고 각자 자신의 대답을 하도록 하는 데에 이용하면 좋은 질문 기술이다.

〈그림 4〉는 교실 전체에 질문을 하고 손을 든 학습자를 지목하는 방법인데, 이 방법은 적극적이고 잘 하는 학습자들에게만 대답할 기회가 돌아갈 가능성이 많다. 이 방법만 계속 사용하면 몇몇 잘 하는 학습자들이 수업에서의 발화 기회를 점령하게 되고, 소극적이거나 잘 못하는 학습자들은 배제될 가능성이 있으므로 조심해야 한다. 이 방법은 몇몇 학습자만 대답할 수 있는 어려운 질문일 때 사용하는 것이 좋다.

④ 교실에서 발생하는 문제들

학습자 모국어의 사용

단일어권 학습자들로 구성된 교실이라면, 수업 중에 학습자 모두에게 모국어 사용을 금하고 한국어만 사용하게 만드는 것은 어렵고 힘든 문제가 된다. 그러나 모국어를 쓰는 것이 버릇이 되게 하는 것은 한국어 학습에 매우 나쁜 영향을 미치게 된다. 학습자들의 수준에 따라 적절하게 모국어를 섞어 사용하고 점차 그 사용을 줄여 나간다면, 모국어 사용이 수업에 도움이 될 수도 있다.

언어 수준이 낮은 학급

학습자의 언어 수준이 낮은 학급에서는 설명을 할 때 때때로 학습자의 모국어를 섞어 사용하거나, 지시 사항을 전달할 때 모국어 번역을 함께 사용하는 것이 필요하다. 그러나 모든 것을 학습자의 모국어로 설명하거나 번역해 주는 습관이 들지 않도록 조심해야 한다. 습관이 되면 학습자들은 당연하다는 듯이 자신의 모국어로 설명해 주기를 기대하게 될 것이고, 이는 한국어 학습에 도움이 되지 않는다.

수업 중 처음 소개되는 언어 항목의 제시에서는 학습자의 모국어를 함께 사용해서 설명하고, 연습 단계에서는 한국어만으로 진행될 수 있도록 하는 것이 좋다. 번역을 해 줄 때는 한국어를 먼저 말한 후에 학습자의 모국어로 말해 주어야 한다. 이 순서가 바뀌어 자신의 모국어를 먼저 듣고 내용이나 지시 사항을 알게 되면, 학습자는 그 뒤에 이어지는 한국어에 귀를 기울이지 않게 될 수도 있다. 수업에서 일상적으로 사용되는 교실 용어를 정해 일관되게 반복해 사용을 하면 모국어의 사용을 줄여 나갈 수 있다. (교실 용어는 209쪽 참조)

언어 수준이 높은 학급

학습자의 언어 수준이 높은 학급에서도 학습자의 모국어를 사용하는 것이 유용할 경우가 있다. 한국어를 사용하여 새로운 언어 항목을 설명하고 가르치는 것은 오히려 초급 수준에서 더 쉬울 수 있다. 언어 수준이 높아져 고급으로 갈수록 쉽게 그 개념을 설명하기가 힘든 어휘나 표현이 자주 나타나기 때문이다. 이런 복잡한 개념이나 어휘 간의 미묘한 뉘앙스의 차이, 언어 사용 맥락의 차이 등은 학습자의 모국어를 이용해 설명해 주는 것이 더 효율적일 때도 있다.

수업 중 학습자의 모국어 사용 발화

수업 중 한국어로 활동을 해야 하는 시간에 학습자들이 자신의 모국어를 계속 사용하려고 하는 것은 문제가 된다. 교사들은 학습자들이 수업 중 가능한 많은 시간을 한국어에 반응하고 한국어를 사용해 활동을 하고 과제를 수행하기를 기대하고, 또 그렇게 되도록 이끌어야 한다. 학습자들이 한국어를 사용하는 것의 중요성을 깨닫고 거기에 합의하도록 이 문제에 대해 함께 이야기를 나누는 시간을 갖는 것이 도움이 될 수 있다. 수업 중 한국어의 사용과 모국어의 사용에 대해 어떻게 느끼는지 학습자들과 토론하여 모국어를 쓰는 것이 한국어를 배우고 연습할 기회를 앗아가는 것이라는 것을 인지하고, 여기에 동의하도록 설득한다.

이때 수업 중 학습자 모국어 사용을 완전히 금지할 필요는 없다. 읽기 자료를 읽고 그에 따른 활동을 할 때 모국어를 약간 사용하는 것은 큰 문제가 되지 않는다. 그러나 말하기 활동을 할 때 모국어를 사용하는 것은 수업 목적에 위배되는 일임을 분명히 인지하도록 해야 한다.

또한 수업 중 한국어를 사용하는 것에 익숙해지고 자신감을 가질 수 있게 격려하고 용기를 준다. 교사는 학습자들의 활동 시간 동안 교실 전체를 돌아다니며 항상 학습자들의 언어에 귀를 기울이고 한국어를 계속해서 쓸 수 있도록 적절히 피드백을 해 준다. 학습자가 한국어 사용의 필요성을 느끼고 익숙해지도록 학습자의 모국어 발화에는 반응하지 않고 한국어로 말하는 것에만 반응하는 것도 한 방법이 될 수 있다.

언어 수준이 낮은 단계의 교실에서는 쉬운 표현부터 반복해 말하는 연습을 시키는 것이 필요하다. '이게 무슨 뜻이에요?', '한 번 더 말해 주세요.', '칠판에 써 주세요.' 등과 같이 학습자들이 수업 중 유용하게 사용할 수 있는 표현들을 종이에 적어 교실 벽에 붙여 놓고 필요할 때마다 보면서 말할 수 있게 해 주는 것도 한국어 발화에 익숙해지게 하는 좋은 방법이다.

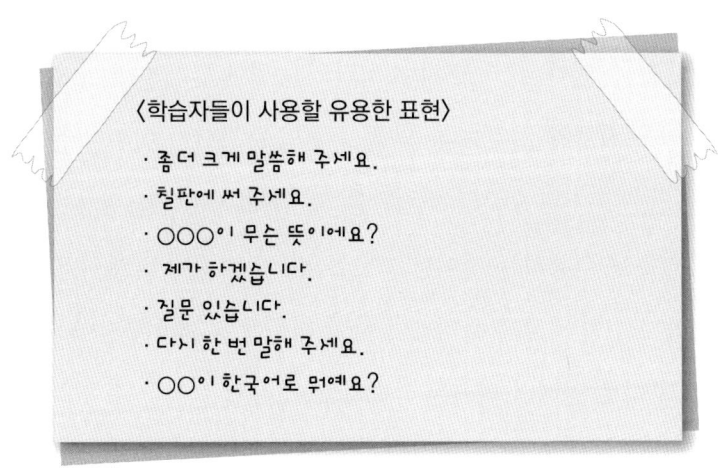

학습자 간의 능력 차이

교사가 수업 중 겪게 되는 어려움은 여러 가지이지만, 그 중에서도 학습자들의 언어 능력의 차이가 심한 교실에서 가장 큰 어려움을 겪게 된다. 학습자들을 언어 능력별로 분반을 하는 것이 가장 좋은 방법이겠지만, 현장의 여러 여건 상 다양한 언어 숙달도를 가진 학습자들로 구성된 반을 맡게 되는 경우가 생길 수도 있다. 이런 상황을 극복할 수 있는 방법을 몇 가지 소개하고자 하는데, 다음에서 제시하는 방법이 모든 경우에 항상 효과적이거나 확정적인 방법은 아니다.

교사가 사용하는 모든 방법은 학습자 집단의 분위기와 성향에 따라 신중하고 적절하게 선택해야 한다. 학습자들에 따라서는 자신의 능력에 맞게 수업을 받을 수 있는

것을 좋아하고 긍정적으로 생각하는 사람도 있지만, 다른 학습자와 다르게 취급받는
것에 대해 민감하게 반응하는 사람도 있기 때문이다.

수준별 수업 자료 활용하기

우선 교사는 학습자들의 언어 수준을 잘 파악한다. 어느 학습자의 언어 능력이 뛰
어나고 어느 학습자의 언어 능력이 뒤떨어지는지 파악한 후 이들을 서로 다른 소집
단으로 묶어 수업을 진행할 수 있다. 그리고 각 소집단의 능력에 맞게 다른 수업 자료
와 방법을 사용하여 수업을 진행하는 것이다. 낮은 수준의 소집단이 어휘나 문법 연
습 문제를 풀고 있는 동안, 더 나은 수준의 소집단은 그 어휘나 문법을 활용한 읽기
자료를 읽거나 말하기 활동을 수행하는 것이다. 각 소집단의 수준에 맞게 수업을 진
행하기 위해서는 여러 가지 수업 자료를 준비해야 하기 때문에 교사의 부담이 늘어나
게 되겠지만, 언어 능력 차이로 인해 소외되는 학습자 없이 수업을 이끌 수 있는 가장
합리적인 방법이 될 수 있을 것이다.

활동량 달리하기

학습자들의 언어 능력 차이가 눈에 띌 정도로 크지 않은 교실에서도 수업을 하다 보
면 학습자 사이의 능력 차이가 나타난다. 같은 교재와 자료를 가지고 같은 활동을 진
행하지만, 모든 내용을 무리 없이 잘 소화하는 학습자가 있는 반면, 속도가 느리고 어
려움을 느끼며 뒤처지는 학습자도 생기게 마련이다. 이럴 때는 학습자의 능력에 맞추
어 수행할 과제의 양을 달리하는 것이 좋다. 같은 읽기 자료를 읽더라도 그에 따른 활
동을 여러 종류로 준비하여 속도가 느린 학습자는 첫 번째 활동만 수행하도록 하고,
속도가 빠른 학습자는 여분의 두 번째, 세 번째 활동도 수행하도록 이끄는 것이다.

교사가 학습자에게 질문을 하거나 의견을 물을 때도 어떤 학습자들에게는 좀더 쉬

고 단순한 내용으로, 어떤 학습자들에게는 좀더 어렵고 복잡한 내용으로 질문하여 소외되는 학습자 없이 전체 학습자가 수업에 참여할 수 있도록 신경 쓰는 것이 필요하다. 역할극이나 소집단 활동 등에서도 학습자 능력에 맞추어 미리 역할을 잘 배분하여 전체 학습자들이 그들의 수준에 맞게 수업에 참여할 수 있도록 한다.

학습자 간 도움주기

교사들 중에는 서로 능력이 다른 학습자들이 짝이나 소집단을 이루어 수준이 높은 학습자가 동료 학습자의 학습을 돕도록 하는 경우도 있다. 수준이 높은 학습자가 다른 학습자에게 모르는 것을 설명해 주거나 모범이 되는 언어 수행을 보여 주고 활동을 이끌어 도움을 주게 하는 것이다. 그러나 이 방법은 학습자들이 수치감을 느끼거나 자존심이 상하지 않도록 매우 조심스럽게 다루어져야 할 일이다. 동료 간에 도움을 주고받는 것을 긍정적으로 받아들이고 수업의 효과를 높일 수 있는 경우도 있지만, 능력이 떨어지는 학습자는 수치감을 느끼고 능력이 높은 학습자는 자신의 공부에 방해를 받고 있다고 생각할 수도 있기 때문이다.

학습자의 침묵

어느 교실에서든 말하는 것을 꺼려하는 학습자를 만나게 된다. 때로는 이것이 학습자 자신의 성격 탓으로 여겨지기도 한다. 그러나 이는 수업에 너무 주도적인 다른 학습자들에게 주눅이 들었기 때문이거나, 자유롭게 이야기를 해야 하는 수업 환경에 익숙하지 않았기 때문일 수 있다. 어떤 학습자들은 교사나 다른 학습자들 앞에서 실수를 하거나 창피를 당할지도 모른다는 걱정에 마음 속으로 고통 받고 있을지도 모른다. 이유가 어떻든 간에 이들 학습자에게 강제적으로 말하도록 압박하는 것은 옳지 않다. 이런 행동은 말하는 것을 더욱 꺼리도록 이끌 소지가 많다.

다음과 같은 방법을 사용하여 학습자들의 발화 부담을 줄이면서 점차 자신감을 갖도록 이끌어 주는 것이 좋다. 처음에는 제일 부담 없는 대화문 읽기부터 이용하여 학습자의 입을 떼게 한다. 그리고 자유롭게 답해야 하는 것에 부담을 느끼는 학습자에게는 통제된 과정을 거쳐 답을 하면서 차차 자신의 생각을 자유롭게 말할 수 있게 이끈다. 짝 활동이나 소집단 활동은 교실 전체 학습자 앞에서 말해야 한다는 부담이 없어서 도움이 되며, 다른 사람 앞에서 말하는 것에 큰 부끄러움을 느끼는 학습자라면 녹음을 해 오게 해서 교사가 확인해 주는 것도 하나의 방법이 된다.

대화문으로 연기하기

주어진 대화문을 큰 소리로 연기하듯이 읽도록 이끄는 것도 학습자에게 자신감을 주는 방법이 된다. 이때 중요한 것은 대화문을 큰 소리로 읽는 것이 아니라 드라마 연기를 하듯이 목소리에 강약을 주고 감정을 실어 읽도록 하는 것이다. 학습자가 각자의 역할을 잘 해내고 나면 교사는 잘했다고 칭찬하며 격려해 준다.

통제된 과정 거쳐 말하기

말하기를 힘들어 하는 학습자에게는 처음부터 자유롭게 말하도록 하는 것보다는 단계별로 통제된 과정을 거쳐 말하기에 이르도록 하는 것이 더 효과적이다. 예를 들어, '아침 일과에 대해 이야기해 보세요.'라고 자유롭게 말해야 하는 질문을 던지는 것보다는 '나는 아침에 _____ 시에 일어납니다. 일어난 후에 _____.'라는 문장을 제시하여 빈칸을 채워 말하도록 하는 활동을 하면 말하기의 부담을 줄일 수 있다. 학습자에게 자신의 생각을 글로 쓸 시간을 준 후, 쓴 것을 소리 내어 읽게 하는 것이다.

짝 활동이나 소집단 활동 이용하기

짝 활동이나 소집단 활동은 말하기에 부담과 부끄러움을 느끼는 학습자들에게 도움이 될 수 있다. 두세 명의 학습자 앞에서 말하는 것이 전체 학습자 앞에서 말하는 것보다 심리적 압박감이 훨씬 덜하기 때문이다.

녹음하기

교사가 시간적 여유가 있다면, 수업 이외의 시간에 학습자가 말한 것을 녹음을 해 오게 할 수도 있다. 교사는 그 녹음 자료를 듣고 개인적으로 잘못된 부분을 지적해 준다. 이 방법은 학습자가 여러 사람 앞에서 실수를 하는 부끄러움을 피하면서 말하기 연습을 할 기회를 차근차근 쌓아가는 좋은 기회가 될 것이다.

제12장 교실 활동

수업에서 교사는 학습자의 언어 연습을 위해 다양한 활동을 준비해서 진행한다. 이러한 수업 활동 중 중요한 비중으로 활용되는 것은 짝 활동과 소집단 활동인데, 이 장에서는 짝 활동과 소집단 활동을 어떻게 구성하고 운영하는 것이 좋은지에 대해 자세하게 살펴보기로 한다.

짝 활동과 소집단 활동은 학습자 개개인에게 발화 기회를 가능한 많이 제공한다. 학급 전체를 대상으로 하는 수업에서는 흔히 자신감 있는 몇몇 학습자가 수업을 주도하는 경우가 많은데, 이와 달리 짝 활동이나 소집단 활동을 할 때는 학습자 개개인이 모두 활동에 참여해 각자의 언어를 연습할 기회를 갖게 된다. 또한 동료들과 소규모로 활동을 진행하게 되므로, 오류에 대한 부담이 줄고 자율성이 증가하며 수업에 적극적으로 참여하는 효과가 생긴다.

물론 짝 활동이나 소집단 활동이 수업을 소란스럽게 만들고 시간이 많이 소요되는 것은 사실이나, 학습자에게 언어를 사용할 실제적인 기회를 많이 제공한다는 측면에서 매우 유용한 방법이 된다. 교사는 미리 이들 활동을 잘 조직하고 준비하며, 진행 중 문제가 없는지 주의 깊게 모니터하면서 필요할 때는 즉시 학습자에게 도움을 주도록 한다.

짝·소집단 활동의 장단점을 정리하면 다음과 같다.

- 학습자 개개인에게 언어를 사용하고 연습할 기회와 시간을 많이 제공한다.
- 반 전체가 아니라 짝이나 소집단 구성원 앞에서만 언어를 사용하므로 오류에 대한 부담이 줄어들어 정서적으로 편안함을 느끼게 된다.
- 적극적인 몇몇 학습자뿐 아니라 전체 학습자의 수업 참여도가 높아진다.
- 학습자들이 서로 자신이 아는 정보를 나누고, 모르거나 잘못된 것을 서로 고쳐주는 등 협력 학습의 효과가 생긴다.
- 자신이 속한 짝이나 소집단에 소속감을 느껴 더 적극적으로 활동에 임하는 효과가 생긴다.
- 학습자 간의 개인차가 있을 때 수준별로 소집단을 구성해 활동 진행 속도를 달리하면 수준차를 반영한 수업 운영이 가능해진다.
- 많은 학습자가 한꺼번에 활동을 하기 때문에 수업이 소란스러워지고 통제에 어려움을 겪을 수도 있다.
- 학습자들에게 활동을 이해시키고 진행하는 데 시간이 많이 소요된다.
- 학습자들의 오류나 실수를 교사가 모두 발견해서 수정해 주는 것은 불가능하다. 따라서 오류를 발견하고 수정해 줄 효과적인 방법을 고안해야 한다.
- 같은 언어권 화자들이 모여 있을 경우 학습자 모국어로 이야기하는 문제가 생길 수 있다.

① 활동의 준비

짝·소집단 활동은 말하기뿐만 아니라 읽기, 쓰기, 듣기 등에서 다양하게 사용할 수 있다. 보통 수업의 생산 단계에서 많이 이용되는데, 학습자들에게 유창하게 언어를 사용하도록 하는 기회를 준다. 이런 활동은 교사의 즉각적인 도움 없이 학습자 스스로 협력해서 해결해야 하므로, 학습자들끼리 충분히 해 낼 수 있는 수준으로 구성한다. 또한 교실의 모든 학습자들이 동시에 활동을 수행하기 때문에 원활하게 활동이 이루어질 수 있도록 교사가 미리 치밀하게 필요한 내용들을 준비한다. 짝·소집단 활동을 구성할 때는 다음과 같은 점들을 고려해서 준비하는 것이 좋다.

- 활동의 주제는 학습자들이 잘 알고 있고 익숙한 내용으로 정한다.
- 활동을 하는 데 필요한 어휘, 문법, 기능들은 학습자들이 이미 배우고 연습해서 익숙한 것이어야 한다. 학습자들이 잘 모르는 어려운 언어 항목이 섞여 있으면 그 의미를 찾느라고 활동이 끊기게 된다.
- 활동의 난이도는 주어진 시간 안에 학습자들이 충분히 마무리할 수 있는 수준으로 준비한다.
- 활동에 필요한 그림이나 읽기 자료 등 필요한 자료들을 미리 필요한 개수만큼 준비해 놓는다.
- 교사는 모든 학습자들이 활동에 참여할 수 있도록 소집단 구성원의 각 역할을 미리 배분해 놓는다. 그리고 활동을 시작하기 전에 학습자들에게 각자의 역할을 명확히 알려 준다.
- 활동에 대한 지시 사항을 쉽고 명확하게 준비한다. 지시 사항은 말과 함께 글로 제시될 수도 있고 경우에 따라서는 학습자의 모국어로 제시할 수도 있다.
- 학습자들이 활동의 절차를 잘 이해할 수 있도록 교사가 먼저 시범을 보인다.

이렇게 준비한 활동들을 수업 중에 시행하기 전에 우선 학습자들에게 짝·소집단 활동의 필요성에 대해 인지시키는 것이 좋다. 특히 일렬로 앉아 칠판을 바라보고 수업하는 것에 익숙한 교실에서는 짝 활동이나 소집단 활동은 새로우면서도 두려움을 주는 방법일 수 있으므로, 그 필요성과 중요성을 명확히 알려주고 이해시키는 것이 도움이 된다. 학습자들에게 이런 활동을 하면 수업 중 더 많은 한국어 사용 기회를 가지게 되어 한국어의 정확성과 유창성을 향상시키는 데 도움이 될 것이라고 알려 준다.

또한 교실 안 모든 학습자가 동시에 활동을 진행하게 되며 그 결과 교실이 시끄러워질 수 있으므로, 작은 목소리로 이야기하라는 등의 주의 사항도 전달한다. 그리고 활동을 시작하기에 앞서 해당 활동의 지시 사항과 소집단 구성원의 역할 등을 쉽고 정확하게 전달한다. 교사가 우수한 학습자와 함께 짝이나 소집단을 지어 시범을 보이는 것이 좋다.

② 짝 또는 소집단 조직하기

활동의 효과를 높이기 위해서는 짝이나 소집단 조직을 잘 하는 것도 매우 중요하다. 교실의 자리 배열이 네 명씩 모여 앉는 소집단별 자리 배열이면 가장 좋겠지만, 모든 책상이 칠판을 바라보는 강의식 배열이거나 둥글게 반원을 그리고 있는 반원형 자리 배열인 경우도 많다.(책상 배열은 204쪽 참조) 이런 경우, 수업 중 짝 활동이나 소집단 활동으로 넘어갈 때 학습자들이 빠르고 신속하게 자리를 이동해 짝이나 소집단을 구성하는 것에 익숙해지도록 한다. 또한 학습자들의 언어 수준이나 성향 등도 고려해 활동 수행의 효과가 최대화될 수 있도록 신경을 쓴다.

짝 조직하기

처음에는 학습자들이 짝을 짓는 것에 익숙하지 않아 머뭇거릴 수 있으므로, 처음 몇 번은 학습자의 이름을 부르거나 손으로 지목해 함께 연습할 짝을 지어주는 것이 좋다. 먼저 옆 사람과 짝을 짓게 해서 몇 번 연습을 한 후에는 반대쪽 옆 사람과 새롭게 짝을 지어 활동을 하도록 한다. 그런 후에는 앞뒤 사람이 서로 짝을 지어 활동을 하게 한다. 이렇게 적어도 네 명 이상의 다른 짝과 활동을 하면서 학습자들은 다양한 사람과 다양한 스타일로 상호 활동할 기회를 갖게 된다.

이렇게 몇 번 짝 활동을 하고 나면 학습자들도 짝 짓는 것에 곧 익숙해져서 옆 사람과 짝을 지으라는 말 한 마디만 하면 신속하고 조용하게 짝 활동이 진행될 것이다. 교실의 책상이 고정되어 있거나 학습자 수가 홀수라면 몇몇 학습자에게는 세 명이 함께 짝을 지어 활동하도록 이끈다.

〈짝 조직하기의 예〉

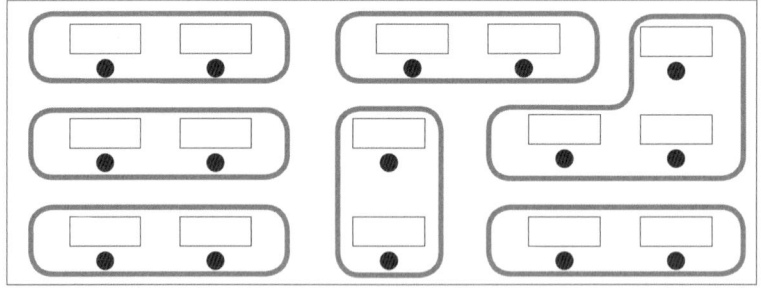

짝을 앞뒤 좌우로 계속 바꾸면서 반복해야 하는 간단한 짝 활동이 아니라, 두 사람의 협동이 요구되는 활동일 때는 학습자들의 언어 수준과 성향을 고려하는 것이 좋

다. 수준차가 심하게 나는 학습자가 짝이 되면 활동의 진행이 힘들어진다. 능력이 떨어지는 학습자는 자신의 짝에게 주눅이 들 수도 있고, 능력이 높은 학습자는 제대로 연습을 할 수 없다고 불만을 가질 수도 있다. 따라서 언어 능력이 비슷한 수준의 학습자가 짝이 되어 활동을 할 수 있도록 교사가 자리 배치에 신경을 쓸 필요가 있다. 물론 언어 능력이 떨어지는 학습자끼리 짝이 되면 활동 자체가 제대로 진행이 되지 않을 수도 있기 때문에, 다른 학습자를 돕는 것을 통해서도 언어 연습을 할 수 있다고 생각하는 학습자와 짝을 이루게 하는 것이 좋다.

소집단 조직하기

소집단을 조직하는 것은 짝을 조직하는 것보다 조금 더 복잡하다. 소집단 활동은 짝 활동보다 활동의 내용이 복잡하고 그 과정이 중요한 경우가 많은데, 소집단 구성원을 어떻게 구성하느냐에 따라 활동의 결과와 효과가 달라질 수 있기 때문이다. 소집단을 조직할 때는 활동의 수행 과정과 그 결과가 가장 효과적일 수 있도록 각 학습자들의 언어 수준과 성격에 대한 고려를 하여 조직한다.

가장 좋은 소집단원 수는 4명이다. 4명보다 많아지면 인원수가 너무 많아 활동 중 역할을 분배하기에 어려움이 있고, 3명은 2명이 주도적인 짝이 되어 나머지 1명이 소외될 가능성이 많아진다. 소집단 구성원의 수준은 비슷한 학습자들끼리 모이는 것이 좋겠지만, 언어 능력이 뛰어난 학습자끼리만 모인 소집단은 별 문제 없이 빠른 시간 안에 과제를 해결하는 반면, 언어 능력이 떨어지는 학습자들끼리 모인 소집단은 시간도 많이 걸리고 과제 진행에 문제가 많이 생길 수 있다. 이렇게 되면 같은 교실에서 같은 활동을 하는데, 소집단 사이에 활동 시간과 내용에 차이가 많이 나게 되어서 수업 진행에 문제가 생긴다. 따라서 소집단 간의 학습자들 수준이 비슷하도록 섞는 것이 좋은데, 이상적인 방법은 잘하는 학습자 1명, 보통인 학습자 2명, 떨어지는 학습자 1명으로 구성하는 것이다.

학급 전체 학습자 사이의 수준차가 크다면 아예 수준별로 소집단을 구성해서 수준별 수업을 진행할 수도 있다. 소집단별로 수행해야 할 활동의 난이도에 변화를 주어 학습자의 능력에 맞는 수준의 활동을 하도록 이끄는 것이다. 물론 학습자들의 수준에 맞게 난이도 차이를 반영한 활동들을 준비하려면 교사의 업무는 늘어날 수밖에 없다.

소집단 안에서의 역할 분담과 책임

소집단을 조직할 때는 소집단 구성원들에게 각기 다른 역할과 책임을 부여해 활동에 적극적으로 참여하도록 이끈다. 학습자들 각자가 자신만의 역할을 맡게 되면 활동에 자신감을 가지고 참여해 활동의 효과를 높일 수 있기 때문이다.

소집단 활동을 할 때는 필요한 자료를 나누어 주고 활동의 결과물을 제출하거나 다른 소집단과 교환하는 등의 진행 과정에서 필요한 여러 일들이 수반되는데, 소집단원 중 1명을 대표로 두어서 활동에 필요한 자료를 나누어 주거나 거두는 등의 책임을 맡기면, 전체 활동 진행이 편해진다. 이 역할은 소집단원들이 정기적으로 서로 돌아가면서 맡아 모든 학습자에게 기회를 주는 것이 좋다.

이 외에도 사회자, 기록자, 발표자, 관찰자 등의 역할을 더 부여할 수 있는데, 이들 역할은 활동의 내용에 따라 설정할 수도 있고, 설정하지 않을 수도 있다. 소집단원 각각의 역할은 다음과 같다.

사회자 : 사회자는 소집단원들에게 균등하게 말할 기회를 부여하는 역할을 맡는다. 활동의 진행을 맡아 순서에 맞게 의논할 내용들을 제시 · 정리하고, 소집단원들에게 돌아가며 이야기를 할 기회를 부여한다. 이 역할은 다른 학습자들의 발화 순서

나 발화량을 조절할 수 있는 자신감 있는 학습자가 맡는 것도 좋지만, 부끄러움을 많이 타거나 소극적이어서 말이 별로 없는 학습자가 맡아서 말할 기회를 많이 갖게 해 보는 것도 좋다.

기록자 : 기록자는 활동의 내용을 잘 듣고 기록하는 역할을 맞는다. 이 역할은 평소에 말이 많고 다른 학습자들의 발화 내용을 집중해 듣는 훈련이 필요한 학습자에게 맡기는 것이 좋다.

발표자 : 이 역할은 소집단 내의 활동 내용을 다른 소집단에 가서 이야기하거나 전체 앞에서 발표하는 것이기 때문에, 말하기에 자신이 있는 학습자가 맡는 것이 좋다. 그러나 말이 별로 없는 학습자에게 특별히 말하기 연습 기회를 준다는 측면에서 이 역할을 맡기는 것도 가능하다.

관찰자 : 관찰자는 소집단원들이 활동 중에 사용하는 한국어가 올바른지 모니터하는 역할을 한다. 또한 활동 중에 학습자들이 서로 말할 기회를 균등하게 갖는지, 한국어 이외의 다른 언어를 사용하지는 않는지 등도 관찰하고 점검한다. 이 역할은 소집단원 중에서 한국어 능력이 가장 뛰어난 학습자가 맡는 것이 좋지만, 너무 수줍음이 많아 활동 진행에 거의 참여하지 않는 학습자에게 이 역할을 맡길 수도 있다.

③ 교사의 역할

짝 활동과 소집단 활동은 교실 전체 활동처럼 교사가 모든 것을 통제하고 확인하고 문제를 해결해 줄 수 없다. 잘못하면 지나치게 자유로운 분위기 속에서 활동이 제대로 이루어지지 못하고 학습자의 오류도 발견하지 못한 채, 수업의 궤도를 벗어나

버릴 수도 있다. 따라서 교사는 학습자들이 활동을 올바르게 수행하는지 지속적으로 모니터를 하고 적절한 도움을 주며, 학습자들의 오류를 발견하여 적절한 피드백을 할 수 있어야 한다.

교사의 가장 큰 역할은 학습자들이 활동을 수행하는 과정에서 한국어 사용 연습을 하고 실력을 향상할 수 있게 하는 것이다. 그러기 위해서 교사는 먼저 학습자들에게 활동의 내용과 절차를 쉽고 자세하게 설명하여 이해시켜야 하며, 짝이나 소집단도 효율적으로 조직되도록 신경을 써야 한다. 또한 활동 중 지속적으로 모니터를 하여 모든 활동은 교사의 통제 아래에 있다는 것을 잊지 않게 하며, 활동 중과 후에 적절한 피드백을 해 주어 학습자의 활동을 돕는다.

다음은 짝 또는 소집단 활동의 단계에 맞게 교사가 수행해야 할 역할을 간단히 정리한 것이다.

〈짝 · 소집단 활동에서 교사의 역할〉

활동 전	활동	활동 후	피드백
짝 또는 소집단을 적절하게 조직한다. 활동을 설명하고 지시하며, 시범을 보인다.	학습자의 활동 중 계속적인 모니터를 통해 문제점을 메모하고 필요한 경우 도움을 준다.	신호를 통해 전체 활동을 끝내고 다음 활동으로 넘어간다.	한두 집단에게 시연을 하게 해 피드백을 하고 필요하다면 오류 수정을 해 준다.

활동 중 모니터하기

짝 활동과 소집단 활동은 자유로운 분위기 속에서 진행되지만, 전체 수업에 대한 교사의 통제는 유지해야 한다. 학습자들이 활동을 하는 동안 교사는 학습자 사이를 돌아다니며 활동을 모니터하고 필요한 도움을 제공한다.

활동 중 교사는 교실의 중앙이나 칠판 앞에 가만히 서 있지 말고 학습자들 사이를 계속해서 돌아다니며 학습자들의 활동과 발화에 관심을 기울이고 반응을 보인다. 그러나 교사의 움직임이 활동에 방해가 되지 않도록 조용하고 천천히 조심스럽게 교실 안을 순회한다. 학습자가 자신이 수행 중인 활동이 맞는지 반응을 요구할 때 무시해서도 안 되지만, 학습자들 사이의 자유로운 의사소통에 교사가 방해가 되어서도 안 되므로 적정 거리를 유지할 필요가 있다.(교사의 움직임은 211쪽 참조)

학습자에게 도움이 필요할 때 교사는 언제든지 적절한 도움을 줘야 하지만 불필요한 도움을 먼저 제공해서 학습자의 활동을 방해하지 않도록 한다. 의사소통이 중단되었거나, 무슨 말을 이어나가야 할지 모르거나, 학습자들의 생각이 막혔을 경우 등 활동의 진행상 어려움을 겪고 있을 때나 학습자가 도움을 직접적으로 요청하는 경우에 도움을 준다.

전체 학습자의 활동 진행 상황을 유심히 살펴 대부분 학습자들의 활동이 어느 정도 끝이 나면, 정해 둔 신호를 통해 전체 활동을 중지하고 다음 수업 단계로 넘어간다. 예를 들어, 교사가 손을 들면 모두 활동을 멈추기로 하는 등 특정 신호를 미리 정해 놓는다.

피드백과 오류 수정

짝 활동과 소집단 활동의 마지막 단계에 해야 할 일은 피드백과 오류 수정이다. 피드백이란 학습자들이 처음의 지시 사항대로 활동을 빠짐없이 수행했는지 확인하고 활동 내용 중 어떤 점이 좋았고 어떤 점이 아쉬웠는지 등의 의견을 제시하는 것을 말하고, 오류 수정이란 활동 중 학습자들의 잘못된 언어 사용에 대해 수정해 주는 것을 뜻한다. 오류 수정은 활동 중에 교사가 학습자들 사이를 돌아다니며 즉각적으로 해줄 수도 있고, 활동이 모두 끝난 후에 학급 전체 앞에서 수정해 줄 수도 있다.(오류 수정은 255쪽 참조)

활동에 대한 피드백을 할 때는 다음의 몇 가지 방법을 응용할 수 있다.

- 모든 소집단마다 각각 피드백을 해 주려면 시간이 지나치게 많이 걸린다. 따라서 활동이 끝난 후 한두 소집단만 선택해 전체 앞에서 시연을 하도록 해서 피드백을 해 주고, 다음 활동에서는 다른 소집단을 선택해 피드백을 해 주는 식으로 돌아가면서 피드백을 해 줄 수도 있다.
- 때로는 가장 먼저 활동을 마친 소집단에게 피드백의 기회를 주겠다고 말해서 학습자들이 활동에 좀 더 집중하고 활동을 빠르게 진행하도록 유도할 수도 있다.
- 피드백의 또 다른 형태는 각 소집단에 발표자를 한 명씩 정하여 다른 소집단에 가서 자신의 소집단에서 한 활동의 내용에 대해 이야기하는 것이다. 이때 나머지 학습자들은 다른 소집단의 발표자의 이야기를 들으며 자신들의 활동 내용과 비교하고 필요한 질문을 하고 답을 구해 도움을 얻도록 한다.

학습자들의 활동에 대한 오류 수정도 매우 중요한데, 소집단원들 앞에서 한 개인을 지목해 오류를 지적하지 않도록 주의한다. 지목을 당한 학습자가 부끄러움을 느끼게 된다면, 다음부터는 소집단 안에서 활발하게 이야기하지 않으려 할 것이다.

수업의 과정 중 생산 단계에서는 즉각적인 피드백은 좋지 않다. 학습자의 활동 중에 조용히 소집단 사이를 돌아다니며 모니터를 하고, 흔히 일어나는 오류와 학습자들이 어려움을 느끼는 언어 항목 등을 기록해 두었다가 활동이 끝난 후 학급 전체를 대상으로 오류 수정을 해 주는 것이 좋다. 기록해 둔 오류 문장을 칠판에 쓰고 바른 문장이 무엇인지 학급 전체에 질문을 한다. 바른 답이 안 나오고 학습자들이 어려워하는 문법 등의 언어 항목이 포함되어 있다면, 간단한 설명을 하고 필요에 따라서는 간단한 반복 연습을 시킬 수도 있다.

④ 활동 중 발생하는 문제 다루기

모국어 사용

단일 언어권으로 이루어진 학급에서는 활동 중에 학습자들이 한국어가 아닌 자신의 모국어로 대화를 나누는 일이 흔히 일어나게 된다.(모국어 사용은 220쪽 참조) 이런 문제에 대해서는 아래의 두 가지 방법으로 접근할 수 있겠다.

첫 번째는 활동 중에 학습자들이 자신들의 모국어로 해결할 부분을 미리 정해 주는 것이다. 주로 실제 활동을 위한 준비 단계의 의논은 모국어로 하도록 허락할 수 있는데, 예를 들어 학습자들이 누가 무엇을 할지 역할을 정하는 것이나 토론을 하기 전 중요한 정보에 대해 알아보는 것, 동료 학습자가 어려워하는 부분을 설명해 주는 것 등이 있다. 그러나 최종적인 생산 활동에 해당하는 부분은 반드시 한국어를 사용하도록 이끄는 것이 중요하다.

두 번째는 모국어를 습관적으로 쓰는 학습자들에게 이 시간은 한국어를 사용하고 연습할 수 있는 중요한 시간이라는 것을 계속 상기시키는 것이다. 학습자들이 야단 맞는다는 느낌을 갖지 않도록 부드럽지만 분명한 말투로 한국어를 사용해야 한다는 것을 반복해 말해 준다.

학습자들이 모국어를 쓰는 것은 지금 하는 활동이 무엇을 위한 것이며 어떻게 진행해야 하는 것인지 확신이 서지 않아서일 수도 있다. 따라서 학습자들에게 활동을 시키기 전에 반드시 충분한 설명을 통해 활동의 목표와 절차를 이해시켜야 한다. 말로만 활동을 설명하려 하지 말고 칠판을 함께 활용해 설명하는 것이 더 효과적이다.

학습자 수가 많은 대규모 학급에서는 다른 소집단이 끝나기 전에 먼저 활동을 끝내고 학습자들의 모국어로 잡담을 하는 경우도 생긴다. 전체 소집단의 4분의 3정도가 활동을 끝냈을 때는 학급 전체의 활동을 중지시키고 다음 단계를 진행한다. 미처

못 끝낸 학습자들에게는 이것이 큰 문제가 되지 않는다는 것을 주지시켜야 한다. 또한 먼저 활동을 마친 학습자들에게는 이야기를 할 때는 조용히 하라고 주의를 주고, 잡담을 할 때도 한국어로 할 수 있도록 유도한다.

소란스러움

활발한 활동 참여로 발생하는 소란스러움과 쓸데없는 잡담으로 인한 소란스러움을 구별하는 것이 중요하다. 활동 수행 중에 생기는 소음은 긍정적인 현상으로 학습자들이 적극적으로 활동에 참여하고 한국어를 사용하고 있다는 것을 의미한다.

문제는 활동 수행과 상관없이 발생해 수업을 방해하는 소음인데, 활동 중에 학습자들이 쓸데없는 잡담을 하고 있다면 학습자들이 무엇을 해야 할지 이해하지 못했거나 이미 활동을 모두 끝냈다는 것을 의미한다. 이런 상황은 교사가 준비를 잘 못했거나 교실 전체를 제대로 모니터하지 못했거나 활동을 하는 데 지나치게 많은 시간을 줬다는 뜻이 된다.

활동을 잘 준비한 경우에도 소란스러움은 생길 수 있는데, 학습자들이 활동에 너무 몰입해 목소리가 커지는 경우에는 전체 학습자에게 또는 특정 소집단에게 목소리를 낮추라고 주의를 줘야 한다. 학습자 수가 많은 대규모 학급인 경우는 특히 이런 소란스러움이 클 수 있으므로, 교사가 말로 주의를 주거나 목소리를 낮추라는 의미의 손짓이나 몸짓 등을 미리 정해 놓아 학습자들이 이에 따르도록 지시하는 것이 필요하다.

제13장 교수 · 학습 매체

수업의 주요 자료는 교재이다. 그러나 교재만 가지고 수업을 하는 교사는 별로 없을 것이다. 특히 언어 교육에서는 오래 전부터 학습자들이 수업에 좀 더 집중할 수 있고 흥미를 유발할 수 있게 하는 다양한 매체들을 사용해 왔다.

교사는 수업에 필요한 보조 자료들을 직접 만들거나 이미 출판된 인쇄 자료들 중에서 필요한 것을 추출하여 활용하였다. 또한 학습자들이 가능한 한 표준 발음을 듣고 학습할 수 있도록 녹음 테이프나 CD를 활용하여 듣기 교육에 활용하기도 하고, 좀 더 실제적인 상황을 보여주기 위하여 비디오 자료들을 활용하기도 하였다.

최근에는 많은 교사들이 인터넷 상에 있는 시청각 자료들을 활용하고 있다. 그러나 때로는 인터넷 자료보다 단순한 그림 자료나 단어 카드가 학습자들의 흥미를 더 유도할 수도 있다. 따라서 교사는 수업을 계획할 때, 학습 요소나 학습 활동에 적합한 교수 · 학습 매체가 무엇인지 미리 준비하여 적절히 활용할 필요가 있다.

이 장에서는 언어 교육에 활용할 수 있는 학습 보조 도구와 시청각 매체들을 소개하고, 이들을 어떻게 활용할 수 있는지 살펴보기로 한다. 교수·학습 매체를 사용할 때에는 다음과 같은 사항에 유의하여야 한다.

- 학습자의 수준에 맞는 매체들을 활용한다.
- 교육용 기자재들의 사용법에 충분히 익숙해져야 한다.
- 언제, 어떤 자료를 사용해야 할지 사전에 계획한다.
- 실제적인 언어 사용을 하는 데 도움이 되는 매체들을 활용한다.
- 지나친 기자재의 사용은 오히려 학습자들의 주의를 산만하게 할 수 있다.
- 가능하면 동료 교사들과 함께 자료를 만들고 공유하여 쓰는 것이 좋다.

① 학습 보조 도구

교사는 수업 목표를 달성하는 데 필요한 학습 활동들을 계획하면서 학습 활동에 필요한 학습 보조 도구들을 준비한다. 학습 보조 도구들은 학습 내용을 이해하기 쉽게 하고, 학습자들의 관심을 유도하여 보다 적극적으로 수업에 참여할 수 있게 한다. 또한 짧은 시간 안에 많은 활동들을 할 수 있게 하기도 하고, 때로는 교사의 노고를 덜어주기도 한다.

이와 같이 수업에서 학습 보조 도구들을 활용하면 여러 가지 장점이 있는데, 다음에서는 한국어 수업에서 활용할 수 있는 학습 보조 도구에는 무엇이 있는지 살펴보고, 그 활용 방안을 제시해 보기로 한다.

칠판

교사가 학습 내용을 전달할 때 새로운 어휘나 표현을 칠판에 써 주면, 학습자들은 더 쉽고 분명하게 새로운 어휘와 표현들을 인지할 수 있다. 또한 학습자들이 직접 앞으로 나와서 교사의 질문에 대한 답을 칠판에 씀으로써, 학습 내용을 이해하는지 확인할 수도 있다. 이와 같이 칠판은 별다른 준비 없이 중요한 학습 내용을 전달할 수 있으며 학습자들의 주의를 집중시키는 데 유용하게 사용되는 학습 보조 도구이다.

그러나 계획적으로 판서를 하지 않으면 오히려 중요한 내용이 무언지 모르고 지나갈 수 있다. 따라서 수업 중에 판서할 내용은 무엇이며, 언제 판서를 하는 것이 학습자들을 집중시킬 수 있는지 미리 검토하고 계획할 필요가 있다.

교사가 한 시간에 칠판을 여러 번 지우고 다시 쓸 정도로 너무 많은 양의 판서를 하게 되면, 학습자들은 수업 시간 동안 판서 내용을 필기하는 데에만 집중하게 된다. 따라서 교사는 그 시간에 전달해야 하는 학습 내용 중에 핵심적인 사항들을 중심으로 판서할 내용을 미리 계획한다.

칠판에 핵심적인 내용을 판서하는 경우에, 칠판을 3등분하여 사용하는 것이 좋다. 예를 들면, 새로운 문법이나 언어 기능을 제시하기 위한 판서는 칠판의 가운데를 활용하고, 새로운 어휘나 중요한 어휘들은 칠판의 좌, 우로 판서하면, 학습자들이 판서 내용을 보다 분명하게 기억하는 데 도움이 된다. 교사가 어휘나 문법 항목들을 무분별하게 판서하면, 학습자들이 집중하기 어려울 뿐더러 무엇이 핵심적인 내용인지 파악하기도 힘들다.

칠판에 판서를 할 때, 글씨는 크고 명확하게 써야 뒤에 앉은 학습자들도 판서 내용을 쉽게 볼 수 있다. 특히 외국인 학습자들은 교사의 글씨체를 본받아서 자신의 공책에 필기하는 경향이 있다. 칠판에 판서할 때에는 한글 자모의 획순대로 써야 하고 초급 학습자들을 대상으로 하는 경우에는 흘려서 쓰지 말고 정자체로 또박 또박 쓰도록 주의한다.

판서는 교사가 말하는 순서대로 위에서 아래로 써 나가며, 별로 중요하지 않은 내용이나 불필요한 내용은 지우는 것이 좋지만, 그 시간의 주요 학습 내용이나 항목은 지우지 않는다. 또한 판서를 할 때에는 몸의 옆면이 보이는 자세로 판서를 하여 쓴 것을 가리지 않도록 유의한다.

─ 예시 ─

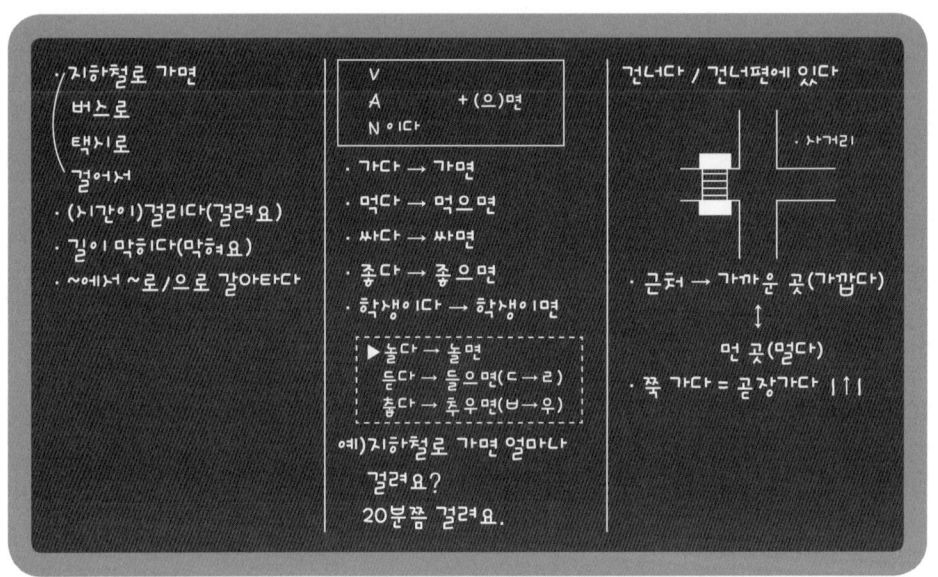

실물 자료 / 실제 자료

실물 자료는 어휘와 관련된 구체적인 실물을 직접 보여주면서 어휘를 제시하거나 학습하는 데 사용된다. 실물 자료를 통하여 어휘를 제시하면, 별도의 설명이 없어도 그 의미를 정확하게 전달할 수 있으며, 학습자들의 흥미를 유발하기 쉽다. 실물 자료는 교사의 설명을 모두 이해할 수 없는 초급 학습자들에게 특히 유용한 학습 도구이다. 가령 맛을 표현하는 '짜다, 달다, 시다' 등의 어휘를 제시하는 경우, 교사가 소금이나 설탕, 식초 등을 직접 가지고 와서 맛을 보면서 해당 어휘의 의미를 제시하면, 말로만 설명하는 것보다 훨씬 이해하기 쉽다.

실물 자료는 실물과 관련된 상황을 연출하는 의사소통 연습에도 효과가 있는데, 교사는 주변에서 쉽게 구할 수 있는 사물을 가지고 일상생활과 관련된 언어 기능을 학습할 수 있는 상황을 연출할 수 있다. 실례로, 커피 잔을 직접 가지고 와서 카페에서 커피를 주문하는 상황을 연출하면, 학습자들은 현실적인 맥락에서 의사소통을 하는 것처럼 느낄 수 있어서 보다 실제적인 의사소통 연습을 할 수 있다. 실제 장면을 연출하기 어려운 장 보기나 물건 구입하기, 은행 일 보기 등의 경우에는 직접 현장에 가서 실제적인 의사소통 상황을 실현해 볼 수도 있다.

실제 자료는 신문이나 책, 텔레비전 뉴스 등과 같이 실제로 접할 수 있는 언어 자료들을 의미한다. 실제 자료는 언어 사용 수준이 높은 학습자들에게 다양하게 사용될 수 있다. 보고서를 작성하는 경우 참고 자료가 될 수도 있고, 기사문이나 논설문 등을 쓰는 경우에는 모범적인 텍스트로 주어질 수 있다. 학습자들이 관심을 갖는 실제 뉴스나 시사적인 기사들은 토론 수업의 적절한 자료로 이용된다. 그러나 수업에 쓰일 실제 자료를 선택할 때는 학습자들의 관심과 흥미를 고려하고, 무엇보다도 수업의 내용과 목표에 적합한가를 따져 봐야 한다.

단어 카드 / 그림 카드

단어 카드는 글자로만 구성된 것과 앞면은 그림, 뒷면은 글자로 된 것이 있다. 단어 카드나 그림 카드 모두 새로운 단어를 제시하거나, 제시된 단어를 기억하기 위한 연습 활동을 할 때 이용하면 편리하다. 단어 카드는 새로운 문형이나 문법 항목을 제시하고 연습할 때에 매우 유용하다. 예를 들면, 문법 활용 연습을 할 때 단어 카드에는 기본형을 제시하고, 교사의 지시대로 다른 문법의 형태로 변형시키는 기계적이고 반복적인 학습에 사용하면, 교사가 지시하는 것을 일일이 말하거나 칠판에 쓰는 번거로움을 피할 수 있다.

그림 카드는 그림과 일치하는 사물이나 사람의 이름을 기계적이고 반복적으로 말하게 하는 학습 활동에 유용하다. 그림 카드는 실물 자료에 비해서 준비하기가 수월할 뿐만 아니라, 한 번에 많은 양의 어휘를 제시하는 데에도 편리하게 사용된다. 이밖에도 그림 카드는 다양하게 활용될 수 있는데, 교사가 지시한 단어에 해당하는 그림을 찾아오기, 그림과 글자 연결하기 등 여러 가지 방법으로 이미 학습한 어휘를 강화하는 데 사용할 수 있다.

또한 그림 카드는 학습자들에게 조용히 하라는 주의를 주거나 경고를 하는 데에도 이용할 수 있다. 교사가 학습자들에게 직접적으로 좋지 않은 지적이나 지시를 하기보다 미리 약속된 그림 카드를 제시하는 것이 더 효과적일 때도 있다.

그림 자료

그림 자료는 실제 언어 수행이 일어나고 있는 장면을 대신할 수 있는 자료로, 다양한 방법으로 학습자들에게 의사소통을 유발하는 데에 유용하게 활용할 수 있는 학습 보조 도구이다. 이전에는 신문, 잡지, 책, 사진 등에서 필요한 그림을 발췌하여 사용하거나 교사가 직접 해당 내용을 그렸지만, 요즈음은 인터넷의 교육용 콘텐츠나 클립아트에서 제공하는 그림 자료들을 활용하면 편리하다.

그림 자료는 학습자들의 배경 지식을 활성화하거나 그 시간에 학습할 내용을 추측해 보게 할 때, 또는 교사의 질문에 대한 학습자들의 대답을 유도할 때 제공되는 단서로 이용된다. 학습자들이 자유롭게 자신의 생각을 표현할 수 있는 수준이라면, 그림을 보고 장면을 묘사하거나 그림과 관련하여 자유롭게 토론하는 수업으로도 활용할 수 있다.

또한 학습 내용과 관련된 문화를 설명할 때, 교사가 말로만 설명하는 것보다 관련된 그림 자료를 보여 주면서 설명하면, 학습자들의 흥미를 유도할 수 있고 학습 내용을 이해하기도 쉽다.

학습지(worksheet)

수업 중에 교재에 제시된 내용을 보충하거나 학습 내용을 제대로 이해했는지 확인할 때 학습지를 활용하면 좋다. 그 시간에 학습할 핵심적인 내용을 칠판에 판서하는 것보다 학습지로 만들어 주면, 판서하는 시간을 절약할 수 있어 그 만큼 연습 단계의 활동을 더 많이 할 수 있게 된다.

또한 교사가 그 시간에 전달한 학습 내용을 제대로 이해했는지 확인하기 위해 학습지를 준비하기도 한다. 예를 들면, 학습한 어휘나 문법을 확인할 수 있는 빈칸 채우기, 학습한 내용과 관련된 문장을 제시하고 참 또는 거짓 표기하기, 본문의 내용을 이해했는지 줄거리 써 보기, 문장의 시제나 연결 어미 등을 바꾸어 쓰기와 같은 내용으로 구성하여 학습 내용의 이해 여부를 점검할 수 있다. 학습지는 시간이 부족한 경우에는 과제물로 제시되기도 한다. 낮은 수준의 학습자를 위한 학습지를 만들 때에는 학습자가 이해할 수 있는 표현으로 문항을 작성한다.

예시

1. 다음 질문에 답하십시오.

가: 몇 시입니까?

나: _____

2. 그림을 보고 '-고 있다'를 사용해서 문장을 완성하세요.

민수 씨는 영화를 _____

[3-4] 〈보기〉와 같이 문장을 만드세요.

> 〈보기〉 학교에 가다
> → 학교에 가지 않습니다. / 학교에 안 갑니다.

3. 오후에 친구를 만납니다. →
4. 저는 오늘 바쁩니다. →

[5-6] 〈보기〉와 같이 문장을 만드세요.

> 〈보기〉 아침에는 빵을 먹다 / 점심에는 밥을 먹다
> → 아침에는 빵을 먹었어요. 점심에는 밥을 먹을 거예요

5. 어제 도서관에서 공부를 하다 / 내일은 시험을 치다
  →
6. 작년에는 일본어를 배우다 / 내년에는 한국어를 배우다
  →

② 멀티미디어 매체

멀티미디어 매체란 CD-Rom이나 인터넷과 같이 컴퓨터의 화면을 이용하여 음성, 문자, 동영상, 애니메이션 등을 전달할 수 있는 복합적인 매체를 말한다. 최근에는 정보통신 기술의 획기적인 발달로 언어 수업의 보조 학습 도구로 인터넷을 주로 활용하고 있는 추세이다.

언어 교육에서 멀티미디어 매체를 활용하게 되면 여러 가지 장점들이 많은데, 특히 소

리와 영상을 동시에 보고 들으면서 언어 기능을 학습할 수 있어 학습자들의 흥미와 관심을 유도하는 데 유리하다. 또한 현실 생활과 유사한 상황의 장면을 통하여 언어를 배우기 때문에, 학습자들에게 실제 상황에서 언어를 배운다는 생각을 갖게 할 수도 있다.

멀티미디어 매체를 활용하면, 교실에서의 수업뿐만 아니라 인터넷의 커뮤니티(community)나 이메일 등을 이용하여 다각적인 상호작용이 가능하기 때문에, 학습자들에게 의사소통의 기회를 더 많이 제공하여 의사소통 능력을 향상하는 데 도움이 된다. 그리고 교사는 인터넷의 다양한 경로를 통하여 학습 내용과 관련된 정보나 자료를 찾을 수 있어 자료를 준비하는 데에 필요한 시간과 수고를 줄일 수 있다.

언어 수업에서 멀티미디어 매체의 활용은 매우 유용하지만, 다음과 같은 사항에 유의하면서 멀티미디어 매체를 사용하는 것이 좋다.

- 수업의 목적과 내용에 맞게 사용한다.
- 학습자들의 수준에 적합하게 사용한다.
- 특별한 전문 지식이 없어도 사용할 수 있는 매체이어야 한다.
- 유의미한 상호작용 활동을 하는 데 활용한다.
- 문법적으로 올바른 한국어가 사용되는 동영상이나 자료 화면을 사용한다.

PPT(파워포인트)

PPT는 학습 내용의 요점이나 핵심적인 요소들을 정리하여 보여 주거나, 교재의 내용이 불충분한 경우 이를 보완할 필요가 있을 때 유용하게 사용된다. PPT는 다양한 색깔, 소리, 비디오, 애니메이션 등 여러 가지 시각 자료들을 활용할 수 있어 학습자들의 관심과 흥미를 유도하는 데에도 유익한 도구이다.

교사가 수업에서 PPT를 사용하는 경우, 처음부터 미리 화면을 보이게 하지 말고 수업 시간 중간에 설명이 필요한 부분에서만 사용한다. 수업 중에 PPT를 너무 자주 사용하면 오히려 학습자들의 흥미를 잃을 수도 있으므로, 학습 내용을 이해하는 데 단서가 되는 내용을 제공하거나, 꼭 필요하다고 판단되는 경우에 사용하는 것이 바람직하다. 언어 수업에서는 특히 단순한 정보 전달보다는 의사소통을 유발하는 데에 이용하는 것이 효과적이다.

PPT로 제시된 학습 자료는 교사나 학습자들이 공유하는 홈페이지나 카페에 올려 놓아 학습자들이 원하는 시간에 복습할 수 있게 하는 것도 좋은 방법이 된다.

─ 예시 ─────────────────────────────────

【말하기 활동 자료】

CD-Rom

CD-Rom은 조작하는 방법이 간단하고 같은 내용을 무한 반복하여 들을 수 있다는 장점이 있다. CD-Rom은 대부분의 교재에 부속되어 있으며, 수업 목표에 따라 듣기, 들으면서 보기, 들으면서 따라해 보기 등으로 활용할 수 있다.

수업 시간에 CD-Rom을 사용하는 경우, 교사는 청취 환경을 미리 점검하고 어떻게 사용하는지 미리 조작 방법을 익혀 두어야 시간의 낭비를 막을 수 있다. 또한 수업 전에 학습할 내용을 검토하여 학습 과정 중 언제, 어디서, 어떻게 사용할지 정해 두어야 우왕좌왕하지 않고 수업을 진행할 수 있게 된다.

그러나 CD-Rom을 활용한 수업은 말 그대로 기계를 대상으로 하기 때문에 제한된 활동이 될 수밖에 없다. 따라서 CD-Rom은 새로운 학습 내용을 제시하는 단계나 학습 내용을 연습할 때 활용하고, 생산 단계에서는 창의적인 의사소통 활동이 이루어지도록 하는 것이 적절하다.

인터넷

인터넷은 최근 들어 가장 활발하게 사용되는 교수·학습 매체이다. 인터넷에 있는 각종 다양한 정보들은 읽기의 보조 자료로 활용될 수 있고, 실시간으로 제공되는 동영상이나 방송국의 자료들은 말하기, 듣기의 자료로 활용할 수 있다. 또한 인터넷의 이메일이나 전자 게시판을 활용하여 쓰기 활동도 가능하기 때문에, 통합적인 언어 학습에 매우 유용하게 사용되는 교수·학습 도구이다.

실제 학습 자료

수업에서 인터넷을 사용하는 가장 큰 장점은 빠른 시간에 매우 다양한 자료들을 손쉽게 찾을 수 있다는 점이다. 인터넷의 각 포털 사이트에는 실시간으로 올라오는 사건이나 뉴스 등의 실제 자료가 풍부할 뿐만 아니라, 인터넷은 실물 자료를 대체할 수 있는 각종 그림 자료와 함께 듣기 활동에서 활용할 수 있는 시청각 자료 등 종합적이고 통합적인 자료들이 무수히 많이 있는 자료 창고라고 할 수 있다.

인터넷에 있는 수많은 자료들은 말하기, 듣기, 읽기, 쓰기 등의 자료들로 활용될 수 있다. 초급 단계에서는 주로 인터넷에서 수업에 필요한 자료를 찾아 교사가 다시 수업 내용이나 목표에 맞게 고쳐서 활용한다. 그러나 학습자들의 단계가 높아질수록 인터넷은 보다 다양하게 활용될 수 있는데, 인터넷에 있는 동영상 자료를 활용하여 읽기, 쓰기 수업과 연계된 듣기 수업으로도 활용할 수 있다.

예시

【듣기 활동 자료】

① 텍스트를 보여 주기 전에 아래와 같은 동영상을 통하여 일기 예보를 들려준다.

② 학습자들이 뉴스의 내용을 제대로 들었는지 질문한다.
③ 학습자들이 제대로 이해하지 못한 경우엔 다시 한 번 더 들어본다.
④ 듣기 내용에 대해 대강 이야기 한 후에 듣기 대본을 주고 제대로 들었는지 확인한다.
⑤ 대본에 있는 어휘 중에 새로운 어휘는 설명하고, 뉴스의 내용을 요약하여 쓰기를 하거나 빈칸 채우기 형식의 받아쓰기를 한다.

교사는 학습자들이 관심과 흥미를 가지고 있는 소재를 찾아 토론하기, 보고서에 필요한 관련 자료 검색하기, 모범적인 텍스트 제시하기 등 다양한 방법으로 인터넷을 활용할 수 있다.

이메일

이메일은 대화식 글쓰기 연습에 매우 유용한 매체이다. 이메일을 이용한 쓰기 학습은 공책에 쓰고 학교에 가져와야 하는 번거로움을 피할 수 있어 많은 양의 쓰기 연습을 하는 데에 효과적이다.

이메일은 교사와 대화하는 것처럼 글을 쓰기 때문에 말하기 연습에도 도움이 된다. 학습자들은 교사의 얼굴을 보지 않고 대화를 할 수 있어서 다양한 내용의 질문을 할 수 있다.

쓰기 수업을 담당한 교사에게 가장 부담되는 일은 피드백이다. 교사는 그 시간에 쓴 내용에 대해 피드백을 하여 다음 시간에 학습자들에게 돌려 주어야 하기 때문에, 시간에 맞추어 피드백을 해야 한다는 부담감을 갖기 쉽다. 그러나 이메일을 통해 피드백을 하게 되면, 시간의 제한을 받지 않고 교사가 원하는 시간에 자유롭게 피드백을 할 수 있어서 피드백에 대한 부담을 줄일 수 있다.

온라인 게시판

온라인 게시판은 카페나 블로그에서 자유롭게 의사소통을 할 수 있는 공간이다. 온라인 게시판은 다양하게 활용될 수 있는데, 교사는 학습 내용을 올려 놓을 수도 있고, 학습자는 과제를 제출하는 공간으로도 활용될 수 있다.

온라인 게시판은 학습 내용과 관련된 질문과 대답을 하는 공간으로도 활용될 수 있다. 학습자가 온라인 게시판을 통하여 질문을 하면, 교사는 댓글이나 답글을 통하여 즉각적인 피드백을 할 수 있다. 또한 교사와 학습자, 학습자 상호 간의 의견을 교환하는 의사소통의 공간으로도 활용될 수 있다.

【온라인 게시판】

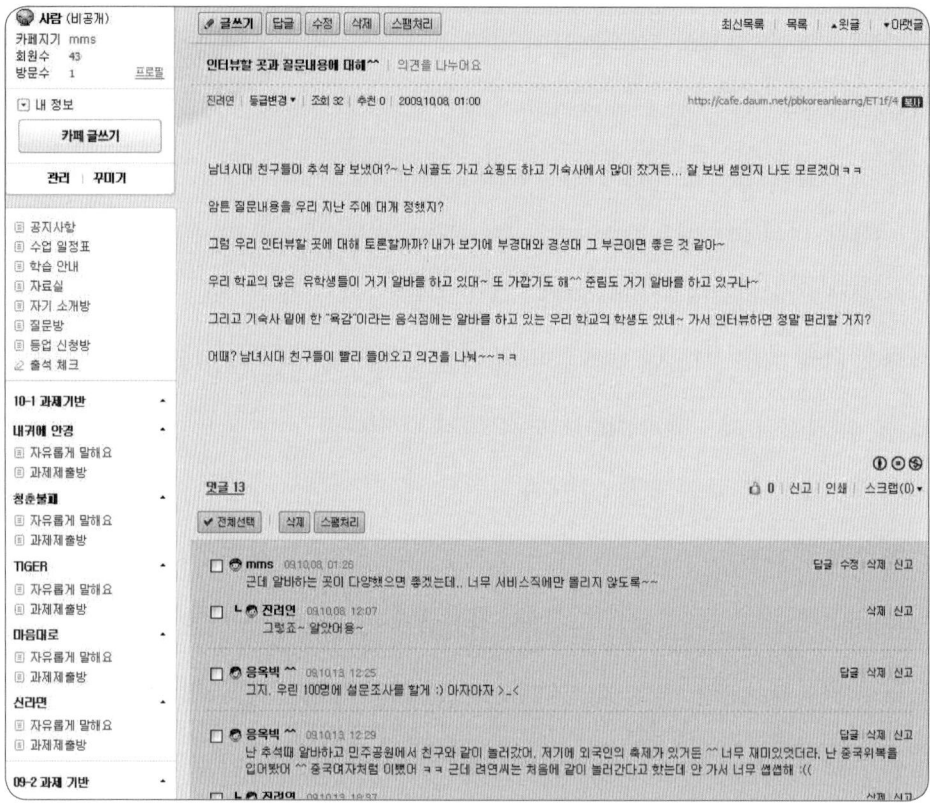

제14장 오류 수정

학습자는 언어 학습 과정에서 목표 언어에 대해 나름대로 가설을 세우고 말이나 글로 표현해 보면서 검증해 가는데, 이 과정에서 오류는 자연적으로 발생한다. 학습자의 오류 발생은 모국어 습득에서와 같이 자연스러운 과정이므로, 그에 따른 오류 수정은 언어 학습 과정에서 빠뜨려서는 안 되는 중요한 학습 내용으로 다루어야 한다. 만약 학습자가 오류 수정을 받지 못하거나 오류 자체를 피하려고만 한다면, 학습자는 목표 언어에 대한 자신의 잘못된 가설을 검증할 수 없기 때문에 오류는 평생 남을 수도 있다. 이런 경우를 오류의 화석화라고 한다.

이때문에 교사는 학습자의 글이나 발화에서 나타나는 오류를 어떻게 수정해 주어야 언어 발달과 언어 학습에 도움이 될 수 있을지 고민하게 된다. 이 장에서는 수업 시간에 활용 가능한 다양한 수정 방식을 말하기와 쓰기에서의 오류 수정으로 나누어 살펴보기로 한다.

학습자의 오류를 수정하기 전에 고려해야 할 점을 정리하면 다음과 같다.

- 오류를 지나치게 많이 수정하면 학습자가 위축될 수 있다.

- 학습자들은 오류 수정을 통해 오류가 있다는 사실뿐만 아니라, 왜 오류를 범했는지 어떻게 수정해야 하는지도 배우게 된다.

- 문법을 정확하게 습득하는 것에 초점을 둔 수업인 경우는 오류 부분에 대해 즉각적으로 수정해 주는 것이 효과적이다.

- 과제 수행을 위한 말하기 활동의 경우에 의사소통에 크게 영향을 주지 않는 오류는 보통 활동이 끝난 후에 수정한다.

- 언제 수정하는 것이 학습자에게 긍정적인 효과가 있는지를 따져 본다.

- 오류가 언어 능력 부족에서 온 것인지 스스로 수정할 수 있는 실수인지를 판단해 적절한 수정 방법을 결정한다.

- 학습자들과 오류 수정에 대한 방식을 이야기하면서 교사의 오류 수정 방식을 안내하는 시간을 가진다.

Tip

오류

학습자의 오류는 보통 능력 오류와 수행 오류로 구별해 사용하기도 한다. '능력 오류'는 언어에 대한 능력이 부족하여 발생하는 것으로 체계적이며 반복되어 나타나며, 언어 학습자의 중간언어 능력을 반영한다. 반면에 '수행 오류'는 이미 알고 있는 체계를 직접 수행하는 과정에서 정확하게 쓰지 못하거나 부주의로 발생하는 것인데, 스스로 수정할 수 있는 것들이다. 우리가 보통 '실수'라고 부르는 것들이다. 그러나 실제로 능력 오류인지 수행 오류인지 판단하기 어려운 경우도 많다. 간단하게는 지속적이고 반복되어 틀리면 '능력 오류'이고, 일시적이며 지속적이지 않으면 실수인 '수행 오류'로 판단해 볼 수 있다.

오류의 원인

학습자의 오류를 잘 관찰해 보면, 학습자는 학습자 언어가 발전해 가는 과정에서 고유한 체계를 만들어 내고 그것에 따라 특정한 오류를 일으킨다는 것을 알 수 있다. 학습자 언어의 발전 과정에서 일어나는 오류의 원인은 다양하지만, 주요 원인으로 모국어 간섭, 과잉 일반화, 의사소통 전략 등을 들 수 있다.

중요한 오류의 원인 중 하나인 모국어 간섭은 학습자 모국어의 구조가 목표 언어의 구조에 부정적인 전이를 일으킨 것을 말한다. 예를 들어, 일본인 학습자가 '빵'의 된소리 [ㅃ]을 [ㅂ]이라고 발음하는 것은 된소리 [ㅃ]이 일본어에 없기 때문이다. 모국어 간섭으로 인한 오류는 목표 언어에 익숙하지 않은 초급 학습자들에게 특히 많이 발생하는데, 교사는 개별 언어의 차이점을 인식시켜 주는 방식으로 수정을 한다.

또 다른 주요한 원인은 언어 학습 과정에서 자연스럽게 발생하는 과잉 일반화의 오류이다. 과잉 일반화란 학습자들이 학습 과정에서 익힌 어떤 규칙을 그것이 해당되지 않는 현상에까지 확대시켜 적용하는 것을 말한다. 언어 간 차이로 인한 모국어 간섭보다 과잉 일반화의 오류가 학습자의 언어에 더 큰 영향을 미친다고도 한다. 이 외에도 의사소통 전략으로 인한 오류가 있는데, 잘못되는 것이 두려워 자신의 의사소통 의도를 축소시키는 것이다. 이 경우 문법적 오류와는 다른 차원의 오류가 발생하는데, 이에는 지나치게 표현을 단순화시켜 쓴다든가 내용을 왜곡해 표현하는 것들이 포함된다.

① 말하기에서의 오류 수정

학습자의 발화에서 오류를 수정할 때는 언제, 누가, 어떤 방법으로 수정하는가를 결정하는 일이 중요하다. 오류가 발생한 순간 바로 수정할 것인지 활동이 다 끝난 후 수정할 것인지, 아니면 다음으로 미룰 것인지를 정한다. 말하기 활동의 초점이 문법을 정확하게 말하는가에 있다면 즉시 수정할 수도 있으며, 그렇지 않고 학습자의 의사 표현에 초점을 둔다면 의사소통에 문제가 있을 경우만 일부 수정한다.

누가 수정할 것인가 하는 문제도 오류의 원인에 따라 선택할 수 있는데, 교사가 직접 수정할 수도 있고 오류 부분을 알려 주어 학습자 스스로 수정하게 할 수도 있다. 학습자가 몰라서 오류를 범한다고 판단되면, 교사가 수정해 주는 것이 효과적이다.

반면에 실수라고 볼 수 있는 오류인 경우, 학습자에게 기회를 주어 스스로 수정하는 것이 도움이 된다. 또한 학습자의 성향과 오류의 원인에 따라 적절한 수정 방법을 선택한다. 오류 부분에 대해 교사가 직접 설명할 수도 있고 간접적인 암시만 줄 수도 있다. 학습자들이 오류를 스스로 고칠 수 있도록 단서를 주거나, 학습자에게 오류가 있다는 사실만 알려서 수정 기회를 부여하는 등 여러 가지 방법이 있다.

학습자의 말에서 오류를 발견하는 순간, 교사는 이런 여러 가지 판단을 내려야 하지만 깊이 생각할 여유가 없을 때가 많다. 교사는 자동적으로 반응하거나 신속하게 수정의 행동을 해야 하는데, 이것이 말하기에서의 오류 수정이 어려운 이유이다. 다음에 소개하는 오류 수정 방식은 수업의 목표나 학습자의 언어 수준과 성향에 따라 적절하게 선택하여 활용할 수 있다.

오류 부분 알려 주기

학습자의 말에 오류가 있는 부분을 간접적인 방식으로 알려 줘서 학습자 스스로 고칠 수 있게 하는 것이다. 오류의 위치를 알려 줄 때는 비언어적인 방식을 쓰거나 교사가 학습자의 말을 따라하면서 알려줄 수도 있다.

비언어적인 방식은 교사가 오류가 있는 부분을 들었을 때, 그 자리에서 눈을 크게 뜬다든지 고개를 갸우뚱거린다든지 해서 학습자가 오류 부분을 눈치챌 수 있게 하는 것이다. 이런 비언어적인 눈짓이나 몸짓은 학습자의 말을 듣는 동시에 이루어질 수 있으며, 대화의 맥을 끊지 않고도 오류를 지적할 수 있는 장점이 있다.

이보다 더 구체적인 방식으로 교사가 학습자의 말을 따라 말하면서 오류의 위치를 알려주는 것인데, 다음과 같이 두 가지 방법이 있다. 교사가 학습자의 말을 따라 말하다가 오류가 있는 부분 앞에서 멈추면 학습자는 자신의 오류를 눈치 채고 나머지 부분을 스스로 고친다.

학습자 "요즘 돈을 많이 필요해요."

교사 "요즘 돈…….."

학습자 "요즘 돈이 많이 필요해요."

또는 교사가 학습자의 말을 반복해서 말하면서 오류 부분에서 소리를 높이거나 악센트를 주어 강조해서 말하는 것이다.

학습자 "한국에서 산이 많아요."

교사 "한국**에서**(악센트를 주어서 말한다) 산이 많아요?"

학습자 "한국에 산이 많아요."

분명하게 말하기를 요청하기

학습자가 잘못 말하거나 얼버무리며 정확하게 말하지 못했을 때, 교사는 학습자의 말을 잘 듣지 못한 척하며 '다시 한 번 말해 주세요'라고 말하든지 불분명한 부분을 '뭐라고요?' 라고 되묻는다. 이렇게 학습자에게 다시 한 번 분명하게 말하도록 요청함으로써 오류를 수정할 기회를 주는 것이다.

학습자 "어제 백화점에서 쇼핑해요."

교사 (제대로 못 들은 척하며) "다시 한 번 말해 줄 수 있어요?"

학습자 "어제 백화점에서 쇼핑했어요."

질문 바꿔하기

학습자가 질문을 이해하지 못해서 대답을 못하고 있다고 생각되면, 교사는 질문을 좀 더 쉽고 간단하게 바꾸어 다시 질문해 준다. 이렇게 해서 학습자에게 새로운 시도의 기회를 한 번 더 준다.

┌─ 예시 ┐

교사　"한국에 온 지 얼마나 됐어요?"

학습자　"……."

교사　"언제 한국에 왔어요?"

학습자　"두 달 전에 한국에 왔어요."

단서 주기

학습자에게 말하는 데 도움이 되는 단서를 주는 것인데, 단서가 될 만한 표현을 여러 개 주고 그 안에서 선택해서 표현할 수 있도록 한다.

┌─ 예시 ┐

교사　"이번 주말에 무엇을 하고 싶어요?"

학습자　"이번 주말에 ……."

교사　"영화 보고 싶어요. 집에서 쉬고 싶어요. 친구를 만나고 싶어요."

학습자　"집에서 쉬고 싶어요."

틀린 부분 고쳐 제시하기(recast)

틀린 부분을 고쳐 제시하기는 학습자가 말하면서 빠뜨린 부분을 교사가 채워 완성시켜 말하거나 잘못된 부분을 바르게 고쳐 말해줌으로써, 학습자가 자신의 오류를 간접적으로 알아채고 고칠 수 있게 해 주는 것이다. 이것은 모국어를 습득할 때 자연적인 의사소통 과정에서 흔히 일어나는 수정 방식이다. 학습자의 말을 받아서 수정해서 다시 말할 때는 마치 교사가 학습자의 말을 제대로 이해하지 못해서 다시 묻는 것처럼 자연스럽게 수정해 준다.

교사   "오늘 저녁에 무엇을 할 거예요?"

학습자 "집에 가고 잘 거예요."

교사   "아, 집에 가서 잘 거예요?"

학습자 "네, 집에 가서 잘 거예요."

다시 말하게 하기

다시 말하게 하기는 상승조의 억양으로 '다시 말해 보세요.', 혹은 '맞아요?'라고 말하든가, 동일한 질문을 반복하여 학습자에게 오류가 있다는 사실을 직접적으로 지적해 주는 방식이다.

학습자 "방을 먹었어요."

교사   "방을 먹었어요? 방? 맞아요?"

학습자 "아, 빵을 먹었어요."

직접 교정하기

교사가 직접적으로 학습자의 오류를 지적하고 수정한다. 오류의 유형과 원인에 대해 직접 설명하거나 학습자에게 이미 배운 것을 기억해 낼 수 있게 질문을 해서 재확인시켜 준다.

학습자 "빵을 삼 개 샀어요."

교사   "'삼 개'요? '개' 앞에는 '일, 이, 삼'을 쓸 수 없어요. '개' 앞에 '한, 두, 세'를 써요. 그럼 몇 개라고 말해요?"

학습자 "세 개 샀어요."

② 쓰기에서의 오류 수정

학습자는 글을 쓸 때 어떻게 표현할지 생각해 볼 시간을 갖는다. 다양한 표현 방법들을 시험해 볼 수 있고 쓴 내용을 수정할 수도 있으며, 모든 것을 마지막에 다시 한 번 검토해 볼 수 있다. 교사도 학습자의 발화에서 오류를 수정할 때와 달리 학습자의 글에 어떻게 반응할 것인가에 대해 생각해 볼 여유가 있다. 그리하여 쓰기에서 오류를 수정할 때는 학습자 개개인의 문제점을 파악하고 그 오류의 원인에 맞게 수정의 방식을 선택할 수 있다.

학습자의 글에는 다양한 오류들이 존재하고 오류의 원인들도 다양하기 때문에, 여러 오류 수정 방식들을 섞어 사용하는 것이 바람직하다. 학습자의 부주의 혹은 실수로 생긴 오류라고 판단될 경우 그냥 밑줄을 긋는다. 학습자가 약간의 도움을 받으면 스스로 고칠 수 있는 오류라고 판단이 될 경우, 수정 기호를 사용하거나 단서를 준다. 그러나 학습자가 정말 몰라서 발생한 오류에는 옳은 표현을 직접 써 준다.

또한 같은 글을 가지고 여러 차례로 나누어 수정할 수도 있다. 예를 들어, 첫 번째 수정에서는 밑줄 긋기나 수정 기호 써 주기를 하고, 두 번째 수정에서는 단서 주기나 교사가 직접 수정하기를 하고, 세 번째 수정에서는 고친 글을 최종 확인하고 중대한 오류에 대해서는 정리하거나 따로 연습하는 시간을 갖는 것이다.

오류 부분 표시하기

오류의 부분을 교사가 직접 지적해서 표시해 주는 방식이다. 예를 들어, 다음과 같은 표시로 나누어 쓸 수 있는데 학습자들과 미리 수정 부호에 대한 약속을 해 둔다.

• 틀린 부분: _____ [밑줄]	• 어색한 표현: ~~~~~ [물결무늬]
• 빠진 부분: ∧ [삿갓 모양]	• 이해가 안 되는 부분: ?? [물음표]

먼저 러시아에서 온 빅토리아 씨는 귀엽게 생겼습니다.

한국온 지 일년간이 되기 때문에 한국말을 잘합니다.

다음 스샤오천 씨는 방장이고 부지런한 사람입니다.

모른 문제가 있어서 잘 가르쳐 줍니다.

스샤오천 씨 옆에 있는 장씨아오 씨는 자주 미소를 띠고 사교적 사람입니다.

오류에 대한 부담감이 큰 학습자에게 오류 부분을 매번 빨간색으로만 표시해 준다면, 빨간색이 주는 강렬함까지 더해져 글쓰기에 대한 의욕을 떨어뜨릴 수 있을 것이다. 빨간색 공포를 줄여 주고 싶다면, 오류의 빈도나 경중에 따라 다양한 색을 사용해 볼 수 있다. 예를 들어, 학습자가 새로운 무언가를 표현하려고 시도하다가 오류가 난 경우에는 파란색이나 녹색으로 표시하고, 학습자 스스로 고칠 수 있는 오류나 수정되어야 할 중요한 것들은 주황색이나 보라색으로 표시해 준다.

오류 유형 표시해 주기

오류 부분에 밑줄을 그어서 오류가 있다는 사실만을 알리는 게 아니라, 수정 기호를 써서 오류 부분이 어떤 유형에 속하는지를 알려 주고 스스로 수정하도록 하는 방식이다. 다시 말해, 학습자가 오류를 고치는 데 도움을 주기 위해 밑줄 친 부분 밑에 약속된 수정 기호를 써서 이 오류가 문법의 잘못된 사용인지 어휘를 잘못 썼는지, 아니면 그저 맞춤법이 틀린 것인지를 알려준다.

특히 이런 방식은 형태 · 통사론적 영역의 오류에서 유용하다. 수정 기호를 만들어 사용할 때 주의할 점은 학습자들과 수정 기호의 약속을 정하고 그 의미를 충분히 인지하도록 해서 최대한 단순하고 알기 쉽게 하는 것이다. 정해진 표준 수정 기회가 따로 있는 게 아니라서 학습자의 언어 숙달도와 학습 성향을 고려해 다음과 같이 약속을 정할 수 있다.

맞춤법	S(pelling)
문법의 형태	F(orm)
문법의 의미	G(rammar)
시제 사용	T(ense)
어휘	W(ord)

예시

먼저 러시아에서 온 빅토리아 씨는 귀엽게 생겼습니다.

한국 온 지 일년간이 되기 때문에 한국말을 잘합니다.
　　 ∧　　　 W　　 T

다음 스샤오천 씨는 방장이고 부지런한 사람입니다.
　　　　　　　　 S

모른 문제가 있어서 잘 가르쳐 줍니다.
 F　　　　 G

스샤오천 씨 옆에 있는 장씨아오 씨는 자주 미소를 띠고 사교적 사람입니다.
　　　　　　　　　　　　　　　　　　 W　　　 ∧

단서 주기

오류 부분을 표시하고 그 아래나 여백에 학습자가 스스로 오류를 수정할 때 단서가 될 만한 표현을 써 주는 것이다. 학습자들의 글 아래에 단서를 써 주면 학습자들은 그것을 참고로 해서 오류를 수정할 수 있다.

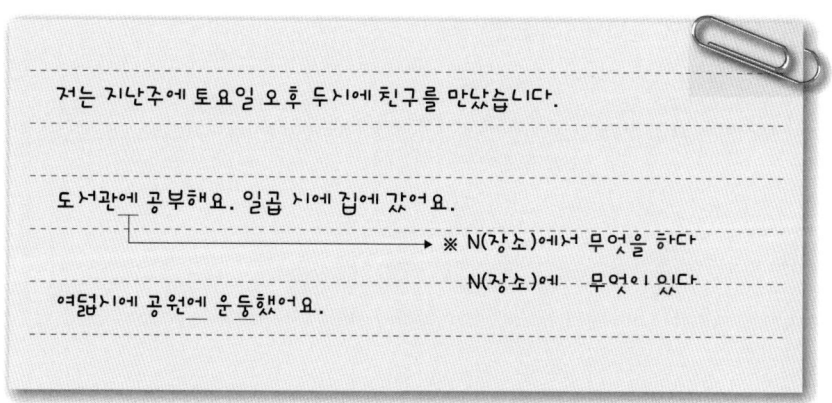

교사가 직접 수정하기

교사가 직접 오류 부분을 바른 표현으로 고쳐서 써 준다. 학습자가 스스로 오류를 고쳐 보는 시간이나 기회가 없이 교사가 바로 오류를 수정해 주는 경우, 교사가 어떤 오류를 왜 수정했는지 학습자들이 알아채지 못할 때가 많다. 교사는 열심히 오류를 수정하지만 학습자의 글에서는 같은 오류가 반복해서 나타나기도 한다.

학습자의 의도에 따라 오류라고 확신하기 어려운 경우에는 교사 자신의 생각대로 표현을 고치기보다는 학습자의 의도를 물어보는 것이 좋다. 그 다음 학습자가 표현하려는 것에 가장 가까우면서도 자연스러운 표현을 알려주는데, 잘못된 문장을 수정한 느낌이 들지 않게 '더 좋은'이라고 써 준다.

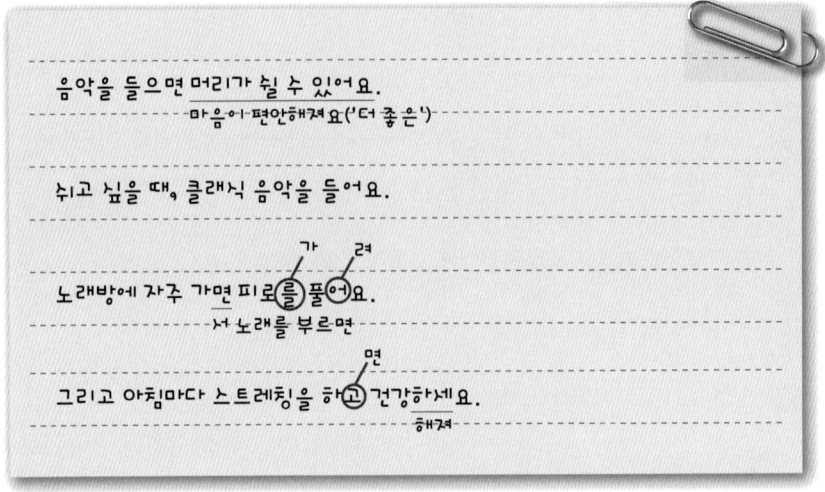

학습자 스스로 고치기

학습자 자신이 쓴 글을 읽으며 스스로 고치거나 교사가 밑줄 친 오류 부분을 보고
바른 표현으로 수정해 보는 방식이다. 먼저 학습자가 자신이 쓴 글을 읽으면서 알고
있으나 부주의하거나 익숙하지 않아서 발생한 오류들을 스스로 고쳐 보는 기회를 준
다. 이 시간을 통해 학습자는 교사로부터 빨간색 줄을 덜 받는 대신 자신감을 얻게
된다.

또 교사가 표시해 준 오류 부분을 스스로 고치게 되면, 학습자는 오류를 스스로 수
정할 수 있다는 긍정적인 경험과 성취감을 맛보게 된다. 이 같은 방식은 자주 범하는
실수나 오류에 대해서도 좀 더 세심한 주의를 기울이게 되고, 수정 내용에 대한 기억
도 오래가는 학습 효과가 있다. 교사가 잘못된 부분을 바로 수정해 주는 것과 달리 학
습자가 스스로 고쳐 쓰게 하면, 여러 번 손이 가고 시간이 걸리는 일이라 교사의 부
담이 큰 게 사실이다. 그러나 교사의 부담이 큰 만큼이나 수정 후의 파급 효과도 크

다는 장점이 있다.

짝이나 소집단별로 고치기

짝이나 소집단별로 서로의 글을 읽고 오류를 찾아 고쳐 준다. 자신의 오류가 수정되는 것으로 인해 학습자가 자칫 위축될 수도 있으므로, 학습자 간의 분위기를 잘 파악해 시도하도록 한다. 다른 학습자들의 글을 읽고 수정할 수 있으려면, 학습자들이 스스로 오류를 수정해 보고 교사의 피드백을 받아 본 경험이 어느 정도 쌓인 후에야 가능하다.

짝 또는 소집단 내 학습자들끼리 언어 수준에서 차이가 심한 경우에는, 서로의 글을 고치게 하는 것이 별로 효과적이지 못하다. 이 경우에는 이른바 '오류문 고치기'라는 과제 활동을 시도해 짝 또는 소집단별로 수정하게 하는 것이다. 오류문 고치기는 학습자들이 쓴 글에서 자주 나타나는 오류문이나 학습 단계에서 꼭 수정되어야 할 중요한 오류들을 뽑아 모은 문장들을 주고, 짝 또는 소집단별로 서로 의논해 고쳐 보게 하는 것이다.

제15장 학습 평가

언어 교육 과정에서 정기적으로 평가의 시간을 가지는 것은 중요하다. 평가를 통해 교사는 학습자들이 무엇을 할 수 있고 무엇을 할 수 없는지를 알게 된다. 교사의 입장에서 교실 평가는 수업이 성공적으로 잘 이루어지고 있는지를 확인하고, 앞으로 어떤 부분들을 더 다루어야 하는지 확인하는 계기가 된다. 학습자들의 입장에서 보면 평가는 자신들의 실력이 어느 정도인지를 가늠해 보고, 무엇에 중점을 두고 공부해야 하는지 구체적인 학습 목표를 세울 수 있는 기회가 된다.

① 평가의 유형

언어 평가는 언어교육 과정에서 평가가 어떻게 사용되고 있는가 하는 목적에 따라 구분할 수 있다. 평가는 그 사용 목적에 따라 평가의 절차와 과정이 달라지기 때문이다. 평가의 종류에는 진단 평가와 배치 평가, 형성 평가와 총괄 평가, 성취도 평가와 숙달도 평가 등이 있다.

진단 평가와 배치 평가

진단 평가는 언어 교수·학습을 하기 전에 학습자들이 어려워하는 부분이나 학습자들에게 부족한 부분이 무엇인가를 진단해서 앞으로의 교수 내용과 방법에 반영하기 위한 목적으로 사용된다. 비교적 짧고 다양한 항목들을 이용해 개별 언어 기능을 측정한다. 평가 결과는 등급화하지 않고 학습이나 언어 능력의 약점을 발견하고 어느 부분의 학습이 더 필요한지를 진단하는 데 쓰인다. 예를 들어, 쓰기 진단 평가에서는 학습자들이 작문한 내용을 바탕으로 학습자들이 약한 부분을 점검하고 이를 토대로 보완할 교육 내용을 교수 내용에 포함시킨다.

배치 평가는 학습자의 언어 능력을 평가하여 그 학습자의 언어 수준에 맞는 교육 프로그램에 배치하기 위해 사용된다. 학습자의 전반적인 언어 능력을 살펴보고 그 언어 수준을 추정하는 데 목적을 둔다. 대개 언어 프로그램을 시작하기 전에 실시되는데, 예를 들어 언어 교육 기관에서 배치 평가의 결과를 토대로 학습자를 초급, 중급, 고급 등으로 구분하여 배치한다.

형성 평가와 총괄 평가

형성 평가는 언어 교수·학습 과정에서 수시로 학습자들의 학습 정도를 평가해서 학습에 진전이 있는가를 확인하고 피드백을 하기 위한 평가이다. 반면에 총괄 평가는 언어 학습이 다 끝난 이후 학습 목표를 얼마나 성취했는가를 종합적으로 평가하는 방식이다.

형성 평가의 결과는 교수 · 학습 과정 중에 확인할 수 있으므로, 교사는 이 결과를 토대로 수업 내용을 보충하거나 수업 방법을 개선해 갈 수 있다. 형성 평가는 수업 과정을 설계할 때도 포함시키는데, 교수 · 학습 내용을 간단히 점검하고 다음 단계로 진행할 때 필요하다. 즉 학습 과정의 전개 단계나 학습 내용의 마무리에 2~5분 정도로 짧은 형성 평가를 한다. 예를 들어, 수업을 시작하기 전이나 수업을 끝내기 전에 배운 내용에 대해 간단한 쪽지 시험이나 퀴즈 형태로 할 수 있다. 일정 분량의 학습이 끝날 때마다 수시로 하는 것이 보통인데, 평가의 목표를 잘게 나누어 각 목표별로 평가 문항을 구성하는 것이 좋다.

총괄 평가는 그 결과가 학습자의 언어 능력이나 성취 정도에 따른 등급 부여나 성적에 반영되는데, 모든 수업이 끝난 후 학습자의 성취도를 평가하는 학기말 시험이 그 예가 된다. 총괄 평가는 한 과정의 종료 단계에 시행되어 그 결과를 통해 학습자의 성취도를 판단할 뿐 아니라, 해당 교육 프로그램을 계속할 것인가 종료할 것인가, 또는 확장할 것인가, 아니면 다른 프로그램으로 대체할 것인가 등을 판단하는 근거로 사용되기도 한다.

수행 평가

학습자의 학습 과정을 보여줄 수 있는 다양한 수행 자료를 지속적으로 모아 이것을 총체적으로 평가하는 방식이다. 실제적인 과제를 수행하는 자연스러운 상황에서 얻어진 결과물을 통해 여러 번에 걸쳐 평가하는 방식이라서 일회적인 지필 평가의 단점을 보완할 수 있다는 장점이 있다. 무엇보다 학생들의 수행 과정을 지속적으로 관찰하고 학생들 스스로도 자신을 평가해 보는 과정을 통해 지속적인 피드백을 받을 수 있다. 그러나 평가 시간이 오래 걸리고 노력이 많이 필요하며, 채점의 객관성 확보에 어려움이 있다.

성취도 평가와 숙달도 평가

성취도 평가는 학습자가 학습 기간 동안 교육 목표를 어느 정도 성취했는가를 평가하는 것이다. 성취도 평가는 수업 중 이루어진 교육 내용에 대한 성취도만을 평가하기 때문에, 보통 평가 범위가 정해져 있고 평가 내용도 교재로 제한된다.

반면에 숙달도 평가는 학습자의 전반적인 언어 능력을 평가하는 것이다. 다시 말해, 학습자가 배운 학습 내용과 상관없이 현재 개별 학습자가 가진 전체적인 언어 숙달도를 평가한다. 시험에 따라 언어 능력의 기준과 요건은 달라지지만, 보통 실제 언어 사용 능력과 얼마나 일치하는가를 평가한다. 숙달도 평가의 대표적인 예로는 한국어 능력 시험(TOPIK, Test of Proficiency in Korean)이 있다.

② 평가의 준비와 시행

좋은 평가를 위해서는 실제로 평가를 실시하기 전에 꼼꼼한 준비와 검토 과정이 필요하다. 그리고 평가를 시행하고 채점하는 데 있어서도 여러 가지 주의할 점이 있다. 다음에서는 평가를 준비하고 시행하는 데 염두에 두어야 할 점들에 대해 순서대로 살펴보기로 한다.

평가 설계하기

가장 먼저 할 일은 평가를 설계하는 것이다. 평가의 목표와 평가 영역, 문항 유형 등 전반적인 평가 계획을 설계한다.

먼저 무엇을 평가할 것이며 어떻게 평가할 것인가를 결정한다. 이 두 가지를 결정하기 위하여 주어진 교육 과정의 목표를 분석하여 평가의 목표를 분명하고 구체적으로 정한다. 그 다음 평가 계획표를 만들어 평가 목표를 어휘, 문법, 말하기, 듣기, 쓰기, 읽기 등 영역별 평가 요소에 대해 개략적으로 목록화해 본다.

이 평가 계획표에 평가 내용의 적합성과 균형, 난이도, 개략적인 문항 형식을 기록하는 것이 도움이 된다. 이때 평가 시간에 대한 적절한 배분에 대해서도 신경을 쓴다.

예시

평가 영역	평가 유형	문항 수	시간(분)
1) 말하기	인터뷰	4	10
2) 듣기	녹음-객관식(선다형)	20	40
3) 읽기	객관식 + 단답형	20	50
4) 쓰기	작문	3	50

출제 구상표 만들기

전체적인 평가 계획을 세웠다면 이제 영역별로 문항별 평가 내용을 구체적으로 목록화하는 단계이다. 구체적인 평가 문항을 만들기 전에 출제 구상표를 만들어 본다. 출제 구상표를 보면서 수업 전반의 내용이 빠짐없이 평가 문항으로 구성되고 평가의 형태도 다양하게 구성되었는지를 확인한다.

번호	문항 형태	수준	문항 유형	출제 의도	평가 문항	소주제	텍스트 유형
1	선다형	하	대화 완성하기	문맥 파악	'-기 바라다'	날씨	생활문
2	선다형	중	대화 완성하기	문맥 파악	'만약 -다면'	소원	기사문
3	선다형	상	대화 완성하기	문맥 파악	'-ㄹ 수밖에 없다'	한국어	기사문
4	단답형	중	문장 연결하기	연결어미 파악	'따라서'	용돈	투고문
5	단답형	중	문장 완성하기	담화 능력	회의에 참석하다	회의	서술문
6	단답형	중	문단 완성하기	문맥 파악, 글 구성능력	애완견을 키울 때의 좋은 점	애완견	생활문
7	서술형	중	읽고 요약하기	주제 파악, 논리적 능력	논리적으로 요약하기	사과 하기	주장문
8	서술형	상	주어진 내용에 맞게 글쓰기	내용 파악, 글 구성력	조언하는 내용 쓰기	조언 하기	이메일

문항과 지시문 만들기

출제 구상표를 만들어 평가 항목이 정해지고 나면, 이에 따라 실제 평가에 사용될 구체적인 문항을 만든다. 성취도 평가의 문항 유형은 이미 학습자들이 알고 있는 형태이거나, 수업 활동을 통해 이미 경험해 본 과제 형태로 구성한다. 그러나 교재나 수업 내용을 그대로 평가 내용에 반영하는 것은 피해야 하는데, 그것은 암기식의 평가가 될 수 있기 때문이다. 검토 단계에서 수정 또는 삭제될 것을 감안해 계획된 평가 항목의 수에서 여분의 문항을 만들어 둔다.

평가 문항의 지시문을 쓸 때는 학습자가 무엇을 어떻게 해야 하는지를 분명하게 알 수 있도록 한다. 그러기 위해 지시문은 평가 문항이나 지문에서 사용된 말보다 더 쉽고 간단하게 쓴다. 지시문이 갖추어야 할 요건으로는 다음과 같은 것이 있다.

- 문항의 지문이나 지시 내용이 있는 위치를 명확히 알린다.
- 지시문은 가능한 긍정문으로 작성한다.
- 지시문에 부정어가 들어갈 경우에는 밑줄을 그어 두드러져 보이게 한다.
- 지시문 속에 정답을 암시하는 단서가 들어가지 않게 주의한다.
- 같은 답이 두 번 이상 선택될 수 있다면, 이 사실을 정확하게 알린다.
- 정답 표시의 순서가 중요한 경우 이것을 정확하게 알린다.
- 듣기 평가의 경우 듣기 횟수에 대한 정보를 넣어준다.
- 쓰기 평가의 경우 답안 작성의 길이에 대한 정보를 준다. (예: 20자 이내)
- 문항의 배점을 표기해 준다.

문항 검토하기

출제한 문항 내용이 출제 구상표의 출제 의도와 맞는지, 실제성이 반영된 문항인지, 학습자들의 수준에 적절한지, 지시문은 명확한지, 정답은 명확하고 확실한지 등에 대해 검토해 본다. 학습자 입장이 되어 평가지를 실제로 풀어 보는 것도 실제적인 검토에 도움이 된다. 그 다음 다른 교사에게 검토를 부탁해서 미처 발견하지 못한 오류 등을 점검 받는다. 부탁 받은 교사가 의문을 가진 내용이 있다면, 문항에 문제가 있다고 보고 이를 수정한다. 다음의 문항 점검표를 확인하면서 꼼꼼하게 문항을 검토한다.

문항 점검표　　　　　　　　　　　　　　　　　　　예 / 아니요

1) 지시문이 모호하거나 복잡하지 않은가?　　　　　　　□　□

2) 다른 문항에 해결의 실마리를 주는 것은 없는가?　　　□　□

3) 표현과 문체에 잘못된 것은 없는가?　　　　　　　　□　□

4) 지문을 읽지 않고 선택지만 보고도 답할 수 있는 것은 없는가?　□　□

5) 정답이 명확하지 않아 두 개가 되는 것은 없는가?　　□　□

6) 학습자 수준보다 지나치게 어려운 것은 없는가?　　　□　□

7) 읽기, 듣기의 지문은 길이가 지나치게 짧거나 길지는 않은가?　□　□

8) 인종, 성별, 국적 등에 대한 편견이 있는 내용은 없는가?　□　□

9) 시험 시간의 배분은 적절한가?　　　　　　　　　　□　□

10) 각 문항의 특성과 중요도에 비추어 점수의 배점이 적절한가?　□　□

최종 평가지 만들기

모든 검토가 끝난 후에는 최종 평가지와 답안지를 편집해 만든다. 이때 문항의 배열은 기본적으로 쉬운 것부터 어려운 것의 순서로 배열한다. 어려운 문항이 먼저 나오면 평가를 중간에 포기하려는 학습자들도 있다.

또 평가지를 편집할 때는 학습자가 문제를 풀기에 편리할 수 있도록 세심한 주의를 기울인다. 한 문항의 지문과 질문, 선택지가 다른 면으로 분리되지 않도록 하며, 문제를 푸는 데 관련된 그림이나 표 등도 같은 면에 넣어 준다.

평가의 시행

평가를 시행할 때는 학습자들이 자신의 능력을 최대한 발휘할 수 있도록 편안한 분위기를 조성하고 필요한 여건을 미리 잘 준비해 놓는다. 미리 시험 장소를 확인하고

시험지도 여분을 준비해 둔다. 시험 시작 시간보다 일찍 들어가 자리 배치 등을 확인한다. 특히 듣기 평가의 경우에는 주변의 소음에 방해 받지 않는 조용한 장소인지를 확인하고, 평가에 필요한 기자재와 듣기 테이프 등을 미리 잘 점검해 놓는다.

말하기 평가의 경우는 많은 학습자들이 긴장해서 자신의 능력을 발휘하지 못하는 경우가 많다. 본격적인 평가에 들어가기 전에 학습자와 가벼운 이야기를 나누어 편안하고 부드러운 분위기를 만들어 준다.

채점과 피드백

평가는 준비와 시행뿐만 아니라 채점의 과정과 결과도 매우 중요하다. 각 평가 유형에 따라 합리적인 채점 방식을 선택하고 객관적인 채점이 이루어지도록 노력한다. 특히 객관적인 채점이 어려운 말하기나 쓰기 평가의 경우는 사전에 문항별 채점 기준표를 작성하고 그에 따른 채점표를 만들어 쓰는 것이 도움이 된다. 또한 채점의 신뢰성을 높이기 위해서 학습자의 인터뷰 내용을 녹음해 다시 들어보거나, 두 명의 교사가 함께 평가를 할 수도 있다. 이때 한 사람이 학습자와 함께 질문과 대답을 하는 동안, 다른 한 사람은 학습자를 관찰하고 평가하는 방식으로 역할을 분담하는 방법도 있다.

채점이 끝나면 더 중요한 일이 기다리고 있는데, 바로 평가 결과에 대해 학습자들에게 피드백을 하는 일이다. 총점과 등급 점수만 알려 주는 것이 아니라, 평가 결과에 대해 구체적이고 개별적으로 피드백을 해 준다. 예를 들어, 쓰기 평가의 경우 채점된 각 요소별 점수를 알려 주고 보충할 필요가 있는 부분에 대해 의견을 쓰거나 구두로 피드백을 할 수도 있다. 또는 따로 수업 시간을 이용해 평가에 나온 내용에 대해 피드백을 하면, 학습자들이 부족했던 부분을 재학습 할 수 있다.

또한, 평가 결과에 대해 문제점을 찾고 해석하는 기회를 갖는다. 교수 내용이나 방법에 대해 다시 점검해 보고, 학습자에게는 학습 방법이나 목표에 대한 피드백을 해 준다.

예시

【중급 말하기 채점 기준표-인터뷰】

평가 항목	평가 내용	평가 척도	점수
표현의 적절성	적절한 표현과 풍부한 어휘 사용	|——|——|——| 1　　2　　3　　4	
발음	발음과 억양의 정확성과 자연스러움	|——|——| 1　　2　　3	
과제 수행능력	원활한 의사소통을 통해 과제 수행	|——|——| 1　　2　　3	

평가 척도에 따른 등급 기술

표현의 적절성

1: 반복적인 몇 어휘만 사용하고, 표현이 적절하지 못하다.

2: 기초 어휘들을 이용해 상황을 단순화시켜 표현한다.

3: 상황에 맞는 필수적인 어휘만을 사용하고 약간의 오류가 보인다.

4: 상황에 맞는 다양한 표현을 적절하게 사용하고 표현력이 풍부하다.

발음

1: 발음이 부정확하여 거의 알아듣기 힘들다.

2: 특정 발음들이 부정확해서 주의를 기울여야 알아들을 수 있다.

3: 전체적으로 무리 없이 알아들을 수 있고 자연스럽다.

과제 수행

1: 질문의 내용을 이해하지 못하고 적절하지 않은 답을 한다.

2: 대답에 대한 이유나 근거에 대한 설명이 부족해 공감하기 힘들다.

3: 질문을 잘 이해하고 자신의 의사를 전달하면서 대화를 한다.

③ 평가 문항의 유형

특정 언어 기능이나 능력을 평가하는 데에는 각각 적절한 문항의 유형이 필요하다. 평가의 목적에 맞추어 평가하려는 것을 가장 직접적으로 측정하고 있는 문항이 가장 좋은 문항이라 할 수 있을 것이다. 다음에서는 언어 평가에서 많이 사용되는 문항 유형별 특성과 각 유형의 문항을 작성할 때 유의할 점에 대해 살펴보기로 한다.

선택형 문항

선택형 문항은 듣기, 읽기, 어휘, 문법 등의 평가에 많이 활용되는데, 대개 4개의 선택지 중에서 정답을 고르는 것이 보통이다. 경우에 따라서는 3~5개의 선택지가 주어지기도 한다. 선택형 문항이 채점하기 편하다는 장점이 있기는 하지만, 실제로 문제를 출제할 때는 까다롭고 시간이 많이 걸린다. 선택형 문항의 선택지를 만들 때는 학습자가 정답을 추측하여 고르지 못하도록 주의해서 만든다. 이 유형은 학습자가 추측해서 정답을 고를 가능성을 배제할 수 없다. 그러나 잘 만들어진 선택형 문항은 우연에 의해 정답을 선택할 가능성이 줄어든다. 문항을 만들 때 다음과 같은 사항에 유의한다.

- 문제에 함정을 만들어 불필요한 어려움과 혼란을 주지 않는다.
- 정답이 아닌 선택지도 정답인 것처럼 보이도록 매력적 오답을 만든다.
- 지문을 읽지 않고 선택지만 보고도 답을 추측할 수 있으면 안 된다.
- 선택지 안에 선택의 단서가 들어 있지 않도록 한다.
- '항상, 전혀, -만' 등과 같은 단정적인 말은 쓰지 않는다.
- 선택지는 짧고 간단하게, 같은 말이 반복되지 않도록 한다.

- 문장, 어구, 어휘 등으로 각 선택지의 형태에 통일성을 갖춘다.

- 정답이 다른 선택지에 비해 너무 길거나 특별한 표현을 쓰지 않는다.

- 선택지의 배열은 첫 자를 기준으로 가나다 순, 짧은 것에서 긴 것 순으로 한다.

진위형 문항

진위형 문항은 맞는가 틀리는가만 판단하면 되는 가장 간단한 선택형 문항이다. 정답은 둘 중의 하나라서 추측에 의해 정답을 맞출 확률이 50%나 되는데, 세 번째 선택항목으로 '모른다'가 추가되더라도 추측에 의해 답을 고를 가능성이 매우 높다. 따라서 오답을 선택했을 경우 감점을 하는 등의 오답에 대한 벌점을 부과한다면, 이런 추측을 어느 정도 방지할 수 있다.

진위형 평가는 학습자가 예습한 것을 짧은 시간 내에 확인하거나, 혼자서 읽어 본 내용에 대한 이해 점검을 위해 이용하는 등 평가 목적보다는 교육 목적으로 사용한다.

┌─ 예시 ─

* 들은 내용과 같으면 ○, 다르면 × 하십시오.

1) 지각을 하면 벌금을 내야 한다.　(　　)
2) 수업 시간에 사전을 보면 안 된다. (　　)
3) 수업 중에 음료수를 마셔도 된다. (　　)

배합형 문항

배합형 문항은 어휘 시험 등에 많이 이용되는데, 한 영역에 속하는 요소가 다수일 경우, 왼쪽 편과 오른쪽 편에 여러 요소들을 늘어 놓고 서로 관계있는 것끼리 연결하게 하는 방식이다. 이때 왼쪽 항목과 오른쪽 항목의 수가 같으면, 짝 맞추기를 해 나가는 과정에서 맨 마지막 항목은 저절로 짝이 맞추어지는 단점이 있다. 왼쪽과 오른쪽의 항목 수를 다르게 제시하면 짝 맞추기가 어려워지는데, 이런 항목 수의 차이를 이용하여 난이도를 조절한다.

──┤ 예시 ├──────────────────────────────

* 서로 반대되는 말끼리 연결하십시오.

1) 어렵다 ·		· 크다
2) 작다 ·		· 춥다
3) 빠르다 ·		· 느리다
4) 덥다 ·		· 나쁘다
5) 좋다 ·		· 쉽다

단답형 문항

단답형 문항은 정해진 답을 수험자가 직접 쓰도록 하는 형태인데, 답이 하나로 정해져 있다는 점에서 주관식 문항과 차이가 있다. 따라서 이런 문항을 작성할 때는 답이 여러 개가 되지 않도록 장치를 하는 것이 필요하다. 검토 과정에서도 답이 더 있지는 않은지에 유의해서 살펴본다. 또 채점 기준표에 가능한 답은 모두 찾아 써 놓고, 그에 따라 점수도 정해 놓는다.

──┤ 예시 ├──────────────────────────────

* 다음 글을 읽고 빈칸에 들어갈 말을 쓰십시오.

> 오늘 마이클과 싸우고 나서 기분이 하루 종일 안 좋았다. 지금 생각해 보니 별 일도 아닌 일로 좋은 관계가 깨어진 것 같아 마음이 아프다. 싸울 때 너무 화가 나서 이제 다시 보지 말자고 했다. 아무리 (   ) 그런 말은 하지 말았어야 했다. 정말 후회된다.

주관식 문항

주관식 문항이란 말 그대로 채점자의 주관적 판단이 중요하게 작용하는 형태의 문항을 말한다. 무엇보다 채점 기준을 잘 정하는 것이 중요한데, 어느 누가 채점을 하더라도 같은 점수가 나올 수 있도록 채점 기준을 명확하게 작성한다. 또한 미리 채점자 훈련을 하여 채점 시 발생할 수 있는 문제들에 대해 조율해 놓는 것이 도움이 된다.

주관식 문항은 어구, 문장, 문단, 글 등을 쓰게 하는 형태인데, 이때 무엇을 어떻게 하라는지 지시문을 명확하고 구체적으로 쓴다.

예시
---

* '나의 친구'라는 제목으로 글을 쓰십시오. 친구의 성격과 외모가 어떠합니까? 친구와 어떻게 친해졌습니까? 여러분의 친구를 소개하는 글을 300~400자로 쓰십시오.

④ 영역별 평가의 특성

학습자의 언어 능력을 하나의 등급으로 나타내는 것은 학습자에게 별 도움이 되지 않고 또 정확하지도 않다. 어떤 학습자들은 듣기 실력은 뛰어나지만 쓰기 실력은 나쁜 경우도 있고, 유창하게 말은 하지만 문법이나 어휘에 오류가 많은 학생들도 있다. 학습자들의 실력에 대해 정확한 평가를 하기 위해서라도 언어 지식과 언어 기능은 나누어 평가한다.

언어 지식 평가는 학습자들이 배운 문법, 어휘 등을 평가하는 것을 말하며, 언어 기능 평가는 듣기, 읽기, 말하기, 쓰기 등의 언어 기능 영역에서 학습자들이 할 수 있는 기능을 평가하는 것을 말한다. 보통 평가라고 하면 문법과 어휘에 초점을 맞추기 쉽다. 하지만 한국어를 이해하고 쓰는 능력을 향상시키려고 한다면, 언어 지식뿐만 아니라 언어 기능을 평가하는 것이 중요하다. 다음에서는 각 언어 영역별 평가 문항의 특성과 유의점을 살펴보기로 한다.

문법 평가

문법 평가에서는 보통 여러 가지 형태의 문법 규칙과 문법적 의미를 정확히 이해하는지를 평가한다. 문법 평가가 언어의 유창성보다는 정확성에 초점을 둔 평가이기는 하지만 평가의 목표는 학습자들이 문법의 맥락적 의미를 정확하게 이해해서 의사소통 상황에 맞게 사용하는 데 있다. 따라서 까다롭고 예외적인 문법 규칙에 얽매여 평가를 위한 평가가 되지 않도록 유의한다.

어휘 평가

어휘의 능력을 평가할 때는 어휘의 사전적인 의미뿐만 아니라 의사소통 상황과 문장 속에서 맥락에 맞게 사용하고 이해하는가를 본다. 어휘의 의미가 고정되어 않아서 맥락이나 표현에 따라 그 의미에 차이가 생기기 때문이다. 따라서 어휘의 지시적 의미뿐만 아니라 문맥적, 비유적, 관용적 의미를 이해하고 사용할 수 있는지도 평가한다. 문항을 작성할 때는 한 문항에서 묻고 있는 어휘의 의미가 여러 가지로 해석되지 않도록 앞뒤 맥락을 명확하게 작성해 정답이 하나가 되도록 한다.

듣기 평가

들은 내용에 대한 기억력 평가가 되지 않도록 듣기 지문의 길이가 너무 길지 않도록 하고 지엽적인 내용에 대한 질문보다는 전체적인 의미 파악에 초점을 두고 평가한다. 평가 내용은 가능한 실제 생활에서 들을 수 있는 자연스런 발화내용으로 선정하고 상황 맥락이 구체적으로 드러나도록 구성한다. 듣기 녹음을 할 때는 소음, 주저함, 억양, 반복, 다른 요소의 삽입 등 실제적인 듣기 상황을 반영해 만든다.

문항을 제작할 때 녹음된 듣기 지문을 들으면서 문항을 작성하는 것도 좋은 방법이다. 이렇게 하면 눈으로 읽을 때와는 다르게, 들을 때 생기는 변수나 듣기의 어려움 등을 문항에 반영할 수 있기 때문이다.

읽기 평가

읽기 평가 내용을 구성할 때는 영화표, 기차 시간표, 게시판의 글 등 학습자가 실제 생활에서 자주 접할 수 있는 다양한 유형의 읽기 텍스트를 사용한다. 진정성 있는 읽기 평가를 위해서 실제 생활에서처럼 읽기 텍스트의 종류에 따라 평가의 내용을 정한다. 예를 들어, 기차표를 읽기 텍스트로 사용할 경우 출발지, 기차 시간 등 주요 정보를 파악하는 문제를 내는 것이다.

또한 학습자의 언어 수준을 고려해서 텍스트의 길이, 텍스트 유형, 평가 유형을 달리한다. 같은 주제의 지문이 반복되지 않도록 하고 지문의 길이가 너무 길거나 짧지 않게 조절한다. 읽기 지문은 학습 단계에서 이미 배운 것은 피하는 것이 좋은데, 학습자들이 이미 알고 있는 지문을 이용하는 경우는 읽기 능력이 아니라 기억력 평가가 될 우려가 있다.

말하기 평가

말하기의 주제를 정할 때는 학습자들의 생활 환경, 관심 분야, 문화적 배경 등을 고려하고, 구체적인 상황을 주어서 학습자들이 자신의 생각을 표현할 수 있도록 한다. 학습자의 언어 능력을 정확히 평가하려면 학습자의 충분한 발화량이 필요하다. 충분한 양의 발화를 하지 못한 상태에서 평가를 한다면 측정 오차가 클 수 있기 때문이다.

충분한 발화량을 얻기 위해 학습자에게 주제와 관련한 자료를 주고 발화를 유도하는 방법도 있다. 이때 제시하는 자료는 주제와 내용, 그 난이도에 있어서 학습자에게 친밀하고 파악하기 쉬운 정보로 한다. 또한 그 자료를 가지고 무엇을 어떻게 해야 하는지도 구체적이며 명확하게 알려준다.

말하기 평가는 무엇보다 평가 기준과 채점이 중요한 문제이다. 평가를 하기 전에 학습자들에게 평가 기준을 미리 알리고 시험 시간과 방식을 알려 준다. 또한 객관적인 채점이 되도록 명확한 채점 기준에 따라 채점하고 채점 과정에서 객관성을 유지하는 방법을 계속해서 연구하고 보완해 간다.

말하기 평가 유형 중 역할극은 누구와 대화를 나누느냐에 따라 평가 결과에 큰 영향을 미친다. 역할극은 상황에 어울리는 적절한 반응과 역할 완수가 중요한 평가 내용이므로 참여하는 학생들의 수준이 너무 차이가 나지 않도록 한다. 교사가 학습자의 상대 역할을 하는 경우에도 교사의 역할에 따라 평가 결과가 달라질 수 있으므로 주의한다.

쓰기 평가

쓰기 평가는 수업에서 이루어진 쓰기 교수법에 따라 평가 유형이나 내용이 달라질 수 있다. 통제된 글쓰기를 중심으로 글쓰기 활동을 한 경우는 평가 내용도 이와 비슷한 형태로 한다. 쓰기 교육이 과정적 글쓰기에 중심으로 이루어졌다면 자유 작문의 형태로 출제하는 것이 보통이다. 이 경우, 말하기와 마찬가지로 학습자가 작문한 글이 지나치게 짧으면 정확한 평가가 어려워진다. 이를 위해 평가 내용과 관련한 자료를 주거나, 글의 양을 평가의 조건으로 내거는 것도 좋은 방법이 된다.

쓰기 평가를 하기 전에 문법적 정확성, 내용의 충실성, 창의성, 형식 등 평가의 기준을 정해서 이를 학습자들에게 미리 알려 준다. 채점의 신뢰도 면에서 효과적이기도 하고 쓰기 평가에 대한 학습자의 막연한 부담감을 줄여 주는 데도 도움이 된다.

Tip

1) 좋은 문항의 요건
- 일반적인 상황과 보편적인 주제를 담고 있으면서도 내용이 흥미롭다.
- 사용 빈도와 유용성이 높은 어휘와 구문을 포함하고 있다.
- 실제적인 의사소통 상황을 담고 있다.
- 통합적(예: 듣고 말하기, 읽고 쓰기 등)인 언어 기능을 요구한다.
- 그림, 사진, 도표 등의 실제적인 시각 자료를 활용하고 있다.
- 특정 주제나 소재에 치우치지 않고 다양한 내용을 담고 있다.
- 너무 쉽거나 어렵지 않으며 언어 수준에 따른 변별도가 있다.
- 오답이 쉽게 노출되지 않으며 오답지의 매력도가 높다.
- 문항 지시문이 간결하고 명료하다.
- 교수 · 학습 과제에 긍정적인 영향을 끼칠 수 있다.

2) 나쁜 문항의 요건
- 문장이나 글의 어법이 틀리거나 어색하다.
- 언어 자료의 상황이 특이하거나 부자연스럽고 억지스럽다.
- 지문을 보지 않고 선택지 분석만으로도 답할 수 있다.
- 단편적 지식의 암기만으로도 답을 찾을 수 있다.
- 너무 쉽거나 너무 어려워 변별도가 매우 낮다.
- 지엽적인 내용이나 특정 이론이나 세계관을 담고 있다.
- 지시문이 불분명하거나 애매모호해 혼란을 준다.
- 문제 푸는 과정이 지나치게 복잡하다.

참고문헌

- 곽지영 외(2007), 「한국어 교수법」, 연세대출판부.
- 국제한국어교육학회(2009), 「한국어 이해교육론」, 형설출판사.
- 국제한국어교육학회(2010), 「한국어 표현교육론」, 형설출판사.
- 국제한국어교육학회(2010), 「한국어 교수법」, 형설출판사.
- 강승혜 외(2006), 「한국어 평가론」, 태학사.
- 김선정 외(2006), 「외국어로서의 한국어 발음 교육론」, 박이정.
- 김영숙 외(2004), 「영어과 교육론 2」, 한국문화사.
- 김진철 외(1999), 「초등 영어 교수법」, 학문출판(주).
- 남기심 외(1999), 「외국인을 위한 한국어 교육의 방법과 실제」, 한국방송대출판부.
- 남성우 외(2006), 「언어교수이론과 한국어교육」, 한국문화사.
- 박경자 외(2001), 「응용언어학사전」, 경진문화사.
- 박영순 편(2002), 「21세기 한국어교육학의 현황과 과제」, 한국문화사.
- 신동일(2003), 「한국의 영어 평가학」, 한국문화사.
- 오승은(2009), 「한국어 쉽게 가르치기」, Language Plus.
- 우형식(2006), 「외국어로서의 한국어 교육론」, 부산외대출판부.
- 이병천 외(2009), 「영어로 진행하는 영어 수업(TEE) 평가 도구 개발」, 한국 교육 과정 평가원.
- 이완기(2003), 「영어 평가 방법론」, 문진미디어.
- 임병빈(2005), 「영어 교육 평가 방법」, 경문사.
- 전병만 외 역(1999), 「외국어 교육 접근방법과 교수법」, 홍익 FLT.
- 조일제 역(1999), 「외국어 교사를 위한 언어습득론」, 한국문화사.
- 최길시(1998), 「외국인을 위한 한국어 교육의 실제」, 태학사.
- 한재영 외(2005), 「한국어 교수법」, 태학사.
- 한재영 외(2008), 「한국어 문법 교육」, 태학사.
- 허 용 외(2005), 「외국어로서의 한국어교육학 개론」, 박이정.
- Allwright, D.(1991), *Focus on the language classroom: An introduction to Classroom Research for Language Teachers*, Cambridge university Press.
- Baker, J. & Westrup, H.(2000), *The English Language Teacher's Handbook*, VSO Continuum.
- Brown, H. D.(2001), *Teaching by Principles*, Longman.
- Carter, R. & Nunan, D.(2001), *Teaching English to Speakers of Other Languages*, Cambridge University Press.

- Celce-Mucia, M.(ed.)(2001), *Teaching English as a Second or Foreign Language*, Heinle-Heinle.(임병빈 외 역, 「교사를 위한 영어교육의 이론과 실제」, 경문사, 2004)
- Davies, Paul J. & Pearse, E.(2009), *Success in English Teaching*, Oxford University Press.(송해성 · 외 역, 「옥스퍼드에서 제안하는 성공적인 영어교사를 위한 12가지 수업 방법」, 씨앤톡, 2009),
- Doff, A.(1988), *Teach English -A Training Course for Teachers- (Trainer's Handbook)*, Cambridge University Press.
- Doff, A.(1988), *Teach English -A Training Course for Teachers- (Teacher's Workbook)*, Cambridge University Press.
- Harmer, J.(2009), *How to teach English*, Longman.
- Harrison, A. S. & Spuler, F. B.(1983), *Hot Tips for Teachers -a collection of classroom management ideas-*, Fearon Teacher Aids.
- Herrell, A. L. & Jordan, M.(2002), *Strategies for Teaching English Language Learners*, Pearson.
- Kagan, S.(1998), *Cooperative Learning*, Timothy Publishing House.(기독초등학교 협동학습 연구모임 옮김, 「협동학습」, 디모데, 2008)
- Karin Kleppin(1998), *Fehler und Fehlerkorrektur*, Goethe-Institut.(최영진 역, 「외국어 학습자의 오류 다루기」, 한국문화사, 2007)
- Lado, R.(1985;1957), *Linguistics across Cultures - Applied Linguistics for Language Teachers-*, The University of Michigan Press.
- Long, M. H. & Doughty, C. J.(ed.)(2009), *The Handbook of Language Teaching*, Wiley-Blackwell.
- Nuttall, C.(1996), *Teaching reading skills in a foreign language*, Oxford: Heinemann.
- Oxford, R. L.(1990), *Language learning strategies: What every teacher should know*, Heinle Heinle.
- Richard, J. C.(2003), *Dictionary of Language Teaching & Applied Linguistics*, Longman Group LTD.
- Richards, J. C. & Renandya, W. A. ed.(2002), *Methodology in Language Teaching*, Cambridge University Press.
- Sesnan, B.(2005), *How to teach English*, Oxford University Press.
- Stern, P. P.(1983), *Fundermental Concepts of Language Teaching*, Oxford University Press.(심영택 외 옮김, 「언어교수의 기본 개념」, 하우, 1995)
- Strckland, D. S. & Galda, L. & Cullinan, B. E.(2004), *Language Arts*, Thomson.
- Thornbury, Scott.(2008), *How to teach speaking*, Longman.
- White, R. V. (1995), *New Ways in teaching Writing, teachers of English to Speakers of Other Languages*, Inc.
- Widdowson, H. G.(1978), *Teaching Language as Communication*, Oxford University Press.
- Widdowson, H. G.(1990), *Aspects of Language Teaching*, Oxford University Press.

현장 중심의 한국어 교수법

초판발행	2011년 7월 15일
초판 9쇄	2019년 11월 4일

저자	우형식, 문명신, 양윤정, 송정화
책임 편집	김효은, 양승주
펴낸이	엄태상
콘텐츠 제작	김선웅
마케팅	이승욱, 오원택, 전한나, 왕성석
온라인 마케팅	김마선, 김제이, 조인선
경영기획	마정인, 조성근, 김다미, 전태준, 오희연
물류	유종선, 정종진, 최진희, 윤덕현, 신승진

펴낸곳	한글파크
주소	서울시 종로구 자하문로 300 시사빌딩
주문 및 교재 문의	1588-1582
팩스	(02)3671-0500
홈페이지	www.sisabooks.com
이메일	book_korean@sisadream.com
등록일자	2000년 8월 17일
등록번호	제1 - 2718호

ISBN 978-89-5518-988-9 13710